Cecilio Chi'
Nen óol k'ajlay

◆

Cecilio Chi'
Novela histórica

Javier A. Gómez Navarrete

Libros
del Rincón

SECRETARÍA DE
EDUCACIÓN
PÚBLICA | SEP

Sistema de clasificación Melvil Dewey DGME

897.5
C37
2006   Gómez Navarrete, Javier
              Cecilio Chi'. Nen óol k'ajlay = *Cecilio Chi'.*
              Novela histórica / Javier Gómez Navarrete.
              – México : SEP : Juan Gregorio Regino, 2006.
              480 p. – (Libros del Rincón)

              ISBN: 968-01-1167-9 SEP

              1. Literatura indígena mexicana. 2. Novela maya.
              I. t. II. Ser.

ÍNDICE

INTRODUCCIÓN

Desde la fundación de la ciudad de Mérida en 1542, hasta la consumación de la Independencia, la península de Yucatán fue posesión de la Corona Española, y los mayas como población sometida mantuvieron palpitante el deseo de rescatar su libertad, reinstaurar su vida comunitaria y la estructura de su gobierno prehispánico.

El derecho hispano, el gobierno, la religión, la economía y la cultura hegemónica, tenían el propósito encubierto de hacer del indígena maya un ser despersonalizado, dócil, sin conciencia de su pasado histórico, sometido a una angustia e incertidumbre permanentes.

Ante esa realidad, el indígena se aferró a su idioma, a la reproducción de su cultura y a la práctica en secreto de los ritos de su cosmogonía milpera, desarrollando en la clandestinidad proyectos alimentados por añejas profecías que esbozaban el perfil deseable de una sociedad con libertad, justicia y posibilidades de realización colectiva e individual.

Durante la Colonia, el territorio yucateco fue estremecido por numerosos movimientos socio-religiosos entre los que mencionamos la Rebelión de Chikinchel en 1546 hasta el levantamiento de Jacinto Canek en 1761.

La Guerra de Castas fue heredera de esas experiencias y respondió a contradicciones insostenibles en la sociedad yucateca de la época.

La sociedad peninsular estaba claramente estamentada o constituída por castas. En el estrato alto , con residencia en Mérida, Campeche y Valladolid, estaban los blancos dedicados a la administración pública, milicia, sacerdocio, comercio y disfrute de estancias y haciendas. En orden descendente seguían los mestizos ocupados en el trabajo artesanal, oficios, mayordomos, capataces y oficiales del ejército. En el nivel más bajo estaban los mayas y una pequeña cantidad de negros y mulatos.

En los alrededores de Mérida la mitad de la población maya de la península trabajaba en las haciendas maiceras-ganaderas que el 1830 se convirtieron en espacios de monocultivo de caña de azúcar y de henequén.

Un mínimo porcentaje de indígenas de linaje recibieron la denominación de "Hidalgos", Existían pueblos de macehuales o indios "libres" que contribuían con impuestos civiles y religiosos. Remontados en la selva vivían en pequeñas comunidades los huit'o'ob o mayas independientes.

Por motivos políticos y económicos surgió un antagonismo entre campechanos y meridenses que llegó a manifestarse en enfrentamientos armados cuyos ejércitos reclutaban nativos.

Las causas de la Guerra de Castas fueron:

• La apropiación por parte de los blancos de las tierras del sur y oriente para el cultivo de la caña de azúcar, reduciendo el espacio territorial de los macehualo'ob.

• La contribución personal y las alcabalas que afectaron la débil economía de los mayas.

• La tributación para la iglesia consistente en el trabajo personal en las haciendas de cofradía, el pago de obvenciones y los derechos de estola.

• La disposición del 18 de octubre de 1844 mediante la cual el gobierno imponía el pago de un real por cada mecate de milpa roza .

• La inestabilidad política de Yucatán que adoptó la costumbre de utilizar contingentes mayas en las confrontaciones armadas entre liberales y conservadores, meridenses y campechanos, federalistas y centralistas, independentistas y mexicanos.

En ese tejido de vida cotidiana matizado por la mitología y la cosmogonía maya y sucesos históricos nace, crece y alanza dimensión de héroe y leyenda Cecilio Chi', cacique de Tepic, el protagonista de esta novela histórica y su antagonista Miguel Barbachano personificando los prejuicios, la ideología, los apetitos del blanco peninsular que consideraba que por derecho divino de conquista estaba predestinado a vivir en el boato y la ostentación dirigiendo a la sociedad peninsular.

En la creación de esta obra se cumplió con los requerimientos imprescindibles en una novela histórica: la extensión y la inclusión, dentro de la trama de los datos históricos que se conocen y que le dan pertinencia, significación y sentido a los personajes, lugares, circunstancias, acciones y consecuencias.

En ese sentido podemos afirmar que el presente trabajo tiene el respaldo de una amplia investigación bibliográfica, documental y en proporción menor, etnográfica, para cumplir con su labor de creación literaria.

Este trabajo tiene la intención de aportar la perspectiva y las razones del indígena, como antítesis de otras obras de naturaleza literaria escritas sobre la Guerra de Castas.

Es necesario precisar que la Revolución Masewáal, se inició el 30 de julio de 1847 con la toma de Tepich por el báatab maya Cecilio Chi' y concluyó oficialmente el 4 de mayo de 1901 cuando entró el general Ignacio Bravo a Noh Cah Santa Cruz, hoy ciudad de Felipe Carrillo Puerto, por lo tanto podemos afirmar que ese evento socio-político se extendió a lo largo de 54 años.

La novela histórica de Cecilio Chi' abarca los períodos de latencia, preparación, explosión, ascenso y declive hasta llegar a la muerte del caudillo en el paraje de Chan Ch'e'en.

El autor

U taata J-Céecilioe', ka ts'o'ok u chéen éntaas xíimbal tsiilk'in yéetel tsiilk'in te' naats' tu naayo', ka ts'o'ok u sen cha'antik yéetel u sen tuuklik, kaanan, xoolankij yéetel chíinpolal, tu ya'alaj beya':

"Boox u boonil ch'ench'enki. U yeets' le kaabo' ku jeenel te' k'omlu'umo', yéetel kex le xtoosja' táan u biino' ma' u chíikpajal mix junp'èel chan eek'... aja', le áak'abo' istikia u xíinbal, x-ma' iich utia'al u yilik u t'ulbej. ¿Ba'anten chichnaken?. Ki'ichkelem Yuum, in k'i'ik'el táan u si'istal yo'olal u yok'otojol le mejen kisin peek'o'obo'. Kensaj ba'ax ku yilko'ob. Sa'ama' u yutsil wáa u k'aasile' juntùul k'ak'aas ba'al ts'o'ok u taal utia'al u biis kensa máax...

Teaki' le ch'ench'enki ku kopkubaj yóok'ol kaab bey juntúul éek' kaane', tumé-en le pi'ik'ilo' túun jots'ik u yoot'el.

Le koolnáalo' tu polokinsaj u táakil te' yáanal le k'iin chaanbel u bin ichil u piktanil ti' juumo'ob yéetel boono'ob. U x-líit'i' óok'ot u k'aay le ch'íich'o'ob yéetel u buuts'il le k'áak' book pookbij waaj. Téek ichil le naajo' jok' u ya'awat paali' túunben, juum, ba'ale' xaane'

9

u yáaxil chíikul ti' líi'saj kaajo'ob, t'a'aj yéetel séebankil tu xa'aktaj u tuukul le wíiniko', máax tu jan yilaj le ta'an tu t'ot'a paach u naay oniako'.

¡Beyistako'! ¡U pé'eche' juntúul báalam! Ma' taal u meent k'aasi', achak utia'al u k'uubik u muuk' yéetel u múusik' tin meejnil táantaik u síilo'. Jaajil, bíin u kanáant in chan paal je'e tu'uxake' yéetel je'e ba'k'iine' utia'al mix bik'iin u loobiltaj. Chéen k'a'ana'an teen junp'èel k'aaba' utia'al in balik u onel, beyo' mixmáak bíin u k'aaskunt u k'iintaj... aja', J-Céecilio ken u k'aba'atej... aja', ka k'aaynak tak kéen kíimik, yéetel u ts'o'okle' ka suutuk u chi' úuchben ch'i'ibalilo'; tu beel u kaal bíin jóok'ok ki'ki't'aano', tse'eko'ob, payalchi'ob utia'al u k'áatóoltik ti' le ki'ichkelem k'ujo'ob ya'abkach utsil utia'al u kéet t'ooxik ti' tuláakle maayao'obo'; bíin u k'aay ti'e yuumtsilo'obo' u paaychi'tik suju'uy ja', túunben ja' utia'al le kili'ich ts'abilaj: le ixi'im.

Lajunp'èel ja'abo'ob ma'ili', te' ti'yal ti' junp'éel láak'tsi'ilil jach ayik'al ti' Yúuka-tan lik'ul k'iino'ob ts'o'ok máano'ob tuláakal junp'èel tuts' ch'ench'enki. Le x-k'ooso'obo' ke k'ek'eeyalo'ob ti'ol je' ba'axake' yéetel le aj-palitsilo'ob ku jajats'aalo'ob tuméen u meentko'ob kex chéen junpíit juum.

U pa'ajtalil bey túun pajtale' ti'ol le xaman ka'an ti' u wináali diciembre tu láaj chuupaj yéet u sak boox ke'el ma' óolil, tuméen le aj-ts'aako' amal tsilk'iin ku xíinbaltik le nojoch naajo' tu'ux ku p'aatal junp'éel tsilk'iin, yéetel u tuukulil i'ix u séebanil ku na'akal te' petenche'o' ti' u bin u kaxtej wa ba'ax ts'aak yéetel u séebani' ku jan suut, túun k'eeyaj waye' túun tusbeel tolo'.

Chúumuk áak'abe', tuláakal le paalitsilo'ob yéetel le x-k'ooso'ob tu pakapaktu-ba'o yéetel junp'éel bey chíikul tuméen tu yu'ubo'ob u yawte' chan paalo'.

Asab uts nojoch máak a k'a'o wa le túunben bíin a k'a'ote' —ku ya'ako'ob le múukult'aano'ob yóok'ole ts'uulo'ob yéetel le sajkil ku taasik le láak' ti' le ch'i'ibalil táant u k'uchuj yóok'o kaaba'.

Te' tu kúuchil u weenel X-Máargarita —le máax u yoojel ku ya'alalti' X-Máargot ku saats'ku kaal junp'íit uláak'- le yaambesaj ma'ili chichnakil, jets' ich kanaj yèetel ki'imakóol paakato'ob. Le taatatsil jach ki'imakyóol ti' yil u mejenil tep'a'an ba'ale' layli' túun kikilankil. Ma' ch'aolti' u chaanbel suuktal le chan paal yéetel u yaambesaj, tu tselaj tu xax u na', ka tu líik'saj tak tu ka'analil u yich.

¡In k'i'ik'el!... beyo' Yuum ts'o'ok' u síijil le máax bíin u bis jach ka'anal u tepalil ti'e ch'i'ibalil. Yaan u k'aaba'tik J-Míiguel yéetel J-Míiguel Arcángel bíin u kanante', tuméen leti' yéetel u tatsmáaskab tu lench'intaj Luzbel ti' Xibalba... tep'e'ex in paal yéetel o'olki nook'o'ob, ma' in k'áat in wil mix junp'éel pinpinnook' jiit'a'an tuméen le x-uk'i'jo'ol máasewal x-ch'úupalo'obo'; lelo' uts chéen ma'alob tia'al in cho'oik u k'iilkab in tsíimin wa tia'al u pixik u pin yoot'el u paalalo'ob le wiit'o'obo' tuméen mina'an u jejelani, láaj ba'alche'ob. Ts'o'oka'an in tuchtik taasbil junp'èel yumbal kúuchil weenej meeta'an yéetel chak k'uche', tsutsunkinan yéetel u asab nook'il ti' le yáax Aj xoot che' ti' Jo' tuméen leti' tu beetaj chéen ti' in chanpaal.

Tu paktaj jun súutuk X-Máargot chila'an tu kúuchil u weenel. Tu suutu yich ka tu chaanbéel iltaj le máako'ob yaano'ob te'elo', ka tu chichankunsaj u yich aktáan ti' le x-nuk k'ooso'.

-X-Géertrudis, kaxten juntúul Ix-ts'áa chu'uch.

-Le ken a wa'ale' in ts'uul.

Le ka tu yilaj u jak'óolil le x-k'ooso'obo', ichil u tuukulil yéetel sak che'ej tu ya'alaj:

12

-Le na'tsil ts'o'ok u meentik ya'ab muuk' yéetel muk'yaj ka tu taasaj le paal yóok'ol kaabe', ya'ab ts'u meentik, yéetele' bey u yimo'obo' intia'al, taase'ex u laj X-ts'áa chu'uch utia'al u tséentik in paal.

-U k'aaba'e' X-Céenobia Chi'- tu jan a'alaj X-Géertrudis-. Nuktak u yimo'ob yéetel t'int'inkij yéetel u k'áab...

-¿Jay p'éel ja'abo'ob yaanti'?- Chéen waxaklajunp'éel ja'abo'ob yaanti', sáansamal u yichkíil yéetel jach ya'ab u k'áabil u yimo'ob.

Ma' xanchaji' ka jan taasa'ab X-Céenobia. Le tsuul, tu utsil iltaj, tu ba'paachtaj, tu meetaj u p'o'ik u yim ka'apul, ka tu ya'alaj: lajtun bix u chu'uch le paala', bey ku ch'enel u ch'aik u yiik' chéen jo'op' u chooj u k'áab le im tu no'ocho'. Bey, le xch'úupala' jach taj yaan u k'áab u yim, yo'osal u yo'och x-chokoj sakan ch'ujunkina'an yéetel u kaab xunáan kaab.

•••

Ka tu chukaj J-Céecilioe' kanp'éel wináalo'ob, ich u yotoch, yóok' junp'éel ma-yak che' tu ts'áajo'ob óoxp'éel lako'ob yéetel muxbi sikil, chaakbi je' yéetel chaay. U ye yuum tu machaj tu k'abo'ob, ka tu jets'méek'taj ka tu bak'paachtaj óoxlaajun téc-nake' le mayak che'o' tu no'oje. Kali'ikil u xíinbaj táan u ts'ik tu chi' ti' J-Céecilioc' am-al janalo', je'ka' le ye na' tu kukintaj layli beyo' yéetel tu xíinbaltaj óoxlajun suuto'ob, chéen ba'axe' tu ts'íik yo'osal u waach'ik le yáax tu k'aaxaj le ye yuum. Séebane' le ye yuum tu méek'aj tu ka'atéen J-Céecilioe', tu machaj u k'ab ka tu ts'áaj junp'éel u yaal k'abo' tu muk'k'ab junp'éel ts'oono' ka tu tuus meentaj u sipit, le chanpaalo' sakche'ejnaji', puts' tu yicho'ob u jak'aj óol; utia'al u ts'o'okole' tu ts'áaj ti'e chan nuxo' junp'éel chúuj, junp'éel lóobchc', junp'éel wáal ju'un ti' kopo' yéetel u ts'íibil.

—Yéetel le nu'ukula' yaan a ts'oonik kéej, kitam, kúuts wa uláak' ba'alche'. Le chúuja' yéetel le lóobche'a' tia'al a meyaj k'áax méen k'a'ana'an a kaaxtik a kuxtal. Bíin a yaabilte k-lu'um, le ja'o' yéetel k'iin.Le ju'una' u úuchben t'aan ch'i'ibali', kéen a xookej yaan a ts'íiboltik

15

a na'atik, méen k-ch'i'ibali' jach aj miatso'ob. Kex ma' iliko'ob, mixba'al ku p'aataj jeets'el: le t'un ja'o' ku pootik le tuunicho', le tsáab kaano' ku k'aay u kuxtal yéetu k'eex u yóot', le koj ku múukik u chek ooko'ob ti' le chíini k'iino', le k'áaknáab ku juum kéen u jaats'ubaj te' chaway, le jaats' Yuum Cháak ku jatlom u jobnel múuyal.

Utia'al u k'iinbesajo'ob le jets'méek'o' tu janto'ob chokoj wáaj yéetel muxbi sikil yéetel tu yuk'o'ob su'uts' sa'. Le ye yuum tu jo'osaj junp'éel ja' ku káalkunsik máak, ich u tsikbalile' yéetel k'aay chunluchnajo'ob tak chúumuk áak'abi' tuméen le ye yuumo'ob k'a'ana'an u suuto'ob ich u kaajlo'ob.

••••

—¡Xunáan X-Máargot!

—Ay, X-Géertrudis, ma' a káajs yéetel a yaajilo'ob jach teaki' yaan yichíinsik J-Míiguelito'; máanal in máansa óotik le x-ak'ayil ch'íijil, ts'o'ok u p'aatkeech jach mixba'al a biilaj.

—Le J-Tóorcuato taal kíinsaj tsíimin lik'ul Tsukáakaab utia'al u a'alto'one' le yuum J-Éelias lúubsab méen juntúul tsíimino' ti' K'ank'aabch'e'en.

—¡In taata! —yéetel u paakat ch'ajal óol, tu tuukultaj—: "Ts'o'ok in a'alik yéetel in sen a'alikti'e' ku kóonej le j-ak'ayil chan kaajil ti'aan lajunp'éel lúubo'ob ti' Tsukáakaab; táan k-ilik jach mina'an Aj ts'aak yaajo'ob ti' le lu'umila' ti' chek'a'an máasewalo'ob yéetel sajbe'en ba'alche'ob, yéetel wáa k- kaxantej juntúul asaba u yojele', múun bíin u k'áat u yilej méen ku ts'áakuba'ob u t'uuch —tu ts'áaj u k'abo'ob jóok'ol u t'e'et', ka tu a'almaj—: ts'áabak ba'al u jantej J-Tóorcuato, X-Péelipa túuxtej juntúul máak utia'al séeblankil u ya'alik ti' le yuum tik téek biinbalo'on. Teeche' X-Séenobiae' ka bo'otik teen yéetel a kuxtal wáa ku yúuchuti' je'el ba'ax ake' ti'e nuxo'.

17

—¿Yaan a p'aatikteen, xunáan?

—Min p'aatikteech, x-meelen peel, tin k'uubentikteech méen ma'atan u muk'yajtik le xíinbala'... Kux teech, X-Géertrudis, ka meentikteen uts ma' a'alik "to'on" le kéen u taasak ba'abal tumut utia'al máako'ob ti' tsíikbe'en, X-táaxkun.

Le j-k'ooso'ob ti' le ti'yal lik'ul ya'ab k'iino'ob ku ts'íiboltiko'ob yojeltko'ob u k'intaj chan J-Míiguel utia'al u yojetko'ob ba'ax bíin u beetko'ob, beyo' jach táant biino'ob le ts'uulo'ob, X-Géertrudis yéetel ts'e'ets'ek J-k'ooso'ob ti' alab óol, tu k'uubento'ob ti' X-Séenobiae' ku bisej le paalo' yiknal juntúul Ix ts'aak yaaj kaajla'an ti' junp'éel naats' kaajil.

X-Séenobiae' láak'iintaja'an lik'ul náachil méen juntúul máasewal, yéetel le nuxo' uts to'ani' k'uch te' naajo'.

—Ma'alob k'iin, ma'alob k'iin —chaanbéel t'aanaji' ka'a púut, yéetel u tuukul u máan náay óolil ti'e éetchi'nao'ob.

Juntúul X-nuuk na'an u kojo'ob tu je'a le joonaajo' ti' kolóojche'ob.

—Ma'alob k'iin, xunáan X-Éesperansa.

—Máanen, x-paal, lela' a naajil. Kulen, yaan in ts'ik pom ti' ch'uyub pukak', yéetel yaan in t'aabik u kibo'ob ti'e kili'icho'.

Junp'éel book ti' yuumtsilo'ob xa'ak'an yéetel x-rúuda i'ix kakaltun tu jayubaj ich le naajo' bak'paachta'an yéetel pak'lu'um. X-Éesperansa ka tu yilaj ti'X-Séenobiae' junp'éel chíikul ti' tuukuli múukul t'aanaji':

—In suku'un, le Chilam Ambal ts'o'ok u máan óoxp'éel k'iino'ob tu ya'alajteen ich in náayt yaan a taale'ex. Teeche' u Ix ts'áaj chu'uch ti' le chan ts'uula'.

—Jaaj, taaleen yo'osaj a jo'ok'sik in k'iintaj tak ti'e chan J-Míiguel.

—Ma'alob, teeche' X-Séenobia Chi' a k'aaba', yaan ya'ab a wéet k'i'ik'el ti' lak'iin yéete naats' ti' Jo'o tsuuk. ka'atúul a paalalo'ob, jebak yaan a k'uchul tak ka'alajuntúul, yéetel k'abéel u beetalteech u tsolante ti' K'aay Nikte', utia'al a ts'ik ti'a a wíicham u ja'il ti'e sak nikte' ichkíiltej ta wíinklil tak bolon áak'abo'ob, tuméen leti' u k'áat u p'áateech: tun aj-ken k'oj yéetel uláak' ko'olel kali'ikil teech táan a meyaj.

—¿Je'e a meentik bejela'e' u utstal in k'iintaj?

—Ma', tak viernes ti'e chan k'aax k'iin ku taal. Bejela'e', chéen yaan in xook u k'iintaj ti'e mejen paala' yéetel ixi'im, le paal ka tséemtik yéetel a k'i'ik'.

Jach ilej bix kun p'áatal le ixi'imo' le kéen in puulej —ichil junp'éel chan joma' tu tíitaj le kanp'éel ixi'imo'ob, tu ts'o'okole' tu puulajo'ob ka balak'najo'ob yóok'ol le chichan mayak che' tak ka p'áat xoxolki'ob. Nun óolile' yéetel máanal u cha'anto'ob ti' junp'éel tséel yéetel ti' uláak' tséel —. Le k'an xi'im yéetel le chak xi'im p'áato'ob jach naats', le sako' p'áat chúumuk yéetel seten náach te' chakya'ax. Ko'ox ilej: k'ano' u ya'abil ayik'alil;

le chako', ya'ab k'i'ik'; le sako' yaanti' jejeláas xooko'ob: le sóoskilo' yéetel u sakjo'ol nuxib; utia'al u ts'o'okole', le chakya'ax chamay baak. Lela' u k'áat ya'ale' le paala' yaan u kuxtal ya'ab ja'abo'ob, yéetel bíin u yaantal ti' ya'ab páajtalil yóok'ol le kaaba'. Muun páajtal in wa'alikteech paymun.

Ti'e nojoch naajo' le paakato'ob ku k'aat chi'itiko'ob yóok'ol chan J-Míiguel, X-Séenobia'e' chéen tu ya'alaje':

—Yaan u biinto'on paymun loobil je'ebix yaaniko'on.

J-Céecilioe' je'ebix u éetailo'ob tu kanaj ya'abkach báaxlo'ob, tuméen kuxtal ku báaxa yéetel le mejen paalalo'ob yéetel le paalalo'ob ku báaxalo'ob yéetel kuxtal. Kex yéetel le náays óol, ich u puksi'ik'al ti' J-Céecilio u K'ujo'ob ti' u úuchben ch'i'ibalilo'ob mantats' ku p'iisiko'ob u muuk'o'ob yéetel le Mejen Bil ts'áajto'on k'uchbesaj tio'le sak wíiniko'ob.

Je'e bix tuláakle sábadoso'ob le Aj áantaj yuum k'iin u naat'maj u tsíimin te' tu beji' Jo'o Tsuuk ok Piich Kaaj. Aj naat' yéetel ba'alche' jach chika'an beetabo'ob juntúuli' utia'al le uláake', tuméen u k'aak'as se'en ti' le k'ak'al baak wíinik ku tíitik xan u tsíimine'.

Kali'ikil u juum le balamte máaskab ku pa'ik u nikib ti'e chíinik'iin, tun t'aanik beyo' le paalalo'ob utia'al le ka'anbal okol k'u, yéetel le Aj áantaj yuum k'iin jach bey táan u ta'akik u nek' u yicho'ob yáanal u le' jipi p'óoki'.

Múuch'uba'ob tu táankaab le k'ultnaaje' ku káajsa'al le ka'anbale':

__Tia'al náachkunsik le k'ult k'ujo'ob beeta'abo'ob, ko'one'ex múul k-payalchi'tik le k-Yuum Bil.

21

—K-Yuum Bil ti'aaneech te' ka'anlo'ob / yuum J-Lúucioe' k'ak'al baak tio'le su-'uk'iin / a k'aaba'e', ka taalako'on ta tepal/ le kamat'aan yéetel le jaak' pukak' tu beeto'ob u pool ma'ax/ts'áajto'on bejlake' u waajil ti' amal k'iin , yéetel sa'as si'ipil yuum J-Lúucioe' tuméen táaj k'aas __bey u payalchi' J-Céecilioe'

—Ko'ox ilik, J-Céecilio, ¿Jayp'éel le a'almaj t'aano'ob ti' Jaajal K'uj'?

—Teene' kin tuuklik ya'abo'ob.

—Ma' tin k'áataj teech ka wa'akteen wa yaábo'ob wa chéen junpíito'ob, ¡a-'alteen jayp'éelilo'ob!

— Min lajunp'éel.

—Le máax péek óolil tun kuuch k'eban, ba'ale', ma'alob ¿ba'ax ku ya'alik le j-o'op'éel a'almaj t'aan?

—Ma' kíinsik máak

—¡ Jach ma'alo'ob! ¿Yéetel le wáakp'éel?

—Ma' pak' k'eban… U'uye, ¿ba'ax le ba'alo'?

— okebal… Ba'ale' lelo' ma' u beyta a na'atike'ex, tuméen junp'éel k'eban s-eten sajbe'en. Bíin a wojelte'ex le kéen a nojochtale'ex. Ma' unaj a tu'ubse'ex, le má-ax ku kuuch le k'ebano', napul te' Metnal yaan u túuxtik Yuum Bil.

J-Céecilioe' tu chichankunsaj u yich, yéetel u tuukul k'aas eela'an ku bin u yá-alkab ti' Metnal tak tu okan óolal ti' u nojchilo'ob.

— Yéetel… ¿ yéetel teech ts'o'ok a pak' keban?

—Ti' tu k'aaba' Yuum Bil, Mejen Bil yéetel Kili'ich Pixan, bey bíin u yúuchu, le kili'ich xooka' ts'o'oka'an bejla'e', xeene'ex yéetel u jeets' óolal ti'Yuumtsil.

J-Céecilioe' táan u suut ka'achi' tu yotoch yéetel u tuukul báak'al, tu líiksaj u p-aakat asab ka'anal ti múuyalo'ob:

"... Jaaj, kin wa'ake' le Metnal min junp'éel k'óom lu'um máan tuul yéetel k'áak' i'ix ooxoj, tuméen u ti'il X.

Ulub yéetel u láak'tsilil; unaj bey u kool yuum Rach tu tóokaj bak' paach le áa-ktuno'...Aja', ba'ale'yéetel ka'ap'éel wa óoxp'éel k'aan kach ja'ob, bíin u tuupuj tulákle k'áak'o' yéetel bíin u ts'o'ko u tepal yuum J-Sáatanas".

—Le pirin suut iik'e' tun míistik ka'achi le sojolo'ob yéetel ku ch'iinik láap'o'ob ti' chokoj lu'um — "Ba'ale' ¿ba'ax le ku ya'alale' ti' jujuy lu'um beeta'abeech yéetel ti' Jujuy lu'um bíin a suutkabáa?"

U xay jun kúul ya' ma' ch'áakab ka meetab le naajo', tuméen ti'aan tu paache' leti' u báaxal cheem yéetel tuláakal u muuk' u iik' nook'i tun tojil tu k'intaj le aj ookol k'a'nab lik'ul ya'ab k'iino'ob u tuukulmaj. Ti wíinklil le cheemo' ch'uyukbalo'ob le suumo'ob utia'al u na'aklo'ob yéetel ichil junp'éel ya'ax k'a'nab yéetel jach ts'íik tio'su t'a'ajil le péeksul le aj cheemnáalo'ob, k'uch le a'almaj t'aanil.

— ¡Kiinsexo'ob, ma' p'aatke'ex mix juntúul kuxanij!

J-Míiguel éem te' suumo'. Táankuch sáap u bin u k'uchul te' lu'umo', yéetel u ka'ayeej máaskab ti' u nool J-Elíase' u k'aaxnak'maj jo'op' u yúumbal yéetel istikiaj u na'atal t'aano'ob tio'olal e xooteb u nachmajo'.

— ¡Teene' Chak Me'exeen! ¡taalen in ch'a'e'ex, tuméen k'a'ana'anteen boox máako'ob tu lu'umil Áamericae' bin u saktalo'ob.

Tu chich yúuntubaj ka tu kóochctaj u tscem le máasewal paal k'aaxa'an tu chuun le che'o'. U yéet batsilo'ob le paal k'aaaxa'ano' tu líiso'ob u ch'ilib che'ob je'bix ka'ayeej máaskab.

— ¡Ma' a sajaktale'ex, ma' chake'ex u bisik ak k'i'ik'el.

J-Mìiguele' tu núukaj

—¡Eh, le yaano'ob te ka'anlo'! ¡ma' p'aatke'ex tu juunal a nojche'ex!

Ma' núukabti' ka tu yilaj ts'o'ok u bak'paachtale' éem yáakab te' suumo'. Lajuntúul aj k'uxtaanbalo'obe' jach ya'abo'ob, la'aten tu jiitaj u ka'ayeej máaskab ka tu káajsaj u laamik ch'áako'ob tu no'oj yéetel u ts'íik, Junp'éel che' tu meetaj u xliit'i' tuméen tu loomaj u yiit, ka tu suuubaj p'uja'an tu k'aamaj uláak' loom tu ch'ala'at taitak u jóok'ol u ja'il u yich, ka u'uyab junp'éel awat:

—¡Chan J-Míiguel! ¿bax meetko'obteech le wíit'o'ob?

—¡Mixba'al nool, teaki' ken in jets'kunso'ob!

Tuláakal le aj cheemnáalo'ob éemo'ob te' suumo', tu tuuso'ob u kiimlo'ob yeetel jatlomano'ob ka tu yilo'ob u k'o'ox paakat yuum J-Éeliase'.

J-Míiguele', k'aas t'a'ajil yéetel k'aas t'ona'an tu yilaj u náachtalo'ob tan u púustik u nook'o'ob.

—¡Joos! ¡J-Máartin! ¡ko'otene'ex! A'ale'ex ti' láak'o'ob teaki yaan in cháaik u náajalo'ob.

—Wáa ku yóotko'obe'¿ba'ax túun kon báaxte'?

—Wíit'o'ob yéetel ts'uulo'ob.

—¡Pelana'!

—Je'elo' man k-báaxal.

— óotsil síisna'k'e'ex, ts'o'ok a t'oonkíinsale'ex yéetel mantats' yaan a toople'ex.

Le t'ona'an sáasil tun xiit'ubal tu chuun ka'an. Le nuuxi' t'eelo' tu p'urustubaj. popokxiknaji' yéetel tu t'ot'ochaj u weenel u kaajnáalilo'ob Piichi kaaj.

—¡J-Céecilio! ¡ts'o'ok u chuunk'iintal ko'ox si'!

—¡Jach ya'ab a t'aan J-Díino! Utsi ts'o'ok u xantal tan in pa'atikeech, pa'atik in bisik in yúuntun úuchak u p'aat'ubaj juntúul noom wa juntúul baach.

—Ko'ox túun.

Tu jáal le buk'tuno' tu káajso'ob u ch'áakik u si'o'.

—Teene' kin buujik ja'abin, jach malo'ob utia'al le k'óobeno' yéetel mina'an u buuts'il.

J-Céecilioe', táan u k'iilkab u k'aalmubaj ichil u tuukul, ma'un ch'ensik u meyaj.

—¡J-Céecilio, bajabai, xiipaj, teene ts'o'ok in k'aaxik in si'o'!

Le awato' ku jajaats'kubaj tu chuun le kúul che'obo', jujunp'íit u biin sa'atal ichil u chuun pak'o'ob ti' junp'éel k'u itsa' tun úuchbental tu chúumuk le múulo'; yéetel ku yu'ubal u k'aay ch'och'lem tun t'iinkubaj te' chinik'iin.

Wáak' ka'atéen le awato':

—¡J-Céecilio! ¿tu'ux yaaneech?... ¡ko'ox!

U tuunchilo'ob le eebo', le meejen oochelo'ob, le póola'an tuuncho', ol bey ya-an ba'ax ku x-múukul t'aanko'obe' u k'aay ch'och'lem beili u kikiláankil yóok'ol le cho-koj owox u k'an k'iin, tu wináali abril, yéetel u jatloom ku chakkunsik le ka'ano'.

Ma' núukab. J-Díinoe' tu kuuchaj u si'e' ka jo'op' u xíinbal. Junp'éel k'i'inam n-ak' tu jujuupaj u tsu' u baakel, tu meetaj u laamik u yáalkabil.

Tu naay,, tu puulaj u si'e' yéetel tséetsel t'aan, ka ok te' k'óobeno':

—Ki'ichpam na', J-Céecilioe' sa'ati', tan... tan... in bin in wa'alti' u láak'tsilo'ob.

Náach te'elo', J-Céecilioe', tu jobnel le lu'umo' táan u xíinbal tu paach juntúul kaabal wíinik, u búukinaj sak nook' ye'etel u xa'ani p'óok. J-Céecilioe' ma' sáasil yich, chéen tun xíinbal je'ebix juntúul wenak mina'an u yóol, maaka'an u chi' u puksi'ik'al.

Lajka'ap'éel ti' óoxk'aal tsáako'ob tu xíinbato'ob ich u tepalil soots'. Te' áaktun tun chooj u ja'il le ch'ak xiik, u moots le k'áaxo'obo' u jiit'mubáao' tu tojil le jaltuno'ob meetano'ob tuméen le k'iino'obo' yéetel u nonolki' le ja'o', tak ka k'ucho'ob ti junp'éel chichan k'ulnaaj meeta'an yéetel kuxan tuunich. Oko'ob te' joonaj chúumuk sáap u ka'anlil. Ichile', le wíiniko' tu waak'aj u yaal u k'ab tu táanpool J-Céecilioe' máax tu chaanbéel p'ilaj u yich, ja'ak'al u yóol, tu k'áatchi'itaj:

—¿Tu'ux yaaneen? ¿Máaxeech, chan yuum? ¿bix úuch in k'uchuj waye'?

U yich yéetel u nukuch p'u'uko'ob sáasichaji, u paakat lets'banaji' je'ebix u yich mejen ku'uk, síit'naji ka wa'alaj yóok'ol junp'éel tuunich ka tu ketkunsaj u ka'anlil Céecilioe', tu tuchaj u chi', tu paaktaj u yéet t'aan, ka tu ya'alaj:

—Ma' uts ka meent ya'abkach k'áatchi'obi'. Bíin in tsooliktech chéen le ba'ax k'a'ana'an: teene' Aj Kunaj Báalameen, báalame' u yuumil áak'ab, u yuum u jobnel lu'um, leti' le k'iin ku búulul te' chik'iin utia'al u xíinbal ichil u ee'joch'e'en áak'ab.

J-Céecilioe', saspileen yéetel xixibke'el kex táan u k'ilkab u k'abo' tun ch'ensik u kikilankil u kama'ach. Tu yilaj juntúul chakbolay boona'an te' pak'o'. Le chan máako' tu ch'iikaj u paakat te' oochelo', e lela', tu káajsaj u p'urustikubaj, tu káajsa u péek, tak ka tu tookubaj te' tuuncho'. Tu paaktaj le ka'atúul máako'ob, tu jcts'aj jun mo'ol ti' junp'éel eeb ma' chika'an, ka síit'naji'. Ka k'uch te' lu'umo', tu chíinaj u pool, tu tuusaj u xíinbal ka bin je'elel yiknal Aj Kunaj Báalam. Tun léets'ik u taabil u xanab u yuum, ka a'alabti':

—¡In chan nux! ¡in chan miis!… in k'áat ka meent u kíilbal le lu'umo', ba'ale' c-héen junp'íit.

Junp'éel k'aas áakam tu lúubsaj u ch'ich'il tuunich ti' nabka'an ti'e áaktuno'. Le Aj Kunaj Báalame' ma' jach uts tu yilaji', je'e túun le ba'alche'o' tu p'urustaj u tseem, wa'alaj yéetel ka'a ts'íit u yook, yéetel u yáakamo' tu jajaats'aj le áaktuno' yéetel u waak'alo' ch'een te' ichil le satunsa'at, ku náachtal tak tu kan ti'its yóok'ol kaab utia'al u chikpajal tu la' yaanlil. Le báalamo' tu yilaj u éejenil tu yich u yuumil, tu péeksaj u nej ka suunaj te' pak'o'.

Tu meetaj ol bey mixba'al úuche', le chan máako', ka t'aanaji' tu ka'atéen:

—Te' k'iin ke a máans tin wéetel bíin a kane' jach k'a'na'an a k'ajóoltik tuláakle k'ujo'ob yéetel yuumtsilo'ob le k'áaxo', tia'al a chíinpoltiko'ob yéetel a tséentiko'ob yéetel a payalchi'ob je'ebix a k'uubo'ob; kéen a kool le k'áaxo', le kéen tóoknakeech, kéen pak'anakeech, kéen waats'nakeech, yéetel kéen ts'o'okok a jooch, yaan a k'uubikti'ob junp'éel síibal.. bey u meetko'ob jach maaya wíinko'obo'. ¡bik a tubsej! —tu luk'es u p'óok, tu chich piirinsutja yéetel u yaal u k'ab tak ka p'áat ma' chika'ani'; je'e túun tu ch'apaachtaj u t'aan —: le k'ujo'ob tu meentajo'ob tuláakal le ba'alo'ob yéetel ja', lu'um, k'áak', yéetel iik'. U chuun le kuxanilo' leti' le ja'o': u t'aane' leti' le péeksul; ku yiyibankil le ja'o', yéetel u yaalo'ob: túub, ja'ich, k'iilkab, wiix, k'i'ik', k'aab im, ilmaj, lel; ti'e che'obo', u yits; yéetel junp'éel síibal, le kaab ku yaantal te' loolo'obo'. Le Aj síisajulo'ob tu meeto'ob tuláakal le ba'ax kuxa'an, la'aten jach k'a'ana'an a k'ajóoltik tuláakal utia'al k-ilik ba'ax u biilal. Ichil le ba'alche'obo', jach k'abéet a k'ajóoltik le K'iin Yuum Báalam yéetel Ajau

Kaan. Bix u kuxtalo'ob, bix u tséentikubáao'ob, bix u ba'ate'elo'ob, yéetel ba'ax tamaxchí ku taasiko'ob.

—Nojoch yuum ¿ba'anten k'a'ana'an k-k'ajóoltik le Tsáab Kaano'?

Tuméen leti'e' úuchben k'uj ti' k-ch'i'ibalilo'ob. K-úuchben taatatsilo'ob ku t-'aaniko'ob K'uk'u'um Kaan…

—¿Ba'ax lelo'?

—Le kaan ku xiik'nal. Bíin a wilej póola'an te' tuunich tu kaajil Chichen Itzá, U-xmal, Chicaná, Tulum, yéetel uláak' nojkaajo'ob táan u weenlo'ob. Leti'e' u p'iis yéetel u buka'aji' le k'iini', u péeksul, toonil, tsayil, ja'il kuxtal.

—¿Kéet tuláakal le tsáab kaano'obo'?

—Ma', way te' Ma'ya'abe' k-lu'um, ts'aka'an kantúul: chak, boox, sak, yéetel k'an. Leti' xan u p'iis k'iinil, tuméen kéen máanak junp'éel ja'ab ku e'esik junp'éel túunben tsáab tu chuun u nej.

—¿Ba'anten u chíikul péeksul?

—Tuméen ku chichkunsikubáa, ku bik'chalak, ku puulkubáa, ku ch'otkubáa, ku kopkubáa, ku yáalkab, ku báab, yéetele', yan ts'e'ets'ek u yojelo'ob xiik'nal.

—¿Chéen lelo'?

—U ja'il kuxtal, tuméen yaan juntúul kaan ti' múuyalo'ob ku síikto'on ja' tia'al u jóoyabtal le koolo'; tuméen u beel ja', juntúul kaan ku bik'chalak búukchaja'an yéetel óom. Tuméen le ja'o' ku tsayik

le ka'an yéetel le lu'umo' yéetel le Xibalbá, bey ku
meentiko'ob u paaklan aantaj ti' óoxlajunp'éel ka'ano',
yóok'ol kaab, yéetel le Bolon ti'k'uj tak le Xibalbá, tu'ux
kaajla'an Aj Pu'uch u Yuumil Kíimi.

—Aj Ka'anbesaj, kex ma' ch'iija'aneech yéetel ma' sak
a pool, a wojel ya-'abkach ba'al ¿bix úuch a kaanik?

—Chan xiipaj, utia'al a kambal k'a'ana'an a utsi
cha'antik le k'áaxo', le pu'uko', le chak'an, le áak'alchè,
le uk'um, le ts'ono'ot, le k'a'anab, le peteno'... u jobnel
lu'um, le ka'ano'. kabéet, xan a k'áatchi', k'áatchi', yeetel
k'áatchi', tuméen tak walkila' ma' síijik le máax u yojel
tuláakal, tuméen u ojelil máak mina'an u xuul. Je'e a
kanik ya'abkach ba'alo'ob wáa ka wil u meyaj juntúul J-
tóok chúuk, juntúul J-chuuk kaay, juntúul Aj miatsil wa
juntúul Aj iik' t'aan, tuméen jujuntúule yaan u yojelil.
Bíin k'uchuk le k'iin yaan u páajtal a tsikbal yéetel le
molay eek'o'ob yéetel u k'u'uk' le che'obo', yéetel le
síiniko'ob, le k'a'abnab, le iik', le ch'íich'o'ob. Le yojelil
ku náajaltal yéetel ich, xikin, ni', chi', k'ab, yéetel le
na'ato', yéetel le beetal, yéetel xan múukul ja'labil.

—¿Múukul ja' labil?

—Leti' le xook ku beetko'ob le aj miatsilo'ob, le aj
na'ato'ob, yéetel le j-meeno' ti' u sáastuni', ti' u jets'il
ja', tu yaak' k'áak'il, tu xiik'nal le ch'íich'o', tu jobnel
juntúul ba'alché, wa te' ichil náayto'ob.

—¿Bix túun je'e in meentik utia'al u ya'abtal in
náayt?

—Lelo' chéen yaan u ts'ik u páajtalil... yaan máax sánsamal ku náayt, yaan m-áax ku meentik p'ila'an u yich je'ebix kéej, teene' je' u beytal in náayt kex ajaneen, ba'ale' mixba'al ti'.

—In na'e' tu náaytaj y'aab pixano'ob tun yéemlo'ob te' ka'ano', ¿ba'ax u k'áat ya'alej?

—Le kili'ich pixano'ob tun k'áatko'ob junp'éel kamat'aan. Ba'ale', k'a'ana'an x-an a k'ajóoltik le kuxa'ano'obo'. Te' k-lu'umila' chéen yaan ts'uulo'ob yéetel maaya-o'ob. Le ts'uulo'obo', kex joykepo'obe', ayik'alo'ob: u wi'ij mina'an u xuul, ma' u ts-'o'okol u ts'íibolo', u siits'. To'one' t-k'aamaj le lu'um ti' k-ch'i'ibalo'on, yéete kex sak-'óolo'one', tu paach u joonaaj amal naaj u yuumil kíimile' tun pa'atik u néet' le wi'ij yéetel le k'oja'anil.

Yéetel mix jun p'íit iik', le k'aankach ja' jach táant u ts'o'okoj, tu p'aataj chachak le chíinik'ín bey tun je'ik u beel utia'al uláak' ooxoj ti' u xuul wináali' julioe'. X-Máargote' tu k'aas k'aayik le X-Póolonesa kali'ikil,táan u xootik u le' ti'e nikte'ob ti'aan tu joonaajo', lik'ul ts'e'ets'ek tsilk'iino'ob tu p'áat u biin u nen óol te' tu'ux yaantal u k'aambeil ti' jo'olpoopilo'ob tu'ux ts'o'ok u payal óoltal u láak'tsilil tio'ol le jaalacho'ob ti' Kúuba. La'aten ma' tu yu'ubaj u yawat J-Míiguel mix u xet' óolal le kéen tu jo'osa u yook péets' ich le tuunicho'ob. Chéen tu yojeltaj le kéen tu yilaj táan u k'aas lúubul táanil leti'.

—¡Chan J-Míiguel! —¡Paal! ¿Ba'ax yaanteech?

Chéen tutuk chi'naki' ka lúubij te' lu'umo'.

¡X-Géertrudis! ¡séeban, juntúul Aj ts'aak, juntúul Aj ts'aak!

Ka'atúul aj meyajo'ob téek péeknako'ob yéet u pooch'il X-Máargot ka tu yokso'ob J-Míiguel ich u tunk'as

Ka u'ul le Aj ts'aako' tu yilaj táan un jóok'ok tu yoot' le paalo' mamaykij ch-'aajo'ob ti' k'i'ik'. Beetab u yuk'e' le k'oja'ano' junp'éel nojoch xúuch ti' ts'aak utia'al u

35

mejenkunsab le si'is k'i'imam ti' tuláak u wíinklil, u chuup u yok bey ta'aitak waak'al. Le túuntaj ts'aako'ob ts'áaba'an yéetel ch'uulbi nook'o'ob ma' tu tsaayo'ob, méen u t'aant'an jo'ol ti' J-Míiguel jun súutuk ku bin xook ya'abkach ba'alo'ob ti' k'an táak'iin wa tu tojil u yok'ol tio'ol le ba'ax ku yúuchti' yéetel u batsil aj báaxalo'ob, utia'al u ka'a suut yéetel ya'ab t'aano'ob ich maaya, ichilo'ob ts'e'ets'ek yóok'ol junp'éel kili'ich k'atak che' ku t'aan.

—Xunáan, ti'u k'aaba' ti' Yuumtsil, ¿Ba'ax úuchti'?. —Tu k'áataj le aj ts'aako' kali'ikil u ji'ik yéetel ts'aak— K'aabéet in woojeltik ba'ax úuchti', utia'al in wilik ba'ax ts'aak k'a'ana'an in ts'ikti'.

—Ts'o'ok in wa'alikteech chéen tin wilaj u máan je'ebix juntúul kala'an.

—Ki'ichkelem Yuum, lelo' ma' u yáantkeen ti' mixba'al. Úuchak a wilmaj je'eba'axake, juntúul ba'alche' ku xiiknaal wa ku jíilkubáa… ¡Juntúul ku bik'chalák! ¡Jach leti'! tu chi'a juntúul chapáat wa juntúul kaan— téek tu naats'aj le kulxekilo' te' tu'ux yaan le ch'akche'. Cháanbel tu yilaj le chuup u yoko' ka tu jóok'esaj ich u máaben k'éewel junp'éel chichan xooteb.

—¡Lelo' ma', Aj ts'aak, bik a loobilte u bibik'kil yoot'el ti' in paala'!

—Jach k'a'ana'an, xunáan, meent uts a na'ate

—Ma', táanile' yaan u ts'ík u éejenil u yuumil le wotocha'.

36

—Kali'ikil u k'uchuj le yuumo', k-paala' ts'o'ok u kíimil, X-Máargot, le Aj ts'aako' u yoj-elt ba'ax unaj u beetik, p'áat u meent u meyaj.

—¡Maaka chi' X-Géertrudis! ¡Ay k-paala', Ix keet, bey a wojelt tuláakal! ¡Wáa ka ka'a t'aaneen beyo' je'e in páak' laaj a wich!... ¿Min ka tuuklik ma' in ts'áaj in wóol táan wa'akeen Ix K'a'aj ¿In Yuumtsil, ba'ax in beetmaj utia'al a túuxtiktcen ts'a k'och beya'?

Ka biin yokol ich u tunk'as. Le aj ts'aako' tu ts'áaj u yóol utia'al u chu'uch tu'ux chuup u yot'el le k'oja'an tun p'áataj boox ch'ooj, kali'ikil u yawat J-Míiguel ku taats' máan u kúuchil tu'ux ku tóokak u ta' kij.

U táata J-Míiguel téek okij te' tunk'as yéetel u tikin juum u xáak'ab.

—¿Ba'ax k'abéet teech,Aj ts'aak yaaj? ¿Ba'ax a k'áat in meente?

—K'aabéet junp'éel maktsil, le yek'elo' ta'aitak u k'uuchuj te' u puksi'ik'al yéetel u ts'o'omel.

U táata J-Míiguele' tu ju'ubaj u chaanbéel juum ti' múuk'ul t'aano'o, ka tu yilaj jejelás paakato'ob ti' sajkil, p'a'as yéetel muuk' óolal.

—¿Ba'ax mejen xulub a taasike'ex?

—Yuum, yéetel in chíinpoolal —Le aj kanan ts'iimno'ob tu yéemsaj u yich —le X-ts'aak Éesperanza táan u k'áatikteech a éejenil tia'al u yilej chan J-Míiguel

Le ts'uulo', tu suutaj u yich ol bey tun k'áatchi'itik ti'e Aj ts'aako'. Le máax tu líi-k'esaj u keléembal yéetel tu k'eexaj u yich, bey tun tutukchi': "Teech a wojej, teene' kin p'o'ik in k'abo' ".

—A'alti' ka máan u yilej.

Le k'aas ts'uulo'obo' yéetel tsiikbe'en tu yilajo'ob X-Éesperanza. Le Aj ts'aako' yéet u nonojba'ail tu xíinbataj u paakat lik'ul Éesperanza tak tu chuup yooki' ti'e J-Míiguel, ka'a sakche'ejnaji'; le ts'uulo' mix ku jets' u paakat tun bisik lik'ul le Ix ts'aak ko'olel, tak te' lu'umo'.

—Le yo'omchaja'ano'ob ka téek xi'iko'ob ti'waye' — Tu ya'alaj X-Éesperanza kali'ikil tun jo'ok'esik xíiwo'ob ich u sáabukan.

Mixmáak tu yilaj bix tu ki' cha'antaj X-Séenobia u yich yéetel u jool u táan u yeex ti'e nojoch ts'uulo'.

Le p'eek tu beetaj u luuk' u túub le ts'uulo'le kéen tu suutubaj u yilik X-Máargot, máax tu maakaj u chi' yéetel tu jach p'iilaj u yicho'ob tuméen ma' u tuukul le táan u yilik bix ku ts'áaik le Ix ts'aak yaajo' tu chi' J-Míiguel yéetel u chi', le xíiwo'ob ts'o'ok u seten cha'achik.

Le aj ts'aako' yéetel u nonojba'ail tu jaayaj yóok'ol junp'éel chan mayak che' u nu'ukulo'ob yéetel u ts'aako'ob tio'ol wáa ku k'áatalti'e' junp'éel séeblankil áantaj. Le x-ma' láak'tsilil ti' J-Míiguel biino'ob, chéen Éesperanza p'áati' tuméen le ts'uulo' tu ya'alaj ti' ka u p'áata naats' ti'e k'oja'ano'.

Te' sáastalo', jáaw u chooj u k'i'ik'el J-Míiguel yéetel ma'alobchaji' u ch'a' iik'.

U yuum ti'e naajo' jach chika'an u ka'ana'anil, ba'ale' tu k'áat chi'itaj:

—¿ X-ko'olel, ba'ax úuch ti' in paala'?

—Tu chi'aj le wóol pooch'o'.

—Ma'alob. ¿Yéetel ba'ax ka wa'alikteen yóok'ol le yo'omchaja'ano'ob?

—Je'ebix tu kansajto'on úuchben k-ch'i'ibalil, u muuk'il K'u'uk'um Kaan ma'a u bisik-ubaj yéetel utia'al ti' J-Áadan yéetel Ix-Éeva, la'aten kex ku ts'áabajti' ya'abkach ts-'aako le ba'alo' je'e' u kíinske'.

—¿Máax tu ya'alaj teech ka taal?. K'aabéet in bo'olti' le meyajo'…

—In suku'un Chilam Ambal, ba'ale' a táakíin ma' k'a'ana'an ti', tuméen kíimen

—Ma'alob, teeche' kuxa'aneech, a'alteen túun bajux in p'aax, méen u tóoksajil in paale'?

—Mixba'al, lela' chéen jun xéet ti' le p'aax bíin a bo'otike'ex wa ba'ax kíin ti' in ch'i'ibalo'.

J-Céecilioe' tu k'ajóoltaj máax u onel ti'u áaktun ti'
Aj Kunaj Báalam. Je'ka' ti' le je'elo', le k'iin wa'akbal
ti' u k'iini' wet'a'an ti' táanbúuj ka'ano', u súutuk ikil
le yooko'ob ku jantiko'ob u yoochel ti'e máako', J-
Céecilioe' tip' tu táankab ti'u naajil. U na'tsil, yéetel u
sajkili' méen le iik'o'ob ku ta'akik u yek'el ich le tuusbi
ets'a'an óolal ti'e chúumuk k'iino' yéetel u yok'ol x-má
oksaj óol tu naats'ubaj yéetel na'atbe'n utia'al u ya'alik:

—¡J-Céecilioe'! ¡In paal!… Láakej óoxp'éel k'iino'ob
tik xa'ak'al le k'áaxo', le ch-ak'ano', ts'ono'oto'ob,
áaktuno'ob tak le etkolol ti' uláak' kaajo'ob. U ts'o'okile',
yéetel u kaabal óoli' tik k'áataj ti' Ki'ichkelem Yuumo'ob
u p'áatkeech ichilo'obe', méen le kaano' u chi'eech,
juntúul ba'alche' tu kíinseech, wa juntúul ba'abal tu
biseech… ¡ Niib óolal tio'ol le ki'ichkelem Yuumtsilo'ob
tuméen wayanccche'!

J-Céecilioe', wa'alakbal, yéetel u jo'ol bey lúuba'an
tak táanile', chéen ku sa-'atik u paakat te' lu'umo' bey
juntúul tooti-kóoki'.

—Sen wi'ijeech wale', ko'oteen chan paal, bíin in
jóok'es a wo'ocho'.

Kulukbaj ti' junp'éel k'áanche, mix tu ts'áaj tuukultaj méen le wo'ocho', yéetel chéen tu yuk'aj ts'e'ets'ek xúucho'ob ti' ja'.

U taata suutnaji' ti'e meyajo' ti' óoxp'éel tsilk'iino'ob ti' chíini k'iin. Tu k'áataj káajsik u tsikbal, chéen ba'axe', J-Céecilioe' yéet u paakat kíimen p'áat maak chi'i.

—Ma' in p'áatik in paal beyo', teak in suut, ko'olej, tin biin yiknal u ye yuum J-Béernardo utia'al u ets'kúuns u yóol.

U ye yuum, ichil u k'áat óolij utia'al u jóok'sik ke k'aas iik'o' tu chikilbesaj ich, tu p'o'aj u pool yéetel le xíiwo'ob kili'ich bookile', yéetel tu ts'o'oksaj méen u chikunsik te' k'áano'. Le óoxp'éel kibo'ob tu p'áataj ti' k'atal che' utia'al le kili'ich k'atab che' maaya, x-u'ubaj t'aan le ba'ax a'alab ti'ob, yéetel u yaak' k'áak'o'ob bik'chalak yéetel kilba jach tu ts'áajubajo'ob u t'ookik le k'aas iike' ti' J-Céecilioe'.

Tu yóoxp'éel k'iine' aji', ti' kanp'éel utschaji' u t'aan, yéetel séebankil tu káajsaj u tsikbal tu junaj:

—U Yuumil k'áax tu ts'áaj in jantej noj waaj, chok'ob ti' payalchi', yéetel tin wu-k'aj u k'i'ik ixi'im.. Bejla'e' in wojel u nonolki ti'e k'iino' ku biin asab tolo' ti'e noj k'iino', ti' ja'aja'aile', ti'u x-ma' boonil ti' u k'iinil sojol, wa ti'e ke'eli, tuméen tuláakal u jo'op'ol ku kíimi', kex ti' k'a'ajsul, Yuum K'iin u ka'apúut síijil amal sáastal… bey bíin in suutkinbáa, bey bíin u yúuchuj ti' J-Céecilio Chi'.

Le xkoocholo'ob asab ch'úuyukbalo'ob ti'e sáastalo'
tu yilajo'ob u t'aabal u sáasilo'ob ti'e nojoch naajo'.
Ti' tu k'ojol jool jóok'o'ob ka'atúul máasewalo'ob k'aas
loocholo'ob u machmo'ob u k'abo'ob, tuméen tun
kuucho'ob J-Míiguel, le máax mu k'áat mix u chan
ji'tubaj tu nook'o' ti'e aj kuucho'ob. Yuum j-Éeliase,
ki'imak u yóol tuméen ts'o'ok u yustaj u j-wáabil, yéetel
leti' xaane' ti'u lúubul ti'e tsíimino', tu tuuklaj u biise nay
óol ti junp'éel xínbal ti' kaxan táak'iin. Yaan u biino'ob
Tzucacab, náach ka'a k'aal lúubo'ob.Ich junp'éel peten
che' piixa'an yéetel boox léenbal k'éewel, J-Míiguel ki'
kulaji' ti' mamaykil kulxekilo', yéetel kex tun sáastal tu
tséelaj u ko'oj nook'i' ti' le chan kisneb.

—Nool, ka'a k'aal lúubo'ob jach ya'ab.

—Paal, weeneen kex junp'íit utia'al ma' u ka'anskeech
le xíinbala'. —jach táant in teep'ik u yooko'ob, yéetel
kin ch'eeneb ich le kisneba'—. ¡Eh, teech, k'éek'en
máasewal, il a wile' tu'ux ka bisik le peten che'a'! ¡Bik ka
ajsik in j-wáabil, je'e a maak'ik toop.

Ti' chúumuk sáastal, u weenel ti'e aj xíinbalimáako'ob
nikkabtabi' méen wa'atalnaji' le peten che'o'.

43

—¿Ba'ax mejen xulub ku yúuchu te'elo'?

—Juntúul wíinik u kuuchmaj junp'éel mukuk ti' nalo'ob, ts'uul; chika'an k'oja'an, tuméen ku bik'chalak le kéen u máan chúumuk bej

—¡Mejen kisin! ¡Tuláaklo'ob kéeto'ob, je'eba'axake' u k'áato'ob chéen utia'al leti'obe'! —éem te' peten che'o' ka tu k'eeyaj—. ¡Ta' wíinik! ¿Ma' a woje to'one' u yuumo'ob le bejo'?

¡Le jáal bejo' utia'al a xíinbatej!

Le ka tu chan suutubaj le máasewalo' tu ka'apuul jaats'aj u yich.

— Sa'as si'ipileen, ts'uul, lik'ul joljeake' ma' janeeni' —ka chan sak che'eji'—; ma' in k'áat ka u p'áataj le ixi'ima' tuméen máanal u kuuch le u ts'o'ok peten che'o' ...je'ebixake' utia'al a kumche', in yuum.

—¡Ba'ax kumche', tu' joykeep, tséelabáa!

Táan u chan k'ool u k'ab yéetel u nu'ukul jaats', ka tu máansaj junp'éel lat'ab k'iin jeep'a'an u kama'acho'ob. Tu chan jeelubaj u yúumbal ti'e peten che'o', le noolo' tu jóok'saj u jo'ol utia'al u pooch'ik le aj peten che'náal, tu túubaj lik'ul le kisnebo', yéetel u yich ti' nojba'ail tu paaktaj J-Míiguele'.

— Paal, to'on k-p'áataj Éspaña utia'al oksaj óol yéetel ka'ansej miatsil ti'e x-ma' niib óolo'ob máasewalo'ob. Tuláakal Yucatán yéetel u máasewalo'ob k-tia'al tio'su tojbe'enil ti' baksajil, tuméen to'on asab muuk'náalo'on. Ka k-ilaj mina'an k'an ták'iin waye', Jaajal K'uj tu meentaj k-na'ate u ayik'alil waye' u muuk' meyaj le maayao'ob, yéetel to'on k-paybe'entik u meyaj ti'e wíiniko'ob, je'ebix u t'oox yéetel u kanant le náajalto'…Beyo', yuum, tio'ol tojbe'enil síijo'on utia'al a'almaj t'aan, utia'al tuukul yéetel ayik'altal, tuméen le máasewalo'ob mix u tuukul yaanti'ob.

Chíini k'iin tu naktanto'ob jun múuch' máasewalo'ob tun suut tu meyaj ich kool. Kéen máane peten che'o' naats' ti' leti'obe' tu chíinlajo'ob u jo'olo'ob utia'al ma' u yilko'ob le ts'uulo'obo'.

—¡J-ma' su'lake'ex! —yawatnaji' J-Míiguel ikil tu túubaj u laab p'óok ti' juntúuli'.

—Beyo', paal, mixbik'iin u yaantalteech ok'ol ich utia'al leti'ob, tuméen le máasewal ku síiji' táan u tuus, ku ch'i'iji' yéetel ookol, ku kíimi' yéetel péek óolil. Bik a ts'ikti'ob alab óol yéetel ma' a tu'ubse miatsil t'aano'ob: máasewal, ch'íich' yéetel t'u'ul tin wotoch ma' in p'áatko'ob. Unaj k-beet le tu' óotsilo'ob u máansko'ob u kuxtal tak u k'iin u kíimlo'ob ich ya'ab sajakil tio'ol Ki'ichkelem Yuum, yéetel keet sajak méen to'on k-kastelan wíinko'on tuméen to'on jach u yuumo'ob ti'e lu'uma'…Yaan jaats'ko'ob yéetel muuk', tuméen u xikino'ob yéeetu k'ajlay ti'aan tu pu'uch yéetu p'u'uk iito'ob.

Tun áak'abta'al ka k'ucho'ob ti' junp'éel chan naaj. Ka éemo'ob, le yáax tu beetaj J-Míiguel tu saats'ubaj yéetel junp'éel síit' ka tu laajaj u yiich ti'e aj peten che'náal. Le

45

máasewalo', jak'a'an u yóol, tu tséelaj le jaats'o' yéetel tu
líik'saj u yich tu tojil le nojoch máako'.

—¡P'okleen utia'al u jaats'keech!

Le xiibo' tu u'uyaj t'aano' ka tu k'aamaj ka'apuul
laajo'ob ti'J-Míiguel. Nool yéetel áabil tun chan sak
che'ejo'ob ka oko'ob tu kúuchil je'elel.

—In ki'ki' óol, paal, bey unaj beeta'al, teech bíin a
e'esik u asab sáasil ti' k-ch'i'ibalil tio'ol u tepalil k-k'aaba'
yéetel tiosu lets'bal eek'e' ti' k-chimal. A t'aan bey k'uyen
t'aan, bey u k'aay x-k'ook' ku meentik u japu chi'ob tak
aj kóoko'ob. Paal bíin u yaantal teech, páajtalil, ayik'alil,
nojbe'enil, yéetel tepalil.

Céecilioe', kex ma' jach jets'el u weenel, tu yu'ubaj u jerech' u nal le koolo' alankilsab méen le eela'an lu'um. Ka tu k'aaxaj u x-bak'al ooko'ob tu yu'ubaj u t'aan ti' juntúul P'uus:

—Le Ix P'ooti' ku jantik k'áak', ku wiix k'i'ik'el yéetel ku ta'ik baakel, tuméen tun naats'al u k'iinil ti' Múul Tuun Tseek.

Chéen le tu ya'alaj ka sa'atalnaji' ti' junp'éel t'úut'ul bej. J-Céecilioe' mix tu tuukultaj kex ma' tu na'ataj le ba'ax u k'áat ya'al le Ix P'ooti', ba'ale' leti' u yoje le X-nuuk Ch'amak na'an u koj ku jantik máaso'ob, leti'obe' ku chuujko'ob u yaak'; u k'i'ixo'ob ti'u yooko'ob ku meentiko'ob u wiix chak tio'ole jatlom ku meentik ich u jobnel; yéetel yaan bayelo'ob ku túulis ta'ik tuméen ma' tu beytaj u éemel yo'och. Tuméen le tseeko'ob mixba'al tu ya'alajti'e, tu ch'a paachtaj u páak u kool. Ti'e yoochelo' tu ts'áajubaj tu yóok'ol u yoochel ti' ts'ets'ek jolkano'ob ti' tuunchil táan u jóok'ok ti' okom tuunicho'ob ti' Chi' Ch'e'en Itsja' utia'al u ya'ako'ob yéetu juum u kaalo'ob tun jek'k'alak.

—To'one' bíin k-ba'ate'el ta tséel. ¡U yóol ts'oono'ob ma' u beyta u kíimsko'on tuméen to'one' u t'aan bóobat

táan u beetkubáa jaaj —yéetel kex tuuncho'ob, jop' u
suutkubajo'ob chej baakel táan u luk's u k'ojo'ob ti' ya'ax
tuun, u ts'o'oki' ka tu pitajo'ob u kíimen teep'o'ob tak
ka tu jeelbesikubajo'ob iik'—Ti'aano'on ta wéetel asab
náach ti' u ta'an baakel ti' jom, yéetel ti' K'iin Moo táan
u búulul ich u k'i'ik'el; ¡ti'e yi'ij uj yéetel le báalame' tun
yuk'ik u xexbail áak'ab! Éek' Báalam mantats' táanile'
bey ja'i' síiniko'ob, bey k'áak'i' áakacho'ob. ¡Éek'Báalam,
teech ka biin bat'an!

Le náayt tu pirinsuutubaj: ichil ye'eb ti' sáastal, tun
ch'eenebtik Xuux Eek' le k'uo'ob yéetel k'ulnaajo'ob,
yéetel u kúuchil p'okta p'ok ku weenelo'ob u náayt
k-'aatuno'ob.U boonel le yoochelo'ob ch'ooj ta' uj,
ch'ooj pi'sáas ku lúubul yóok'ol le ja'o' i'ix yóok'ol
u kúuchil cheemo'ob, tu'ux ku jaats'kubáa junp'éel
cheem.J-Céecilioe' ichil u mootso'ob ti' junp'éel chuk
te'il, tun jach cha'antik u péeks ti' juntúul xiib sen
ka'anal u baak, ts'oya'an yéetel wuwuts'kil je'ebix jun
ts'íit jalal, máax je'ka' tu na'aksaj junp'éel mukuk tu
cheem, chinkunaji' utia'al u maachik u báabil cheem.
Ti' tu néen ja'e' tu yilaj J-Céecilioe'. Wa'alaji' ka
yawatnaji':

—¿Ba'ats'eech wa? ¿Ba'axten ka ta'ajkabáa tia'
paaktikeen?

Ma' ch'ik sajki', ¡naats'abáa, táak in tsikbal ta wéetel!

J-Céecilioe' éemi', wa'alaji' bey jo'op'éel xáak'ab tu'ux
yaan le wa'an chak ka tu ya-'alaj ti'.

___ Ma'alob k'iin, nojoch wíinik. ¿Wa'paacheech wa?

—Ma', le Wa Paacho' juntúul wa'an chak ti' k'áaxi', asab ts'oya'an ti' teen, kóo-ch u paach, yéetel le kéen u kutaj tu k'ab le che'o' u yooko'ob ku k'uchulo'ob tak te' lu'umo'.

—Jaaj wa u Aj Kanan ti' xíinbali máako'ob.

—Beyo'. Teene', Chéemo in k'aaba'.

—¿Kuxtun a láak'tsilil? ¿Yaan a paalalo'ob?

—Ma', yéetel min sa'atik in alab óolal u yaantalteen. Kex ma' in wojelt ba'anten le ko'olelo'obo' ku sajaktalo'ob kéen u yilko'ob ka'anal baakeleen.

—¿Tak tu'ux ka biin yéetel a cheemo'?

—Biin in ka'aj chan xíinbal, wáa a k'áate' je'e u beytal a taal tin wéetel.

Jun súutuk jc'ka' u jóok'lo'ob ti' le áak'al ti' junpéel beel ku léenbal. Ti' chúu-muk k'iine', le k'iin ku chaaj ich ti'ob yéetel u yiik' lak'iin ku ch'u'ulik u wíinklilo'ob yéetel u bookil ta'ab.

¿Tu'ux táan k-biin yéetel u séeblakil Wa' Paach?

—¿Ba'anten táan k-biin yéetel u séeblankil Wa Paach?

Ma' t'ankeen beyo'____tio'su ka'anal u baakel istikia tu loochubaj utia'al u síij ti' J-Céecilioe' junp'éel sáasil sak che'ej ___ meent uts, a'alteen J-Chéemo.___Jach tu na'ataj u tuukul J-Céecilioe' tio'ole lat'ab k'iin b'iin u suuto'ob, ka tu ya'alaj___ Ma' tuuklik tio'ole' k'iino';

leti' u pe'echak' ti' wíinik, uláak' u yala' mix ts'aka'an._
__ Le cheemo' wool suutnaji' ka tu bak'paachtaj jun
buj le peten, yéetel J-Chéemo ka tu xíinbaltaj u paakat,
tsool t'aanaji' ____: U k'aaba' peten, tuméen leti'e'
junp'éel pet ti' k'aaxo' ichil le chak'ano'; yéetel tuméen
ich le k'áaxo' mantats' yaan junpéel ts'ono'ot wa junp'éel
sayab____ tu p'aataj u tsikbal, tuméen chetun chíikpaji'
le k'áanab túun yáakam yéetel u p'ujul le kukulo'ob.
J-Chéemo yéetel u sak che'ej tu li'is u k'ab tu tojil le
chuun ka'ano'____…Tuméen le iik'e'u yuumil k'áanab,
junp'éel k'iin bíin in cheemulte u sáasil peteno'ob te'
ka'ano', la'aten kin pa'atik yéet jets' óol u jak' óol áak'ab'
utia'al in nokop te' junp'éel sáasil tsáab ti' Tsáab Kaan
wa Xaman Eek'.

Kali'ikil J-Chéemo ku awat che'ej, le cheemo',
jaats'a'an tio'ol le kukulo'ob ti' óoxp'éel sáapo'ob, tu
naat'aj u p'uus ti'e ja'o' tia'al u lúubul yéetel u ka'a
na'akal.

—¡Ma' p'áat u okteech sajakil, tene' ma' in wojelt
báab! …ile úuchben pak'o'__J-Céecilioe' mix tu núukaj
méen chich macha'an te' cheemo', tun xeejik tak u
pixan, ba'ale' J-Chéemo tu ch'a' paachtaj u t'aan ___:
Junp'éel kúuchil utia'al Aj Kanan Bejil k'áanab, te'elo'
yaan máax ku t'aabik ban k'áak' utia'al u yilko'ob le aj
cheemnáalo'ob sa'atano'ob.

Táan u búulul le k'iino' le kéen tu ts'apubaj le cheemo'
te' sinsino'. Yéetel u si'is muuk' ooko'ob éemo'ob.

—Pa'ateen jun súutuk ___tu ya'alaj J-Chéemo la'aten táak u chuuk kaay u ma-chmaj u loom.

—Aj tuusnáal ¡ta wa'alaj ma' a wojelt báab!

—Ma'alob, chéen utia'al in luk'esik a sajak...Kux teech, ¿a woje?

—Chéen junp'íit, te' áak'al yéetel ts'ono'oto'ob.

—Ti' túun, pa'ajteeni'.

J-Céecilioe' xíinbalnaji' junp'éel lat'aab k'iin tu jál ja'. Kéen suunaji' tu yilaj J-.Chéemo táan u k'áak'tik juntúul kaay ol ti' jun muut u aali'. Táan un janlo'ob, ka tu yilaj J-Céecilioe' jóok'ol u mootso'ob chuk te'o' ya'abkach ch'íich'o'ob ee'joch'e'en u k'u'uk'umel yéetel k'aas sak u tséemo'ob.

—Jich'kaal nej u k'aaba', tuméen le k'iin mu kaxko'ob u yo'ocho'ob ku yaawa-to'ob xet' óolalo'ob: ¡Wi'ijeen, wi'ijeen, wi'ijeen! Yéetel ku jich' u kaal chéen tu juno'ob ti' junp'éel xa'ay che'.

Asab yaanchaji' u k'iinil utia'al u búulo'ob, yéetel báabnajo'ob ichil junp'éel múuknal cheemo'ob. Ichil junp'éel nojoch kastelan cheem, tu kaxto'ob ka'a yejo'ob, ts'oono'ob yéetel jobon ts'oono'ob sip'muba'o'b tio'ol le yits máaskab, máabeno'ob balamo'ob tio'ol le ya'ax k'ox yéet xíiwo'ob ja'. Tuméen jach istikia ku yilo'ob le ba'ax búula'an te'elo', jóok'o'ob ka chilajo'ob yanal jun kúul kastelan tuk', weensabo'ob tio'ol u páaxil tunk'ul yéetel yooxoj.

Chúumuk áak'abe' yóok'ol u t'ona'an óok'ot ts'ikit ja', le cheemo' jo'op' u suut. J-Céecilioe' u láat'maj juntúul

sok táan u cha'antik yéetel u tuukul, tu pejkuntaj tu yiit
le cheemo' ka tu yaálaj:

— Kex jeta'an nojche' a báabil ja' táak in wáanteech
ch'uy yojsa' a je'eskaba jun p'íit.

—Ma', teeche' in Aj payalkil.

Ka'ap'éel lat'ak k'iin je'ka', J-Chéemo tu yilaj junp'éel
sáasil tun e'esik bej, yéetel ti' piim ee'joch'e'en tu yu'ubaj
u nóok' ti' J-Céecilioe'.

U sáasil k'iin ku léets'ik ka'achi u yich J-Céecilioe',
ba'ale' tuméen mix u yajal, chéen táan u yu'ubal
junp'éel —¡Ch'ilib tselek, ch'ilib tselek, ch'ilib tselek!
¡Ch'eeleleen, ch'eeleleen, ch'eeleleen! Je'ebix úuchak tun
ya'alik le ch'íich'o': k'ak'albaak tselek, k'ak'albaak tselek,
teene' J-Chéeleen. Tu ts'o'oki, J-Céecilioe' tu p'ilaj u
yicho'ob junjunp'íit junjunp'íitile'. Ka tu ts'o'oks u tíitik
u jáayab, tu p'o'a' u yich ka tu yilaj táan u jopba ka'ap'éel
wóolis táak'ino'ob tu tséel le soko'. Tuukulnaji' yéetel
chaanbéel tu yilaj u muuk' x-ma' k'iin ti' Yuum K'áax,
bey tun ki'iki' k'aay tu chowak tso'otsel ti' kúul che'ob.

—¡Niib óolal J-Chéemo, niib óolal etail. Kex ki u
ts'aateen Ki'ichkelem Yuum u éejenil, utia'al in cheemul
tu ka'atéen ich a esaj cheem!

Junp'éel piktanil ti' x-t'uut'o'ob tun suut. tu kúuchil weenel xiik'nalnáaji' yóok'ol le ko'ko suutul che' kóola'an tuméen juntúul polok k'aas tsíimin, máantats' yáanal u p'uunil ti' ti'yal. Le Aj suutul che'o' tu yilaj le nojoch naaj ti'e ix-páajtalil láak'tsilil ti'aan chúumuk le nojoch lu'umo' utia'alinto'. Chak boona'an le nojoch pak'inaaj tio'ole k'íin táan u t'úubul.

Je' ka' le xáantalo'ob yo'olal junp'éel bak' ti' wakaxo'ob, junp'éel peten che' máanan u kuuch, máasewalo'ob yéetu kuuch le'ob kij; yéetel junp'éel jajak iik' ti' ki'imak óolal tu yilaj u meyaj le j- k'ooso'ob yéetel le j-meyjulo'ob ku meyajtiko'ob kijo' mix u jeelbesik u k'aay ch'ooj tsuutsuy, ti' chak ts'íits'ib yéetel ti' ch'ejum.

Le máako' ti' chan la'abal boox búukinaj, j-ma' me'ex yéetel chika'an maaya, tu ts'íik paaktaj tu tojil le máasewal x-ch'úupal táant tu ya'alaj ti' X-Máargot ts'o'ok u k'uchuj, máax yéetel u síis yéetel túuxbe'enil t'aan tu ch'eneb yilaj.

—Tistik a taalel, yuum Vega, tin wilik taaleech jach tu k'iin, leo'ola kin tsikteech u niib óolal tuméen bejla'e' ma' jach ku beetal beyo', teaki' ku taal in j-waal —wa'alakbal je'ebix suuka'anti', u ts'áamaj u k'abo'ob

53

yóok'ol u t'e'et'o'ob, tu suutubaj tu tóojil le máasewal x-ch'úupal —: Taase chan J-Míiguel —tu suut u yich tu tojil J-Déemostenes, yéetel u yaal u k'abo'ob yóok'ol u tséem tu ts'áaj ts'e'ets'e'ek mejen chek ooko'ob aktáan ti' leti'e tia'al u jach paaktik, le x-ch'úupal u'uli' yéetel le paalo', yéetel X-Máargot tu ya'alaj —: Ma'alob, u yala' ba'alo' utia'al xiibo'ob, pa'atik kin biin.

—Ma'alob chíini k'iin, Aj ka'anbesaj.

—Ma'alob chíini k'iin chan ts'uul. Yéetel in chíinpolal tio'su ch'i'ibalil yéetel a ajawil kúuchil weenel, kin wa'alikteech: In k'aaba' J-Déemostenes de la Vega. Lik'ul bejla'ke' tak táanile' teene' a Aj ka'anbesaj ti' tse'ek t'aan yéetel bíin in meyaj utia'al in jeelbesikeech ti' juntúul Aj tse'ek t'aan ti' ki'ichpam, miatsil yéetel kux óol t'aan.

—Niib óolal, Aj ka'anbesaj, teene' J-Míiguel ¿Sáansamal yaan a taal?

—Ma', xi'ipaal, bíin u yaantal xook lunes, miércoles yéetel viernes, ti' kanp'éel lat'ab k'iin tak wáakp'éel ti' chíini k'iin, mix bíin u yaantal tu noj k'iino'ob ti' k'iinbesaj —xíinbalnaji' tu tojil junp'éel mayak che' beeta'an yéetel k'opte' táaj jats'utskinta'an yéetel póola'an yoochelo'ob, yéetel tu k'eexaj u kabal óol t'aan tio'ol u kawal t'aan ti' Aj tse'ek t'aan —: Unaj in káajsik beya': Le tse'ek t'aan junp'éel its'atil, junp'éel miats yéetel junp'éel nu'uk beet ba'alo'.

—¿K'abéet in xook ya'ab?

—Lelo' bíin u ya'ale' u jela'an tse'ek a k'áat kanik. Yaan k'uyen tse'eko'ob, yaan tse'eko'ob utia'al kuxtal yóok'ol kaab, ichilo'ob yaan ti' paybe'en kaajo'ob, utia'al máank'iinal yéetel tak utia'al kíimen.

—Ti' teen —tu nikkabtaj utia'al u jaaxik u k'abo'ob yéetel utia'al túuntik u t'aan xiib — u jach jaaji' uts tin t'aan tse'ektik ti' múuch'ul máako'ob yóok'ol u paybe'enta'al kaajo'ob. —Ma'alob, utia'al juntúul Aj tse'ek ti' paybe'en máako'ob yéetel kaajo'ob jach k'a'ana'an, junp'éel sen ma'alob miatsil, u yaabilaj ojelil, u k'ajlay tik lu'um yéetel kaab yéetel u tse'eko'ob ti' le paymun sáasil Aj Tse'eko'ob je'bix J-Déemostenes, u k'aaba' ts'áabteen, J-Cíiceron, J-Víirgilio, J-Séeneca, J-Róobespierre, J-Dáanton, J-Máarat, yéetel uláak'ob.

J-Míiguel, kikilaankil, tu waakaj u yaal u k'abo'ob.

—¿Yéetel yaan in túuntik in t'aan?

—Binmáake', yaan a táan óolte le ba'ax ku ya'alale' yéetel le u beychajak a meentike'

—¿Bix unaj in meentik junp'éel tse'ek'?

—Ma' uts a xet' óolal, tuláakal k'a'an'an u biisik junp'éel tsool jach tuukulnaja'an yéetel junp'éel péeksul jach tu p'iis. Kin k'eexik junp'éel kit' xíinbal ku ka'anal tio'ol junp'éel xáak'ab ku xáantal. Ko'ox káajsik yéetel túuntaj t'aan utia'al u jóok'ok ma'alob le juumo'ob yéetel le t'aano'ob yaanti'ob juumo'ob asab talamo'ob.

—Jach tu beel le ba'ax ka wa'ako, utia'al teen mantats' talam u jum rrr yéetel ggg.

—Yaanteen ts'e'ets'ek túuntaj meyajo'ob bíin k-meente tu k'iini'.

—Jaaj, ba'ale' in k'áat meentik junp'éel tse'ek.

—Tu ka'atéen kin k'áat óoltik a muk' óolal. Jun p'éel
ma'alob tse'ek ku chúun-pajal yéetel junp'éel líik'es óol,
ku ch'a' paachtik u tsool le ba'ax k'a'ana'an, yéetel utia'al
ts'o'oksik u je'p'el yo'olal le ba'ax tu ya'alaj le Aj tse'eko'.

—Ma'alob, ma'alob, ¿yéetel tu'ux bíin in káajse?

—K'abéet a wojelt tuláakle ba'alo'ob ku yúuchuj wey
Yúukatan: ba'ax ku yaantal k-lu'umila', ba'ax ba'alo'ob ku
taasal táanxel tu'ux wa ba'ax k-túuxtik kóonbil náachilo',
jaytúul u aj kaajnáalilo'ob, bix u kuxtalo'ob yéetel ti'
máax yaan u páajtalil yéetel u ayik'alil, bix yéetel tu'ux ku
beeta'al paybe'en wíiniko'ob wa kaajo'ob, yéetel máaxo'ob
ku beetiko'ob. Ma' a xet' óolal, sáansamal yaan kaanbal, u
kaanbaj máak ku meental tu chowakil u kuxtal.

J-Míiguel k'aas jáayabnaji' le kéen tu paaktaj u nu'ukul
p'is k'iin yaan te' pak'o'. Yéetel kex ma' ts'o'ok u k'iini' ti'e
xooko', yéetel junp'éel chíikul ti' ka'analil tu ya'alaj:

—Aj ka'anbesaj, le k'iin biini' bey ja'e'.

—Jaaj. Yéetel a éejenil bíin xi'ikeen, la'aten bíin in
ka'aj ts'áa uláak' xook ti' jo'op'éel lúubo'ob ti' waye'.

—T-kalantabáa, jach éek'joch'e'en

—Mix a tuuklik, le bejo'oba' in k'ajóol lik'ul tin
máansik ka'achi in paalil.

"¿Bix ma' a k'ajóolo'ob? Kex a búukintik miatsil
ichil yéetel paach, le a búukinaj ts'o'ok u p'áatajteech
chichan, leeyli' chéen juntúul xiik ookeech je'ebix le ku
meentkubáao'ob sajlu'um kepo'ob yéetel kij"

J-Céecilioe', tu táankelemil, tu k'áataj u káajsik bey junp'éel jóok' chi'e' mix u yoje ti' máax yéetel ti' tu'ux, tuméen lik'ul u paalilil suuk u yu'ubik u ya'abach k-'ajlayo'ob ti' u nool tak ka taak'alajo'ob ich u jo'ol.

Mantats' u káajsu tsikbal u nool yéetel le t'aano'oba': Le Aj sits'ilo'ob ku cha-'achko'ob u jalk'abil máabo'obe', je'bix tu meentajo'ob le Kóokomo'ob, ka je'ka' jun k'áal katuno'ob táan u pech'o'ob ti'e chi'ch'e'en itsailo'ob yéetel le óoxmalilo'ob, tum-éen leti'ob u jo'ol poopilo'ob ti' Máayapan u láakam maayao'obo', chéen ba'ale', lúubo'ob ti'e waxakp'éel ajau.

U lep' óolal ti'e aj líik'sakaajilo'obe' méek'tantab tuméen Aj Xuupa'an Xíiw, tu juutaj u pa'tuunich, yéetel tu suutaj chéen ta'an yéetel sabak le noj kaaje'; chéen juntúul Kóokom ma' kíinsabi'.

Kaj máan le k'iino'obo' le ma' kíinsabi' tu chu'unsaj Tibolón, u kúuchil ti'e bolontúulo'ob. Le xíiwo'ob tu p'áato'ob Óoxmal ka tu ka'a kaajkunso'ob Máani', u k'áat ya'al: Tuláakal máani', tuláakal xuupi'.

Le itsja'ilo'ob tu líik'so'ob u túunben yotoch ti'e peten Tayasal, tu lu'umil Guat-emala.

Ba'ale' ti'e uláak' katuno'ob máano'ob, lúub yóok'ol le Maayabe' múuyalo'ob ti sáak'o'ob, báan kíimil, chak iik'alo'ob yéetel nojoch yáax k'iino'ob.

U tuukul Céecilioe' wa'alaji' ti'e wináal K'an K'iin, tu kuuchkaabal Máani', tu'ux le chaltuuno'ob ku jech'kuba'ob yéetel ku xe'exet'kuba'ob le kéen u waak'alo'ob. U ja'il ti'e jaltuuno'ob yéetel ti'e áak'alche'ob tu suutkubaj luuk', je' ka' ma'ay lu'um; le ts'ono'oto'ob lóoknáalnajo'ob bey nukuch kuumo'ob; le ts'íiwo' ti' chúuke' suutnaji' kuxul chuuki'; yéetel le wéecho'obe' yojsa' ma' u páajtu jóok'ok ti' tu jobon tuuno'ob, tu píibtajuba'ob tu boxelo'obo'. Chéen ti' ts'ono'ot ti' X-Kaba Ch'e'en, ma' saap'e síis ja'e', chéen ba'ale' ku tinbantsil kanantik le X-nuk Ts'u'ut.

Juntúul na'tsil, jach t'ona'an tio'ol le uk'ajo', tu naats'ubaj te' ts'ono'ote', ka tu yaayan k'áataj jun p'íit ja'.

__In ka'aj ts'ikteech junp'éel luuch, k'exbi yéetel u paymun a paalalo'ob.

Le ko'olel jach yaaj óolal tio'su yok'ol yéetel u ts'uts'us ni' ti' u lajka'atúul paalalo'obe', yéetel u paakat ti' áak'ab kulenkul, tu suutubaj utia'al u yilik u mejnilo'ob xe'et'a'an yéetel táaj tikin u boxel u chi'ob yéetel búula'an u yicho'ob. Tuláaklo'ob tu yilajo'ob u mejen yíits'in táan u kíimi' yéete wi'ij tun chu'uchik u yíim u na' jach mix jun x-t'un ti' k'aab iim ku jóok'esik.

Ti' túun Ix Ts'u'ut tu machaje chanpaalo', ka bini' ich junp'éel saatunsat ti' áa-ktuune'. Jun súutuke' suunaji' yéetel táankuch tuk' máan tuljal ti' ja', le ka tu ye'esaj le mejen ba'alo' tu ya'alaj yéetel nojbail:

—Lela' in luuch, ch'a'e' wáa a k'áate, wáa ma', p'aate.

Amal k'iin Ix- Ts'u'ut ku k'aamik uláak' nuxo'ob, utia'al u janalbe'en ti' X-Ki'ichpam, le x-nuk kaan chakya'axtak u solo'ob yéetu mejen ot' xiik'o'ob bey juntúul nojoch kaay.

Sáansamal ku nojochkinsik u lox t'aan le Ix-Pul Yaaje' tio'ol u k'eexul ja'il. Tio-'ol lelo', le Jaalach Wíinik ti' kuuchkaabalo', tu jach tuuklaj ka tu túuxtaj t'aanbil juntúul J-meen.

Ka k'uch le J-meeno', yéetel ma' bak' paachi', tu ch'a'aj u beeli' ts'ono'ote', ka tu tuus búukintaj u nook'i' xunáan ka tu jets'méek'taj u chanpaale'. Le X-Pul Yaaje', tu yu'ubaj yéetel tu ketbesaj le k'eexo' ka tu puulaj le nuxo' tu tojil X-Ki'ichpam. Le kaano tu p'ulu'ustaj u joolo'o u ni', ka tu k'uxaj u kojo'ob ka chaanbel báabnaji' tu tojil le chanpaale'. Le kéen tu tojlaj u yáax chi'b, le nux púuts'ti' bey juntúul jojolki' kaay, tuméen u jaaji', leti'e' juntúul aak' wíinik jach t'a'aj ti' tu kuuchkaabal Xel Ja'.

Ki'ichpam, yéetel u k'uuxil, síit'naji' táaj ka'ana ka tu seten k'oopubaj tu nab ka'an ti'e ts'ono'ote', yéetel u jaats' ku ts'ik yéetu nej ku báanaltik le ch'ak xiixo'ob, je'ka' ku muxik yéetel u kama'acho'ob. Tia'al u xu'uli', maxal u wíinklil yéetel sak kim-én búulnaji' tu yiit le ts'ono'ote'. Le chan áak wíinike' na'aki' ti junp'éel chan jóok'a'an ti'e jomlil ka tu túulch'intaj junp'éel nukuch tuunich lúubij jach tu pool le X-Ki'ichpam.

Le X-Pul Yaaje' ka tu yilaj le ja'e' boona'an yéetel u k'i'ik'el i'ix u xeet'o'ob u Ix Yáabilmaj ich le lúuba'an tuuncho'ob, tu káajsu yok'ol, ka chéen ichil junp'éel k'iini' tu seten yuuch'ubaj, le ma' ch'i'ijilnajaj ti' u ya'ab ja'abo'ob ti u kuxlil.

Oklal, le Ix Pul Yaaje' tu tuukultaj wáa bíin u yuk'e ja'e', je'e u beetik bey tun u kíimsik tu ka'atéen u X-Ki'ichpam. La'aten tu p'áatu kíimi' yéetu uk'aji'.

Ti' túun le J-meeno' tu meentaj junp'éel Ch'a' Cháak ka tu taasaj junp'éel k-'aamkach ja' ka tu xu'ulsaj u pa'muuk' Máani'.

Ja'abo'ob je'ka', Tuutul Xíiw, le Jaalach Wíinik u yuumil Kuxa'an Suum, le kíin u táaktal u ka'a kaxtik u mootso'ob u ch'i'ibalil, ku ya'alike:

___ "Chan suum, biseen tak Óoxmal, u noj kaajil in ch'i'ilamkaabilo'ob"

Le suumo', lik'ul ti' u p'iich junp'éel múul ku t'iinkubaj ti' toj t'o'ol tak ka u xootik le chuun ka'ane', ti' túun ku na'akubaj le Jaalach Wíinike', yéetel u yooko'ob ku séeb balk'ajalo'ob. Beyó ku kóomkunsik le náachile' yéetel ku chowakkunske k'iino'.

Le káan kíimi' Tutul Xíiw, le suumo' ka'a kaxantab ich X-Kaba Ch'e'en. Te' ts-'ono'ote' utia'alintaj Ix Ts'u'ute'.

Beyistako'... mixmáak u táaktal u maachik le suume', tak ka k'uchi' juntúul J-táanxelil, le máax ma' tu yóoltaj yu'ubik t'aane', ka tu jop' u koolik le suume', le kex ts'o'oka'an u jóok'ol ya'ab sáap'o'ob, ma' u je'elel u chowakta'al. Le xiibe' yíichkilna-'an yéetel u k'íilkabi', ka tu xoot'aj utia'al u ma'alobtal u mak'antik, kúum ti' amal xo-ot'o' ku chooj k'i'ik'el je'e bix u jóok'ok ti' junp'éel u beel u k'i'ik'el máak. Jach ta'aytak u chokotal u jo'ol le máako', yéetel utia'al u tóokkubaj ti' le ba'ax chika'an bey junp'éel ak'ayil, tu táaktaj u suutik le suume' ti'e ts'ono'ote', ba'ale' ma' beychaji', tuméen le suumo bey junp'éel bik'chalak aak'il.

Utia'al u ts'o'oki', le suumo' tu koots'ubaj tu wíinklil le xiibo', ka tu ka'akaachaj u baakelo'ob. Yéetel maktsil yáakamo'ob, le suumo' tu ka'a kaxantaj u jcts'li' yéetel u chowakil, ka tu kopubaj tu kúuchil.

Mixmáak u yojelt ba'ax k'iin yéetel bix balk'aji'. Ba'ale', ya'abkach máako'ob ku tsikbaltiko'ob ka, u xoot'o'ob suutnajo'ob u bejo'ob Yúukatan, tuméen Yuum Kíimil ku tul t'aanik ka u jóok'ok k'i'ik'el wa ba'al k'iin te' bejo'obo'.

J-Céecilioe', ya'abtéenake' ku k'a'asik u nool.

P'áatati' jach tak'kabal ich le ba'ax suuka'an u ya'alik u nool:

"Mina'an báan sáak'o'ob, báan kíimil, noj k'iinil wa chak iik'al, u meentmaj asab bajun loob ti' máasewal, je'ebix le kastelan wíinik"

Tio'su a'almaj t'aan ti' Yuum J-Díiego ti' Landa, Jo'ol Poopi' ti' u Molay Pranc-iscanos, beeta'ab ti' Máani' junp'éel Noj Tich' ti' oka'an óolal, utia'al u ch'a' paachbil u oka'an óolal máasewalo'ob. Ti' k'íiwiki' tu líik'sajo'ob

junp'éel sak' che' yéetel naats' ti' junp'éel ban k'áak'. Je'
ka' tu xookajo'ob le xoot k'iinal, le Aj kuuch chimalo'ob
k'uba'annajo'ob tu k'ab Yuum Diego ti' Quijada, juntúul
Jaalachil ti'e sak wíiniko'ob le máax tu ts'áaj u chíikul
utia'al u yaya tse'ktalo'ob.

Ts'e'ets'ek máako'ob chúujabo'ob yéetel popok' lóok
kib, yéetel nat'ab máaskabo'ob tu jots'o'ob u xiich'o'ob
yéetel u yoot'elo'ob; yaanchaj xane' choojnaji' u k'i'ik'el
tu yicho'ob, tu xikino'ob yéetel tu chi'obe"; ti' ts'ekili'
yéetel junp'éel nojoch but'ub tu beetajo'ob u luuk'o'ob
u ja'il ta'ab tak ka tu meentajo'ob u waak'al u nak'o'obe';
le máaxo'ob k'áat u púuts'ulo'ob ts'oonlantabo'ob tio'ol
le Aj ts'oonnáalo'obo'.

¿Je'e u beytal a nen óoltik tuláakle ba'alo'ob?

Junp'éel nojoch ban k'áak' tu ta'ankunsaj le
wíinklilo'ob, piko'ob ti' k'at yooch-elo'ob, úukp'éel ti'
ka'a k'áal pikju'uno'ob, póola'an che'ob yéetel ts'íibta'an
tuunc-ho'ob.

Ban ban chíikpalnaji' J-Náachi' Kóokom, u lap'maj u
k'abo'ob, ka yawatnaji':

—Mixbik'iin u páajtal a tóokike'ex in t'aano'oba',
mix a meentike'ex ta'anil u k-'ajlay maayao'obo'. Téek
bíin a náajaltike'ex u k'i'ixil ti'e ts'o'ok a pak'altike'ex"

Yéetel samchabji' bey juntúul áak'ab kulenkul.

J-Míiguel, utia'al u bojol t'aan junp'éel ti' le asab k'uuben t'aan tu beetajti' u nool J-Éeliase' tu ts'áajubaj jach chuka'an u yóol, ti' xooko'ob. Beyo', yóok'ol le ye'eb ti' sáastal kex tun tuupul u ts'o'okili' juumo'ob ti' balamte máaskab tun t'aanik kaajo' utia'al u noj payalchi' wáakp'éel lat'ab k'iin ti'e kili'ich k'ulnaaj. J-Míiguele' lik'ul joonaaj ti' k'uche' yéetel nojoch nikte'ob ti' baxbil máaskab tu séebkunsaj yuum J-Jáakobo, la'aten tuláakle Aj áantajo'ob ts'o'okili u múuch'ubajo'ob tu kúuchil paybe'en naaji xooko'.

—Niib óolal, J-Míiguel, chéen chan páa'teen in suut tu kúuchilo' le ánaltee' ti' káanbesajulo' yéetel séeb ko'on k-biin.

Ti' junp'éel mejen tunk'as tu'ux líik'sa'an le tsool ju'uno'ob ti' le aj ka'anbalo'ob, yuum J-Jáacobo del Alva tu bak'paach ti' junp'éel túuts' mayak che' tu káajsaj le nu'ukbesaj ti' le aj ka'anbalo'ob paymun na'ato'ob ti' le múuch' ti' xooko'.

—Xi'ipaale'ex, ta k'abe'ex yaan junp'éel nojoch k'ooch yóok'ol le jo'ilo'obe'. Le k'aax t'aano' ku k'áatik áantaj yéetel u asab ma'alob ti'a na'ate'ex yéetel óolal utia'al le

63

ka'anbes ti'a wéet aj ka'anbalo'ob —yéetel junp'éel péek
ti' biin yéetel suut tu p'iiskunsaj u k'aax kaal ti' chíin
t'o'olo'ob yéetel juum kaal ti' tomoxchi' tu ch'a' paach u
t'aanko'on —: Bik a tu'ubske'ex u mejaj ti' aj áantaj ti'
le Naajil Xook Láankasteriana ti' le asab almejenil noj
kaaj ti' Jo'e' junp'éel tsíikbe'en jach ts'íibolta'an tuméen
ya'abkacho'ob…ko'ox ilik xi'ipaal J-Prúudencio, teech
ta yáax li'isaj a k'ab ¿ba'ax péek óol yaanteech?

—Yuum aj ka'anbesaj, bix k'abéet ik ka'ansik ik
éetolo'ob tu láakal yóok'ol le sen ma'alob xook, ts'íib,
p'éelelo'ob yéetel u kuxtal Yuum Bil ¿ba'anten ma' k-
p'áatik lelo' ti' le chan na'tsilo'ob yéetel u aj áantaj yuum
k'iin utia'al u ka'ansab sábados?

—Jaaj, bey unaj beetik —tu éejentaj J-Céerafin
—. Le k'iinil k-yaanto'on tia'al le meyaj jach jun p'íit,
tuméen ku xáantaj ti' úukp'éel tak lajunp'éel yéetel ti'
kanp'éel tak wáakp'éel ti' chíini k'iin…

—¡Ki'ichkelem Yuum u luk'esikto'on le k'ak'aas
tuukulo'ob! U yaakun ti' Jaajal k'uj, je'ebix ku ya'alik
u yáax a'almaj t'aan ti'aan yóok'ol tuláakal ba'alo'ob.
Táanile ti'aan K-Ki'ichkelem Yuum yéetel le sen uts
Óobispo ku ki'ki't'aantik k-meyaj ti' sáansamal…
¡Kalantabáae'ex, le ojelil wáa mina'an okon óolal ku
puulko'on ichil le ka'anal óol junp'éel asab nojoch si'ipil!
¿Yaan a péek óol yo'osal le ba'ax ko'on k-ka'ansej bejla'e'
yéetel mantats' ti'e mejen múuch' paalalo'ob le yaano'ob
tik kuuch tio'ol u yaabilaj ti k-Yuum? —Mix junp'éel,

yuum aj ka'anbesaj —núukab bey yéetel junp'éel t'aan yéetel ch'a' ook ti' yuum J-Jáakobo tak ti' nojoch kúuchil xook tu'ux tu tsoolajo'ob ti' múuch'o'ob ti' lajka'atúul paalalo'ob, tun pa'atko'ob jo'o k'aal aj ka'anbalo'ob.

Yuum J-Jáacobo na'akij ti' junp'éel tsatsal che' lik'ul tu'ux ku yilik ti' tuláakle kula'no'ob. Tu ch'a'aj junp'éel jach chichan balamte máaskab ka tu tíitaj óoxtéenak, ka téek wa'alakbalo'ob tulákle aj ka'anbalo'ob.

—¡Ma'alob k'iin, aj ka'anbesaj!

—Ma'alob k'iin, kulene'ex.

Tu ka'a meentaj u juum le mejen balamte utia'al J-Míiguel u yáax aj áantaj bíin u káajs le xooko'. Le aj ka'anbalo'ob ti' u chan múuch' tun ch'a' ook le xooko' ba'ale' amal ti' u pikju'uno'obe', tun ts'áaj u yóolob utia'al u jóok'ok jach tu beel amal t'aan. Le chan balamte yéetel junp'éel muuk' bech'k'ab ti' yuum J-Jáakobo kuxkinaj óol ti' J-Míiguel, tumécn juntúul ti'u aj ka'anbalo'ob jáap u chi' tun cha'antik ka'achi u xiik'nal ti' juntúul x-turix. J-Míiguel tu xoot óoltaj ka tu ya'alajti' bíin u ka'aj payalchi'itik bolonp'éel chan kamat'aano'ob utia'al u nay óol.

Yéetel lela' i'ix uláak meeyjulo'ob ti' ka'anbal, waxak wináalo'ob je'ka', tu beetajo'ob u cha'anil ti' ts'o'okil xook aktáan ti' jo'ol poopilo'ob ti' yuum k'iino'ob, ti' kaajo' yéetel ti' k'atuno'ob.

—J-Míiguel —t'aanaji' le aj kaansaj xook, le máax ka tu yilaj aktáan ti' J-Míiguel tu leechaj u kaal yéetel junp'éel manul k'ab —. Tio'osu asab ka'anal náajalil ti' tuláakle xooko'ob, le wóolis manul k'ab k'an joojop ts'íibta'an: Ti'u náajal, yéetel tu paach: Sociedad Lancasteriana.

Tu ts'o'ok tu t'aanajo'ob J-Áatanacio Flores, le máax tu k'aamaj junp'éel manul k'ab ti' sojol máaskab chéen yéetel u woojo'ob: S.L. Kali'ikil, ka'atúul x-nuuko'ob yéet u p'ooto'ob tun chooj u chak boon tio'ole k'iilkab, múukul t'aanajo'ob:

—¡Jach u'uyej, X-Cléeofas, le J-Áatanacio chéen junp'éel sakpile'en ch'oom, ma' jach sak wíinik; ch'i'ibali' ti' aj koo, teene' jach in woje u paal ti' juntúul X-Júuchin.

—Ay jaaj, X-Máargot, ma' tin na'atik ba'anten u waalo'ob ti' ko'il u páajtal u xooko'ob ti' tu naajil xook tik kili'ich k paalal to'one' jach sak jome'en u k'i'ik'el.

— Min tuméen túun naats'al u Xoot K'iin.

Le k'a'ajsajulo'ob bey k'aaxalo'ob ti' sak'ab yaan k'iin
ch'ujuk, yaan k'iin k'a'aj, ba'ale' mantats' yaan k-kuuchik
kex ma' jets'el tu'ux ka bisej, je'ebix úuchti' J-Céecilioe'
junp'éel chíini k'iin ka tu ka'a p'áataj jun súutuk u
jaranch'áak ti' táankab, uláak' téenake' tu yilaj jak' óolal
u muuk'a'an k'abo'ob, tu lap'aj u k'ab, tu wuts'aj u k'ab
u ti'al u cha'antik u muuk'.

"Bejlae' jach xiben. Le olal in ki'ichpam na' tu chuyaj
in kul eex yéetel sak nok' utia'al ma' u yilal in su'talil.

Yéetel u paach u k'ab tu cho'aj u k'iilkab yaan tu
me'ex. Tu je'aj u muk' yooko-'ob, p'oklaji ka tu li'isaj
junp'éel nojoch tuunich. Tu bak'paachtaj yéetel u paakat
le táankab je'ebix táan u k'áatik u k'aay ti' éejenil ti'e
úulumo'ob. Xíinbalnaji ts'e'ets'ek sáapo'ob ka tu puulaj
yóok'ol le kooto'. Téek chíikpanaji u yoochel yéetel u
t'áan ti' le Aj Kunaj Báalam bey junp'éel maktsil:

"...Ku ya'alik le Chilam Báalam ti' Chumayel:
tuláakle ujo', tuláakle ja'abo', tuláakle k'íino', tuláakle
iik'o' ku xíinbal yéetel ku máan xani' je'ebix tuláakle
k'i'ik'el ku k'uchul tu kúuchil tu'ux ku jets'el, je'ebix u
k'uchul tu páajtalil yéetel ti' u jalachil k-'áanche'".

J-Céecilioe' téek lúub ich junp'éel sa'at óol ti' ok óolal:

"Ti' túun amal x-t'un ti' ja' yaan u jejelás nenus yéetel amal le' jela'an u k'aay, tuméen le i'o' ku xik'nal, yéetel le áayino' ku búulul ich uk'um, le kéej u yáalkab. Ba-'ale' yaan uláak' péeksul ta'aka'an ich k'i'ik'el leti' ku ts'ik tuukul maaya yéetel je'ebix yits ku ki'ibokkunsik u tuukulo'ob…jaaj, le xíibo' ku ts'áik le i'inaj te' tu wíinkil ko'olel; ba'ale' u k'i'ik'el ka'atúulo'ob ku ka'a beetkubáa tak ka u síijil le paalo' utia'al kíimil. Chéen ba'axe' ku tóop'ol le sak che'ej ti' le kuxtal, je'ka' le t'aano', ku ts'o'okole' u yáalkab tu paach le beech'o', mix ku ts'áaj u yóol le kéen u beetkubáa xíib, ku ch'íijil, je'e túun ku sáasilkunsik u néen ti' u t'aan; la'aten kin wilkinbáa ti' in nool:

—"Paal, ba'axten ta jantaj ya'ab sojol?"

—"¿Ba'axten sojol nojoch taata?"

—Tuméen ka chichkunsik ti' k'íin a ojéelil —k'aas sak che'ejnaji, tu yilaj u kaal, ka tu ts'o'oksaj: —yéetel ti'ole jo'och i'ix ch'e'ej x-ma' jets' óol ikil a túuntik u t'áan xiib".

Máan k'íino'ob, J-Céecilioe, ich le k'áaxo', táanil u káajsu meyaj, xoltaji:

—Ki'ichkelem yuumtsilo'ob tuméen bejla'e' koolnáaleen aktáan ti'e ka'anche'a' kin k'uubikte'ex le k'uyen uk'ula'…yuume'ex ti' iik'o'obe, yuumtsile'ex ti ja', yumtsile'ex ti' kaab, atia'ale'ex tuméen tin me entaj yéetel suju'uy ja' utia'al a síiskunske'ex a wóole'ex. Kin k'áat óoltike'ex meent uts a kanantene'ex le kéen in koolik le k'áaxa', utia'al ma' in ch'áakik in wook, utia'al ma' u chi'ikeen juntúul k'ak'aas kaan, tia'al mu lúubuk che' tin wóok'ol.

Yéetel u nook' ch'u'ul ti'u k'iilkab yéetel u yits le che'ob, tu ch'a'paachtaj u ba-'ate'el yéetel le nukuch che'ob; le ku'uko' síit'najil yóok'ol u k'ab le kúul che'ob lúub-a'an, yéetel yáalkabnaji utia'al u kaxantik u ta'akun; le ts'unu'uno' tu p'áatu kíimle ka-abo' tu chi' le nikte'o'.

Tu naajil, le chíinik'iin tu taasaj ti' túunben jak'óolal:

—¿Ba'ax ku yúuchulteen? —Tu tséel yilaj le ch'úupalalo'b tun púutko'ob ja' y-éetel u p'úulo'ob.

—Le kéen in wu'uy u booko'ob in wicho'ob ku jak'abkubáao'ob yé-etu yimo'ob ku kikilankilo'ob tio'ol u péeksul ti u ma' xanbil; tak kin ch'a' iik' taam yóo-k'ol u t'e'et' yáanal u ch'uula'an piik.

Táan u suut X-Róosa u kuuchmaj u suum, u machmaj u ch'ooy. U sak che'ej tu taamkunsaj u tuxo'ob ti' u p'u'uko'ob:

—J-Céecilio áanten

J-Céecilioe' ma' tu núukaj, chéen chaktaji ka tu chíinaj u jo'ol.

Ya'ab chíinik'iino'ob je'ka', X-Róosa yéetel u panaab ichil ka'akúul che'ob tun p'o'ik u nook' ka'achi. J-Céecilio múukulxíinbalnaji ka tu naats'ubáa yéetel tu méek'aj tu paachi. Yéetel junp'éel k'ab tu maakaj u chi', yéetel le u láak'o' u yiicho'ob ka tu ya'alaj cháanbel yéetel u tuus u juum u kaal:

—Asab ma' k'uch u k'íin a k'ajóolkeen. Bejla'e' kéen áak'abchajake' bíin in ka-'aj ch'iinik ka'ap'éel ch'iich'tuunil tu xa'anil a wotoch utia'al a jóok'ol. Teaki' le kéen in jáalk'abteech, ka xookik tak lajunp'éel utia'al a p'iil a wicho'ob.

Kex J-Céecilio téek sa'atij yáanal u yáakam le iik'o, X-Róosa xáanchaji utia'al u p'iil u yicho'ob. Jeelpaja'an u yich, láaylie' tun yu'ubik le t'aano'ob,yéetel tun k'a'ajsik u muuk' ti' u k'abo'ob ti' J-Céecilio. U ts'o'oki tu ka'a kaxtaj u jest'óoli, i'ix yéetel junp'éel sakche'ej ti' X-ken k'oj múukult'aanaji:

—Mejen kisin beyeech báalame'. Wáa beyeecho' te' k'iino', bix ka suutkabáa te' áa-k'abo', kex ta ta'akbesaj a k'uchul, a t'aan, yéetel a biinbal, in wíinklil ts'o'ok u kanaj u k'ajóolteech.

Táan u kikilankil u muuk' ooko'ob ti J-Céecilioe' kéen k'uch te' naajo' le áa-k'abo', ka tu meentaj le chíikul, ka tu pa'ataj. U sakil u búukinaj X-Róosa tu chan sáa-skuntaj le poot áak'ab. U ye'eb k'áaxi tu tuupaj le yo'ochelo'ob, u síisil te' áak'abe' tu meentaj u séebankil k'inal ti'e wíinklilo'ob, le péeksulo'ob tu nup'ubajo'ob ti' junp'éel k'íin jets'el.

Yaan ba'ax tu k'áataj le x-t'óojk'ab x-nuuk kéen sáaschajake', tuméen X-Róosa tun kaxtik ka'achi u k'aax u tso'otsel u jo'ol ich le k'áaxo'.

Ti'e uláak' k'iino'ob, J-Céecilio, tu chúumuk u meyaj tun puuk'ik u k'eyem ich kool.

—X-Róosa tin puksi'ik'al, ta meentaj in pa'muuk' bey juntúul Yuumtsil; u kíimil beyo' je'ebix k'uchuj yáanal u bo'oy Ya'ax Imix Che' tu sakbej néeno'ob, te' u beejil tu'ux ku páanal le íiso'ob yaan u boox chu'ucho'ob, ti'ol u sat tuun sat ti' ixi'im ku t'aabik le k'i'ik'ell, te' kaabalbejo'ob tu'ux ku wéekel u sa' te' lúucho'ob.

Ti'e mejen tunk'aso'ob tu'ux ku yaantal le j-k'ooso'ob yéetel le aj meyjil máako'ob, X-Géertrudis yéetel X-Séenobia x-ch'ench'enkio'ob tu p'áatu paaklam yilubáao'ob, tu suutubáao'ob tu tojil le múukul t'aan ku taal ti' uláak tséel ti'e nojoch naajo', ka tu ts'o'okso'ob:

— In ix kit X-Péetronila tu ya'alaj: le kéen u k'aay tunkuluchuj, máasewal ku kíimi'. Xunáan X-Géertrudis ma' ta wilaj bix ku xilkubaj in woot'el yéetel tin máansaj k'iin payalchi' yéetel payalchi' tulákle bolonp'éel k'iino'ob, ikil le ¡xooch', xoooch'! ti' le tomox chi' ch'íich'o' tu yu'ubaj yóok'ol u nojoch naaj ti' le ti'yal.

—Ts'o'ok a wilik, X-Séenobia, utia'al Aj Pu'uch ma' jela'an sak wíiniko'ob, máasewalo'ob, wa boox máako'ob, ayik'alo'ob wa óotsilo'ob, mix ki'ichpamtako'ob yéetel k'aaso'ob.

—Jach tu jaaj, u peten che' ti' yuum J-Éeliase' seten séeb u bíin, chéen ba'ale' asab chich ku taal Yuum Kíimil.

—Ba'ale' kex tun k'íilkab in k'abo'ob yéetel tun k'oopubaj in píixo'ob tio'ole sajakil, táak in naats'kinbáa

73

ti' k'ul naaj ti' ti'yal utia'al in wile' ba'ax ku seten meentko'ob yéetel bix ku payalchi'itiko'ob ti'e nuxibo' tuméen leti'e' táaj k'aasa'an yéetel le máasewalo'ob.

—¿Kuxtun wáa ku chuukko'on táan ch'eenebtik?

—K-meentik bey sajkíimeno'on, ku ts'o'okole' xunáan Ix K'a'aj u yoje ku beetkeen loob u book puk'ak yéetel nikte'ob…

—Teene' kin p'u'uju le kéen in wil u yicho'ob ti' ka'ap'éel ak' ti' u láak'o'obe' tuméen chéen tun tuukultiko'ob u buka'aj táak'iin bíin u moolko'ob tio'ole k'aam ba'albail.

—Tin wu'uyaj yaan u taal juntúul Aj Ts'íib bíin u jaajkunsik kensa ba'ax ku ts'o'ok le xuul payalchi'o'.

—Beyi wale' yéetel kin chan nenóoltik le ba'ate'el bíin u yaantal tio'ole sits' óoli', tuméen mix aktáan ti'e J-Mejen Bil chak jóope'en ts'áaba'an tu máaben kíimen ku chan síistal u yóolo'ob.

—Jach jaaj, le máaben kímen bey junp'éel nojoch máaben utia'al tuupo'ob, ts'ipit k'abo'ob, léech kaalo'ob yéetel jejeláas mejen ba'alo'ob ko'ojo'ob, tak ku seten lets'bal yéetu sáasil ti'e kibo'ob.

—Táaj ya'ab tu xuupajo'ob, tuméen le kisin nuxib bey chuchul waaj, min mix le x-nook'olo'ob je'e u beytaj u jantko'ob, ma'alob, le kin wa'ak.

—Ku ya'alale', sáamal le Obispo yaan u meentik junp'éel noj payalchi' aktáan u wíinklil, ich kili'ich Noj K'ul Naaj.

—Te'elo' mu k-páajtal k-biin, tuméen máasewalo'ob ma' cha'bal u yokolti' nojoch k'uj naaj, tuméen chéen tia'al sak wíiniko'ob.

—Beyistako', chéen k-páajtal kama't'aan ti' J-Sáantiago wa Chuburná, tuméen ti' ku táanlaj Jaajal K'uj ti'e kaabal óolo'ob óotsilo'ob.

—U'uy u yawat le ko'olelo'obo'.

—Le bey xuxub ni'ob yéetel múukul ok'ol ku ts'o'oko' yéetel síim ma' utia'al le láak'tsilil ti' J-kíimen.

—Ma' jaaj le ba'ax ka wa'ako ¿yéetel máax bíin u yok'ol beyo' wa ma' u láak'?

—Ko'olelo'ob ku náajal tio'su ja'il ich, u k'aaba'ob x-páanadieras.

—Asab ma'alob ku ya'alal ti'ob X-balts'am síimo'ob.

—Ts'o'ok u ka'a káajal le payalchi', ko'ox, ko'ox wilik.

—Mix in na'atko'ob, chéen kin k'aas cha'achik le kastlan t'aan, ba'ale' teeche' ts'o'ok a chan kanik t'aan bey le tsuulo'ob, tuméen máanal lajunp'éel ti' ka'a k'aal ja'abo'ob táan a meyaj ti' X-k'oos.

Le kéen tu naats'ubáao'ob ti' junp'éel tséel ti' le chan k'ulnaaj, tu yu'ubo'ob junp'éel k'a'am t'aan xíinbalnaji' yóok'ol u booki' pukak':

—Ts'o'ok u k'uchu le súutuk ikil u paal ti' wíinik u ka'aj okol ich nojbe'enil.

U jaajil kin wa'alikte'ex: Wáa i'inaj mu lúubul ti' lu'um yéetel ma' u kíimi', ku p'áataj tu junaj, ba'ale' wáa

ku lúubul ich lu'um yéetel ku kíimi' ku ts'ik yicho'…
Yuum, a j-yaakunaj paal J-Éelias, le jach uts aj ti'yal, jach
máanal u meyaj yéetel u yutsil, aj kanant máasewalo'ob
ti' le óotsil kuchkabale', tu ts'o'oksaj u máan yóok'ol
kaab ti' le jem ti' ja'il ich, tu tséelubaj ti' to'on utia'al u
jo'op'ol kuxtal mina'an u xuul. Ka u yaantalto'on muuk'
utia'al kuuchik le yaaj óol chéen yéetel u bo'oy ti' oka'an
óolal, tuméen kíimil ma' u xuul, achak u káajal junp'éel
túunben kuxtal, tu jeel éek'joch'e'en sáasil ku lets'bal,
ma' pa' achak le ba'ax u biilal utia'al ka'a kuxtal.

—Asab ma'alob ka xi'iko'on, xunáan X-Géertrudis,
bik u k'áat u ya'ako'ob leti' juntúul kili'ich utia'al k-
payalchi'itik sáansamal ma'ili' k-weenel, wáa u tso'oki'
bik ku jaats'ko'on X-K'a'aj je'ebix tu beetaj le k'iin tu
chi'a juntúul kaan J-Míiguele'.

—Ma'alob, chéen ba'ale' teene' táak in woje ba'ax tu
kíimsaj yuum J-Éeliase'.

—Ay, xunáan, kin tuuklik le ja'abo'ob ka kuuchik,
chéen ka bisik ta paach tuméen táaj meelen peeleech,
¿ma' ta wilaj kíimsabi' tio'ole séebankil?.

—Bejla'e' ka jóok'o' ikil ma' tio'ole lúub tu maak'aj
ka noka'anchaji' le peten che'o'.

—Beistako', ba'ale' tio'ole séebankil ku taasik utia'al
u k'a óol u X-ba'al ti' chan J-Míiguele'.

—Ah.

... Yucalpetén/ Yucalpetén/ vibra el tunk'ul y el sakatán,/ y al ronco eco del ca-racol/ tensan los arcos en Mayapán —ku k'aay ka'achi J-Céecilioe', te' úuchben sak beej, kili'ich beelil.

Táan u ki'ki' yu'ubik u jáalk'abil, ka wa'atalnaji' jun súutuk utia'al u tuukul yóo-k'ol le páay k'áan ti' óol yéetel k'ambe'en ti' Ma'ya'abe' jook'a'an ich Chi' Ch'e'en Itsja',Bala'an Ka'anche', Óoxmal, Looltuun, Itzmal, Ta'akubin Xunáan, Ka'aláak'múul, Bekan, Ts'íiba'an Che', Tulum yéetel Koba', ka tu ya'alaj beya':

"Ya'abkach noj kaajo'ob, jebak bíin in k'aóolte' jujunp'íitile'." Tu suutubaj utia'al u yile' junp'éel ka'lop ti'e beejo' táan u xíinbaltik. Junp'éel k'ebaan óol tuméen k'aaynaji' ich kastlan t'aan, táan u meent u k'aay tu ka'atéen, chéen ba'ale' ich maaya t'aan:

— Yukalpetén/ Yucalpetén/ ku kíilba tunk'ulo'/ i'ix sakatan/ ich mas-kal eets' ti'e soko'/ ku t'iino'ob u chululo'ob ti' Mayapan.

Tu ka'a ch'a'b u beeli' ti' junp'éel k'iintaj ku jeelbesik sáansamal, yéetel u sak nook'e' ku léets'bal ich u kéet sakil ti'e sajkaabo' tu bak' paachtike'.

CECILIO CHI'

Ti' junp'éel kaaj ichil le ya'ab k'ik'iita'ab ich Yukalpetén, tu na'ataj ka kex maa-yao'ob, ya'ab ku meyajo'ob tu ti'yalo'ob ti'e ts'uulo'obo', ti u meyjil kij; yéetel uláak-'o'ob ku kaajtalo'ob iche noj kaajoob tu'ux ku meyajo'ob ti'J-k'ooso'ob.

Tu xaman ti'e noj táax lu'um ti' Yukalpetén, tu bak' paach u noj kaaj Jo'e', ich tsek'elo'ob yéetel chan k'ankaabo'ob, le k'i'ixo'ob ku la'achko'ob u suukil juyuknak iik'e', tamuk u moots le che'ob ku jupkuba'ob ich u óotsil ts'uuknajil ti'e chaltúuno'ob; yéetel bey junp'éel xeet' k'áak'e', xiiknalnaji' juntúul chakts'íits'ib tak tu k'ab che'e' utia'al u kaxtik bo'oy

J-Céecilio, tu ta'akbesubaj tu paach junp'éel koot, yéetel tu nen óoltaj le tuuni-cho'obe' u úuchben tséeko'ob ti'e Aj paalitsilo'obe', ku ts'o'okole' tu chan náachkuntaj u paakat ich le pak'al kij. Jebak le kúuchile' chéen utia'al le síijilnajo'ob te' ti'yal, chéen tu chan ch'uuktaj le ba'ax ku yúuchuj te'elo', ka múukult'aanaji':

Beyistako', le paalitsilo'ob ku káajs ku meyjul bey áak'ab kulenkulo'ob ich u y-e'eb píik sáastal.Chúumuk k'iin, ku k'éelkubáao'ob tio'su lep'óol Yuum k'iin, yéetel u loch máaskabi' mu p'áatko'ob u ch'áak u le'ob kij. Je' ka' ku luk'so'ob u k'i'ixo'ob ku puulko'ob tak ka u chukbeso'ob u k'aax lajun ti' óox k'áal le'ob, laktúun biin u kúuchko'ob tak tu jáal beej.Yéetel u xexéet'al nook'o'ob ch'u'ula'an yéetel k'iilkab i'ix ma'ay lu'um, kex táan u chooj u k'i'ik'el tu yooko'ob, tu k'abo'ob

78

yéetu pu'ucho'ob ku chan líikso'ob u chúujo' utia'al u
yuk'o'b u ok'om oólal u kuxtalil.

Le k'iino', yéetu munyaj xi'ik ti' chuun ka'an. Juntúul
paalitsile' ma' bal yóol, tu yilaj u táax lu'um u xiik'nal
pu'ujuy ka yéetu yicho'ob tu t'aabaj u boox nook'il bak'
pa-achil. J-Céecilioe' tu moots'ubaj utia'al ma' u yila'al
ka tu p'áataj u ta'akun.

—U' uyej, suku' un tin taal jach náach waye'. ¿Yaanteech
je'ba'axake' utia'al in jante?

—Teene' jach in wojelt ba'ax le wi'ijo', …kex bíin
u taaskeen toop ko'oten tin wéetel. Ko'ox te' xax beej
utia'al jeltik u paakat u léets'o'ob ts'uul.

Tu naaji' paalitsil, tu janto'ob chokoj waaj yéetel k'utbi'
iik. Je' ka' tu yuk'aj J-Céecilioe' jun xúuch ja' ch'e'eni' tu
k'áataj ts'ik u niibpixanil, jebak u yuumil naaje' tu ya'alaj:

—Táant a tsikbalteen kaajakbaleech ti' junp'éel
kuchkaabal tu'ux ku seten ya-antal ixi'im, yéetel le'elo'
kin tuuklik lenkech jats'uts, tuméen ka ts'ik tuláakal a
yaakun ti'e lu'umo' le kéen a meyajtik; jela'an le ba'ax
ku yúuchulto'on tuméen K- meyajtik yanal lu'um,
yéetel le meyajo' ma' u ts'o'okok yéetel u xootal u le'ob
kij, tuméen yaan k-jó'osik u sóoskili'; beyxan yaan k-
meentik suumo'ob, mukuko'ob, pawo'ob, k'áano'ob, wa
táabo'ob, yéetel asab yaan k luk'sik u mejenil kij utia'al
pak'bil táanxel tu'ux. Yaan xan k-múulmeyaj utia'al u
ma'alobkunsal le ti'yal, yéetel u ts'o'oki' yaan meyajtik u
lu'um janalbe'eno'ob ti' ts'uul.

—Ti' túun k'aaxane'ex tie' kij, ti' nojoch xookul, ti'e jaats'o'ob, tuméen le káaltal yéetel le óotsilil ts'o'ok u jiiltik a nojba'ail tak asab a wáabilo'ob yéetel a ka'a wáabilo'ob.¿A wojelt? Ku táaktal a k'ajóolte in kaajale', u k'aaba'e' Piich kaaj.

—Ma' u páajtal...Síijeen waye' ti'e ti'yal, yéetel mina'anteen u ketbesaj utia'al in k'ajóolt táanxel tu'ux.

J-Céecilioe' ma' t'aanaji' tu ka'atéen, ka tu ts'o'oksaj u janali'.

Jebak le J- paalitsil utia'al u xoot chimil u muuk' óolal, tu bisaj ti' junp'éel t-'ulbeej ku yéemel tak u kúuchil tu'ux u tijilku'uns le sóoskilo'. Páajtu naats'uba'ob te' k'íiwik ti'e nojoch naajil ts'uule', tu'ux juntúul xiib k'aaxa'an u k'abo'ob ti' u ka'analil junp'éel che',ch'uya'an jach ta'aytak u k'uchul u yoóko'ob te' lu'umo', tuméen le jaats' ku le'emel ti' ku xikik u yoot'el u pu'uch yéetel ku tits'il u k'i'ik'el. J-Céecilio chich u nich'maj u kama'ach yéetel u lap'maj u k'abo'ob, ka tu k'áat chi'itaj:

—¿Ba'anten táan u le'emel jaats'ti'?

—Tuméen ma' k'uchi' tu lat'ab k'iin te' xoot le' kij.

Ka ts'o'okesab le jaats'lo',waach'a'ab le J-paalitsil. Jach ta'aytak u lúubul, ka xóolkinnaji' ka tu ts'u'uts'aj u k'ab ti'e máax tu k'aamaj le jaats'o', le máako' séeb yawatnaji' yéetel nojba'ail:

—Utia'al ma' u tu'ubs ka le kijo' u ya'ax táak'in k-yuum, ji'ikike'ex tu pu'uch su-uts' pak'al yéetel ta'ab

J-Céecilio tu chíinaj u yich te' lu'umo', i'ix yéetel
le k'i'ixo' baja'an tu k'ajlay, tu tuukultaj u biin ti'e
áak'abo':

" La'aten le máasewale' je'bix le kije' ku kuxtal yéetel
óotsilil; yéetel wáa k-'a'ana'an jun k'aal p'éel ja'abo'ob
utia'al u jóok'ok u j-bob ku tomoxchi'tik u kíimile',
chéen jun p'íit ja'abo'ob k'abéet teen utia'al in jáalk'abtik
in wéet k'i'ik'elo'ob.

J-Míiguel tu máansaj tuláakle k'iino' ti' lu'um ti' tiyal, tu ts'áaj u yóol u yile u xoot' u le'on kij yéctel u bisa'al, tu yilaj u luk'sa'ab u mejenil ti' kij yéetel u ka'a paak'ale', bakakix, u ya'ab paakat yéetel tuukul tu ts'áaj yóok'ol le aj meyajo'ob jach t'onano'ob tuméen mantats' ku yilke junp'éel chíikul ti' mak'óolil. Ta'aitak u yáak'abtal ka téek éemi' ti' u sak tsíimin ku ya'alale' chéen k'i'ik'el, jach séeb juntúul k'aas ts'uul tu machaj u jok' ni' yéetel tu bisaj te' junp'éel táaxlu'um utia'al u chan síistal. Tu kúuchil tsíimno'ob tu ts'áaj síis ja' ti' junp'éel panab ti' t'oj tuunich yéetel kali'ikil le kan ts'íit yook ku jantik u yo'och su'uk, le xiibo' tu luk'saj u xek, u taats' paach ka tu káajsu pustik.

J-Míiguel yéetel séeb xáak'abo'ob tu taats' máansaj u kúuchil yaan aktáan ti'e nojoch naajo'.

—Ba'axten jach ya'an a séeba'anil, in yaamil, ¿ts'o'ok u tu'ubteech yaan a na'tsil?

—Sa'as si'ipileen in X-Máargot, chan ka'ana'aneen.

—¿Tu meento'ob a p'u'uju le máasewalo'ob, ma' jaaji'?

—Táaj neetso'ob.

—Mix u na'atko'ob le nojoch uts táan k-beetik ti'ob…
Ma'alo', ti' uláak ba'al, in chan ts'u'uts', meen uts.

Tu waak' ts'u'uts'aj u p'u'uk je'ebix suuka'anti' yéetel
tu ka'ateen tu líik'saj tak tu ka'analil u k'aax nak' tak ka
tu meentaj u jóok'u yawat che'ej, je'ebix u ts'aak utia'al
tuláakal k'aas k'oja'an.

Tu kúuchil u weenej kulaji' tu k'áan sak yéetel u chak
kóoch t'o'olo'ob. K'uux tio'le ooxoj ti' u ja'aja'aile' tun
chan yúumbal, kéen ok te' tunk'as juntúul x-ch'úupal
ti' kanlajunp'éel ja'abo'ob yéetel u múukul xíinba ti'
x-ma' xanbi' utia'al mu meentik mix junp'íit juum. Tu
ets'kúumsaj te' yáanal le k'áano' u táax kuum yéetel
k'íinal ja' yéetel tu waach'aj u xanabo'ob ti'e tsuulo'
ch'uyukbalo'ob. Ka tu piitaj u nook'il u yooko'ob tu
chichankunsaj u t'aan:

—Chan ts'uul bíin in ka'aj pa'atik jun súutuk utia'al
u chan síiskuns a wooko'ob, táanil in p'o'iko'ob.

—Ma'alob, X-Véentura.

Jun súutuk je'ka', le mejen k'abo'ob tu baay p'o'ajo'ob
le yooko'ob je'ebix ku yúuchuj junp'éel tsolante. J-
Míiguele' jach ki' yu'ubaj le k'íinal ja' yéetel le baayo'
ti' tu kuyo'ob, ka ka'a chilaji' tu ki'ki' cha'antaj u mejen
yimo'ob ti' le x-lobayen x-ch'úupal. Mix tu tuuklaj, ka
jo'op' u báaxtik le chu'ucho'ob, tak ka ok u k'íinal u
wíinklil ti'e x-ch'úupalo'.

—Ay —tu xootaj u jajak iik'—, chan yuum J-
Míiguel, yéeetel a éejenil bin in ka'aj bisik le nu'ukula'.

Mix tu beetaj muuk' ka tu líik'saj ka tu ts'áaj tu yóok'ol.

—¡Ma, ts'uul, ma' unaj.

—Ba'axten ma', jach yaan in páajtalil… maak a chi'.

U k'ab le xiib chéen tu kaxantaj junp'íit mamaykil tso'ots, tu túubaj u yaal u k'abo'ob, yéetel kex beyo',X-Véentura ja'ak'a'an u yóol ma' u ts'áaj u yóol ti' mixba'al, tuméen tak u sáasil u boox yicho'ob tun biin u sa'atal. Xa'ak'a'an u book ti' yelma, xiib yéetel k'íilkab ka yu'ubaj junp'éel áakam ti' yaaj yéetel ko'il.

—¡Baykunaj, chan ts'uul ! ¡Meen uts tu ka'atéen!

—¡Lep a wóol, xeen a ch'a' paach ti'a meyaj!

J-Céecilio tu ka'atéen te' beejo', anbalnaji':

"Ya'axkopoil, Te'moson, Makuich'e, Wayal kéej, Ts'unu'un kaan, lelo' yéetel ya'abkach ti'yalo'ob bey nojoch áakacho'ob ku chu'uchko'ob u k'i'ik'el yéetel u ts'u baakelo'ob máasewalo'ob.

Kex to'one' u yáax yuumilo'ob te' lu'umila', le sak wíiniko'ob ku ayik'altalo'ob y-éetel k-k'íilkab i'ix k-ok'om óolal. Jebak le nojoch muuk'o' yaan ti' sak wíiniko'ob je'e u beychajak pa' muuk'o'ob yéetel uláak' kéet wa asab nojoch muuk'il, wáa ku yaantal to'on u jok' ni' ku ts'ikti' u tojil yéetel u najel p'iis.

Te' chuun pu'uke', le junab chi' ka'an yaan te' Yúukatana', J-Céecilio taats-'máani' tu pak'alil k'úuts i'ix k'uxub, yéetel ku chan tuusik u wi'iji' yéetel le k'aaya':

Le Aj pich'o'
ku yichkíil yéetel siinan k'aay
u suju'uy nej
ti'e sayabil

87

Ichil u xa'anilo'ob Muna' yéetel Ti'kul, k'uch Máani'.
Ti' k'ulnaaj, payalchi'inaji' aktáan ti' juntúul Mejen Bil
kaabal u baakel, yéetel wóolis u jo'ol, je'ebix u tséek
maa-yao'obo', junab le asab tu t'aanaj u ts'áaj óolal J-
Céecilioe', le yoochelo' u léejkuuch-maj u sáabukan
yéetel yaan xan ti' u táabixanab.

—Teeche' ma' beyeech le Mejen Bil e'esajteen
te' ka'anbal kama't'aan, jach chika'aneech ti' in
lu'umkaabilo'ob baja'ano'ob tu k'atab che'ob.

J-Céecilioe' yéetel péek óol tu suutaj u yich tu tojil le
uláak' yoochelo'ob, yéetel u chan sajakil tu ya'alaj:

—Ki'ichkelem Yuum, a'alteen máax tu ts'áajteech
te'elo', yéetel ¿Ba'anten?

Le u ya'abil lúubo'ob ts'o'oka'an u xíinbaltik yáanal
le ts'íik yooxoj, le su'uk'iin, le uk'aj, yéetel u je'elel chéen
yáanal áak'ab, tu búulnajo'ob ti' junp'éel tup' ichil yéetel
u nikib ikil tu tuupuba'ob u ektolol ichil le jaajil yéetel
le manab chi', ba'ale' tu yu'ubaj:

—In chan paal, ts'o'ok u máanal jo'olajun p'éel
katuno'ob ikil bajabeen weye' tio'le kastlan wíiniko'obe',
utia'al u meentkeen u Aj lat' k'ab ti' u loobkinaj; jebak in
wíinklil póola'an tio'lu k'abo'ob máasewalo'ob la'aten
in yelmal maayabi'. Le óolal, u k'i'ixo'ob in peet jo'ol
ku seten ya'abtal yéetel u munya a tia'ale'ex ti' amal
lu'um pak'a'an ti' kij; in k'atab che' u k'aaxul ch'ujuk
sak'ab ka paajkuuchke'ex te' ch'ote'.

J-Céecilio, ka'aj suunaj tu yóol, ka tu ya'alaj:

—In Yuum ¿Tak ba'ax k'iin bíin u k'uchuj u xuul k jat' tsemilo'on?

—U chi' le luuche' ku ya'alikto'on bajun ja' je'e u biske.. Jaaj, teen tin síije'ex jalk'abile'ex, yéetel ts'áaba'ante'ex máaskab suumo'ob, le beetik chéen te'ex najbe'en a ka'a kaxke'ex le saata'an pe'echak'.

J-Céecilio yéetel u aal jaajil u kuuchma, jóok' te' k'unaaje'. Tu beeli' X-Kaba C-h'e'en tu naktáantaj juntúulx-nuk ko'olel yéetu p'úul.

—Ma'alob k'iin ki'ichpam chiich ¿Je'e u páajtal a síijteen jun p'íit ja'?

Le chiicho' tu ts'áaj le ja'e'. Kali'ikil, ichil u jak'óolal i'ix u ch'ajal óol, yéetel u yicho'ob ka'anantako'ob yéctel u sak t'aj, tu máansaj u paakat ti' J-Céecilio, lik'ul u yooko'ob tak tu tso'otsel u jo'ol.

—Teech taaleech ti' lak'iin utia'al a ki'iki' báaxte u lu'umil k úuchben ch-'i'ibalo'ob; utia'al a k'aj óol u kúuchil Kuxa'an Suum, le X-Kaba Ch'e'en, táan kaxtik xane' u táankab k'unaaj tu'ux le úuchben pikju'uno'ob suutnajo'ob chéen ta'an tu k-'abo'ob yuum Diego ti' Landa, yéetel utia'al a k'aj óolte Maaya Mejen Bil.

U lu'umil úuchben ch'i'ibalo'ob leti' a batsil wíinklil; le Suum táan u chooju k-'i'ik'el u tuuch ti' junjuntúul le chanbalo'ob; le X Kaba Ch'e'eno' u Ja'il Kuxtal; le pik ju'uno'ob letie' Maaya T'aan táan u laabta'al; yéetel le Maaya Mejen Bil ts'o'ok a wu-'uyik, tuméen leti' túun pa'atkeech utia'al u t'aankeech… Teaki' wayaneech, táan a chukbesik u bóobat t'aan in náachil chiich, i'ix yéetel u juun u kaal kin ja'almaj xikinte-ech:

U k'ank'ubul ts'o'ok u yila'al Máani bolon k'iino'ob, leti' u chokoj ja'ile' bíin u p'aatko'on x- ma' xi'imi' yéetel x-ma' u yich pak'alo'obe'. Jebak, lelo' ma' jach loob je'ebix u loobil ku tomoxchi'itike'.

—¿Ba'ax u k'áat yáal le balan t'aano'?

—Táan u naats'ubáa u k'iinil Múul Tuun Tséek, tuméen le éek' pip yéetel le sak boko' biin u ba'ate'elo'ob tak ka u kíimlajo'ob yéetel u yaak'o'ob k'áak'il, yéetel tuméen u k'i'ik'el leti'obe' bíin u meent u kíilbal u kan p'éel jobnelo'ob ti'e Ma'ya'abe'.

Chan jak' u yóol J-Céecilio ka tu k'a'ajsaj u k'iin túun máansik táankelemil, tu naytaj juntúul tsapa' wíinik tu ya'alajti' junp'éel Aj bal uts olal le Múul TuunTséek.

—¿Je'e bíin in wilike'?

—Ay, báalam-éek' pip, wáa a wojelte…

—Niib óolal tio'le ja'e', teene' tin suut tin kaajal, yéetel teech, k- ki'ichkelem Mejen Bil u kanáantkeech…

J-Céecilioe' taats' máan P'enkuyut utia'al u k'uchuj Te'k'áax. Te'elo' te' pu'uko', tu beeli' Jo'e', u maayo'ob le t'ul tsíimino'ob ku p'ilis k'áak'ubáao'ob yéetel le tuuncho'ob jalk'esa'an ti' beeje', tuméen táan u koolko'ob junp'éel peten che' máanja'an u kuuch monkaab, ch'ujuki' k'úum, kastelan tuk' yéetel u ja' ku káalkuns wíinik..Tu xuul cha'antaj le kaba lu'um tu'ux bisab le kuuche', yéetel tu ka'a ch'a'b u beej.

Ti' junp'éel ti'yal naats' Peto', u nu'ukulo'ob ch'oot
beetab yéetel ja'bin ku ch'ootiko'ob sak'ab bulk'iin yéetel
buláak'ab.Le sa'il moom le káan u lóok ich le máaskab
kuumo'ob ku babkaltaj, yéetel junp'éel ch'ujuk bookil
ku xiit'ubaj te' bak' paacho'ob, yéetel J-Céecilioe' tu
ts'áaj u máanal ts'áaj óolal utia'al juntúul nuxib aj meyjil
sak'ab.

—Tuméen mina'an in yuum, in ts'e yuum J-Méelesio
tu múukaj in tuuch ich junp'éel lu'um pak'a'an yéetel
ch'ujuk sak'ab, lebetik waye' kin wu'uykinbaj bey jun-
túul muuch ich u chulub... Beyistako', teene' ts'o'ok in
meyaj ti' Saki', Tsíimin kaaj, P'íit ja', Jo'op'éel ch'e'en,
Te'k'áax ¿Bix ma' in wojclt u meyjul ch'ujuk sak'ab?

—Bix ta t'aan...¿Je'e u ts'áabateen meyaj?

—U pak'al yéetel u páaktal ku bóotal junp'éel tepalil
táak'iin tio'lal junp'éel k'iin ti' meyaj. Kúum ti'aano'on
jach tu ch'oota', yaan seten ya'ab aj meyjilo'ob.

Le xiibo' tu tsoolaj ka jach k'a'ana'an u séebkunsko'ob
le meyjul tuméen jach táaytak u k'uchuj le ja'ja'lile'',
jebak J-Céecilio tu ts'áaj asab ts'áaj óol ti' lc máaxo'ob tun
je'elel chilikbalo'ob tu k'áano'ob. Kali'ikil u la'achal X-
t'in k'áanil páax yéetu ki' k'aayo' táan u biin naats'al ti':

Ku k'aay le ch'ooj tsúutsuy
tuméen tun t'úubul k'iin
yéetel asab jun pul ch'áak
kin ts'o'oksu ch'áakil bejla'e'

Le ayik'al ku ts'aam u waaj
ich chokoj chukwaj
ch'ujukki'insa'an yéetel monkaab
ti' way pak'al ch'ujuk sak'abi'

Yéetel teen kin káat chi'tik pik téenel
ti'e ts'úulo' yéetel Ki'ichkelem Yuum
 ba'anten wáa ch'ujuk le sak'abo'
bayli' k'a'aj utia'al teene'.

Chetun, yóok'ol le k'aayo' tu yu'ubal k'aas
pooch'o'ob ku taalo'ob te' táankab.Ka'atúul xiibo'ob
u machmu máaskabo'ob ikil jach táak u kíinskuba'ob
táan u ch'áach'áako'ob u síisil ee'joch'e'enile'. U t'a'aj
suutkuba'ob yéetel u síit'o'ob ku tookpajalo'ob ti'u yeej le
máaskabo'ob, tak ka u ka'analil ti' juntúule' tu p'áatubaj
tu toj k'abile' ti'e uláak'o', le máax tu nóokp'uchtaj
yéetel u táax le máaskabo'. Tio'ole jaats'o' ku ts'áabaj ti'
ku boj juumo'ob u pu'uch yéetel u k'abo'ob. Le Aj pa'
muuk' ka tu yilaj lúuba'an u k'uxtaanbalo' asab táan u
tutukchi', biini'.

Ts'o'okili u sáastal, jebak mixjuntúul le aj ba'ate'elo'ob
chíikpalnaji', kex k'iinil domingo'e' tu ts'áajo'ob le meyjul
ti' J-Céecilioe', beyo' u yáaxil yéetel p'el najel utia'al le
k'iino' chéen u'uy noj payalchi', je'ebix tuláaklo'ob.

Tu táankab k'ulnaajo' le aj meyjilo'ob ch'ujuk sak'ab
túun tsikbalo'ob kali'ikil u pa'atiko'ob le máaxo'ob u

ka'aj ts'o'oklubelo'ob. Naats' ti'e joonaj le ko'olelo'ob kulukbalo'ob te' payom che'ob u búukmajo'ob u bóoch'o'ob tu jo'olo'b yéetel u machmo'ob u ken túun tuusik u payalchi'ob.

Tak ka k'uch le ts'uulo' yéetel le mayokool, ka xolkinajo'ob ti'e ka'ap'éel nixul but'a'an ts'aaba'an te' no'oje' yéetel naats' tie yuum k'iino'. kéen k'ucho'ob le bíin u ts'o'oklubelo', bisabo'ob tak tu'ux yaan le eebo' naats' ti' k'uyen temil, utia'al u xoltalo'ob chéen yóok'ol le pola'an tuuncho'ob, ka káajsab le tiich'o'. Táanij le K'ajlay Aj Lojil, tuméen máasewalo'ob le ma'axo'ob biin u ts'o'oklubelo'ob, le aj k'iino' tu ya'alaj:

—Aj ok óolale'ex, kin t'aanke'ex yéctel in yaakun, wáa yaan máax u yojelt junp'éel k'aasal utia'al u nup'uba'ob le ka'a túul paalal ti' Ki'ichkelem Yuum, ka u t'aan teaki' wáa ma' ka u nup'u chi'e' utia'al jun k'uli'.

Jach séeban tu ya'alaj u tsaulo'ob yéetel láayli'e séebik tu ki'ki't'aanaj le nup'il. Baili' le K'ajlay K- Aj Lojil, tu nup'aj u k'abo'ob, paakatnaji' ka'ana tu nak' le k'unaajo' ol bey túun kaxantik Yuum Bil, chaanbéel tu suutaj u yicho'ob ti' tu'ux yaan u kuchteelo'ob, ka tu káajsu t'aan yéetel junp'éel múukul t'aan, ka jujunp'íitile' tu biin u k'a'amkunsik u juum:

—Ch'abtano'ob le óotsilil u pixano'ob, tuméen ti' utia'alo'ob u tepal ti'e ka'ano'ob...Le máaxo'ob ku yok'olo'ob tuméen leti'obe bíin kuxkintaj óolo'ob... Le Aj tontalo'ob tuméen leti'obe' bíin u k'am ba'albail le lu'uma'.

Le yuum k'iin yéetel u ki'ki'óolil tu yilaj le ts'uulo'. Leti'e', tu chan chíinpooltaj, yéetel le yuum k'iino' tu ka'a ch'a' u t'aan:

—Suku'une'ex tio'ol u k'i'ik'el Mejen Bil, way yóok'ol kaabe' ya'abkach máako'ob mina'anti'ob junp'éel waaj utia'al u bisko'ob tu chi'o' mix junp'éel luuchi' ja' utia'al u uk'ajo'...Ko'one'ex ts'iktik u niib óolal ti' Ki'ichkelem Yuum tuméen yaante'ex junp'éel meyaj. Ka u week Ki'ichkelem Yuum u ki'ki't'aano'ob yóok'ol le kili'ich yuum k'iino'ob ku ka'ansko'ob u jaajil t'aan, yéetel xan yóok'ol u yuumil le pak'al ch'ujuk sak'abe', tuméen leti' je'bix juntúul uts taatatsil ku ts'ikte'ex a wo'oche'ex, ku mak bo'oybesike'ex yéetel ku biske'ex te' u jaajil beej ti' oka'an óolal, bay layak.

J-Céecilioe' tu balinaj u nok óolil, kali'ikil tun jóok'o'ol le máako'obo', ka tu chan lek'ichtaj le ts'uule' utia'al u kaxtikti' wa ba'ax k'uyen.Tu ts'o'oko' tu na'ataj ka u jejelásil chéen yaan tu boon u yoot'el yéetel u búuk tso'ots tu wíinklil, ka tu ts'áaj óol ti'u tsikbal le aj meyjilo'ob:

—¡Ma'alo'ob tuméen yaanchaj le ts'o'oklubelo'!

—¡Beyistako'! Bíin u yaantal u janalil boox buut'i' yéetel u káalkuns ja'i' tak utia'al a p'áatal aj neets wáa satal óol.

—Je' ku biin J-Cóornelio, u yila'al jach ki'imak u yóol.

—¿Ba'anten ma' u biin yéetel u yatan?

—Tuméen bey suuk u beeta'al, le x-ch'úupal táant u ts'o'oklubel yaan u máansik ka'a p'éel p'iis k'iino'ob ti'u nojoch naaj ts'uule' utia'al u a'almaj xikintab yéetel utia'al u ka'ansa'al ti' u tsaulo'ob.

—Lebetik tuláakal u mejenilano'ob ti'e ts'uulo'ob kéet u yicho'ob yéetel u boono'ob.

—¡Beyistako'!Le óolal jach chika'aneech ti' u nool le ts'uulo'.

—¡Xen yéetel le nuxib xulub!

Waxakp'éel k'iino'ob je' ka', J-Céecilio yáanal junp'éel lep' óol k'iin tun weeku k'áak'il, tu yilubaj bey simsimche'bta'an ti'e nojoch k'aaxul ti' ch'ujuk sak'ab tun bisik tu tojil le nuukul ch'oot. Ka tu yilaj u ts'íikil le ts'uulo' tu xanbelkuntaj u xíinbali'.

—¡A'alti'e aj petenche'náal t'so'ok u xantal u biinbal.

Le mayokool mix tu núukaj tuméen jóok' yáalkabi' utia'al u meentik le ba'ax túuxtab u meente.

—¿Máax tu na'aks le tu' máasewala' waye'?

—Le Aj ch'áako'ob sak'ab, tuméen tu chi'baj juntúul k'an no'och kanp'éel ni'ob.

Tu núukaj le ok'saj ich aj petenche'náalo'.

—¡ Ma' k páajtal pachalkunt le xíinbala' yéetel majan u kuuch le peten che'a', wáa yéetel u kaxantal juntúul aj ts'aak yaaj! ¡Téek éemse'ex le tu' wíinika'! Yéetel ka u beetal u yot óol Ki'ichkelem Yuum.

T'aanaji' le ts'uulo' yéetel u jaats'ul tu k'abe'.

—Tuméen bik tu'ubse'ex ka yóok'ol tuláakal le ba'alo'obo', táanil yaan le monkaab yéetel le ja'i' káaltal tuméen yéetel u tip'a'anil kin tséentke'ex. ¡Péeksabaj yéetel ma' a je'elel tak ka k'uch Peto'i'!

Le ts'uulo' tu lek' yilaj le peten che'e' táan u táats'máan u noj p'um ti'yal tu'ux ku yokol máak, ka tu ch'uch'uktaj u tan mokton.

—J-Fíidelino, yaan a kaxanteen uláak' aj petenche'náal, tuméen leti' bíin u suutkubaj aj síijil monkaab ti' tuláakle máasewalo'ob.Le beyo' ka suunak ka túuxtik u ch'áak ch'ujuk sak'ab.

J-Céecilio yéetel juntúul yéet meyjilo' tu kuucho'ob le Aj pa' muuk' ka tu biso'ob te' noj naajil tu'ux ku much'uba'ob utia'al weenelo'ob.

Je' ka' le múukul J-Céecilio yéetel u alab óolal u k'aamik u náajaltmaj, tu pa'ajtaj tak ka bo'otalnaji' ti'e ts'o'ok aj meyjil. Yéetel u jaji jajil tu k'áataj ba'anten ma' t'aanabi'.Le ts'uulo' mix tu yilaj, tu je'a le pik ju'uno' ka tu tuch'ubtaj u k'aaba' J-Céecilio Chi'

—Aja', tio'le ch'ujuk sak'ab ts'o'ok a ch'áakik ta náajaltaj jo'olajun p'éel tepalil táak'iin; jebak, óoxp'éel ts'o'okili in ts'ikteech, óoxp'éel ts'íibta'an waye', yéetel óoxp'éel ka a p'aaxmajteen, bolon p'éel; yéetel ma' uts a xuuxupik u yala' waak p'éel táanxel tu'ux yaan a k'aamik jun muut bu'ul yéetel junp'éel sáasil p'úul ti ja'i' káaltal.

J-Céecilio jach tu na'ataj chéen táan u toopol tio'ol le ts'uule', lebetik ma' xáanchaji' ka tu p'áataj Peto'i' utia'al u ch'a'b u beej Ich múul.

U yawate' muucho'obo' tu ts'am k'abtaj u xuul le k'áaxo'. J-Céecilio tu num óoltaj le Aj T'uup Cháako'ob, u Aj áantalnáalo'ob ti' Yuum Cháak, u naat'majo'ob u waalak' áako'obe' ti' ka'ane', tun jaats'uba'ob yéetel u taj che'ob i'ix u chúujo'obe'.Jun pul ch'áak ti' k'áak'il tu jaataj u nak' le' múuyale'. Yáanal le k'aan kach ja'e' J-Céecilio tu baalkubaj yéetel xa'an, kali'ikil táan u jalk'ajal, yéetel táan u tóochpajal iche áak'abe'. Le ja'e' suutnaji' junp'éel ts'íik áalkab ja'e' ku báaxtik le tuuncho'ob ma' xulumte' yaan u yeejo'ob. Chetun junp'éel jaats' cháak tu lúubsaj jun kúul k'uche' ol yóok'ol J-Céecilioe'.

—Ki'ichkelem Mejen Bil Máani' ¿Jayp'éel k'atab che'ob táan u weenelo'ob tu che' le nukuch k'uche'a'?...¡Beyo', Ki'ichkelem K'uj, jebak le káan u tóop'ol le p'ekil, le ets'a'an óolal ku biin u púuts'ul.

—X -Céenobia.

—¿Ba'axi', xunáan X-Máargot?

—¿Yo'omchaja'aneech?

—Ma' in wojeli', xunáan.

—¡Ah, beyo'! ¿Kuxtúun le nak'o'?

—¿Máakalmáak?

—¡X-kisin máasewal ko'olcl! ¡Jach a wojle'ex a meentkabáae'ex nun peele'ex!.. X-Géertrudis.

—¿Ba'axi'?

—Ay, ajan, ¿ba'axi'?¿Ba'ax ka wu'uyik te' paach le joonajo'. Jach táak a wu'uyik ba'ax táan k-tsikbal ¿ma' jaaji'? Peneen a t'aan, tin pa'atik le ba'ax táak a wa'ak.

— ¿A woje máax nojoch u nak'?

—Teech.

—Meent uts xunáan, ma' a p'a'askeen tuméen kuytuneen.

—Sa'as si'ipileen ¿A chiich wale'?

—X-Buéenaventura.

—¿Ba'ax?¡Ma' tu béeytal, le nojoch ts'uul ma'ach u yoksubaj yéetel le x-síim x-ch'úupal!

—Yéet in chíinpoolal, xunáan,X-Céenobia chéen chuup u sayomal.

—Binmáake', tuméen ya'ab a paalal a láaj woje.

—Wa táak a tojolchiintkeen, beete, teene' chéen táak in áantkeech utia'al ma' a meente junp'éel x-ma' tojil yóok'ol le ch'úupalo', tuméen xunáan X-Experanza ts'u káajsu ts'aakik.

—Wa táak a tojolch'iintkeen, chéen tuméen kensaj ba'ax ku yilikeech le nojoch ts'uulo', tuméen mix bik'iin ku ts'ik u éejenil utia'al in in tojolch'iintkeech je'ebix a náajaltmaj, jaaj, X-Géertrudis, bíin kóoltkeech ta tso'otsel a pool…¿Ma' wa le xiibo' tu pa' a p'úulo'?

—Xunáan, teen.

—Mak a chi', X-Céenobia, péeksabáa utia'al a bin a beet a meyaj.

—Teeche' X-Géertrudis, p'ich a wich, tsikbalneen yóok'ol le káakbach je'ebix unaj.

—Xunáan, yéetel in kux óol, kin wa'alik teech X-Buéenaventura yo'omchaja'an, yéetel ma'ili' u káajsu xíinbal u noj k'aaba' ti' le ch'i'ibalil ti' chi' yéetel chi'e'…

—Ts'o'oki', mix junp'éel t'aan yóok'ol le ba'ala' ti' mixmáak ti'e naaje' yéetel ti' ya-anal naajo'ob, le u yala' teen bíin in wile —"Wáa ma' tio'ol in wiichan, ma'ili' yaan u nojochtal in chan paal tuméen táan u chan kanik u meentkubáa xiib… Wáa kuxa'an ka'achi u noolo' je'e u ki'imaktal u yóol le kéen u yoje ikil u yáabil ts'o'ok u

suutmubaj juntúul chan xiibi tsíimin jach chúuka'an—.
X-Géertrudis

—¿Ba'axi xunáan?

—Bíin in ka'aj weene, meen uts a wilik mixmáak u naats'ubaj utia'al u beet in p'u'uju.

—Je'ebix ka wa'ake xunáan X-Máargot

—P'áat a tsikbal, yéete xeen a wil u meent u meyajo' le x-ma'ak'óol x-k'ooso'ob.

"Ma'alob xunáan X-K'a'aj, je'ebix a wa'ak, x-nuuk ch'úupil tsíimin… Je'e in k'aalik seten ma'alob le joonaj, beyo' ka u jo'op'ol u chi'ibal a pool, teene' bíin in meentik je'ebix mixba'al kin wu'uyik, jach mixba'al"

—XGéertrudis…

—¡Ay, in chan na'! x-sata óol X-Céenobia ta ja'asaj in wóol.

—Níib óolal, tuméen ta tóoksajeen, ba'ale' ¿ba'ax bíin in beet le k'iin ikil le k'oja'an ku káajsu toopkeen yéetel u kokochaak' le chan paal ich in nak'?

—Yaan in ts'o'oksajbeel kex yéet juntúul peek', utia'al u ok óol ti' X-K'a'aj. Ts'o'ok a wilik, neets, ka ts'o'oks u jóo'sal u k'iintaj X-Míiguel tin wa'alaj ka suunakeech yiknal xunáan X-Éesperanza tia'al yéetel u páajtalil ma' u luk'esa'ab a wiichan, ba'ale' ta núukaj a J-Yaamil juntúul máasewal jach chúuka'an yéetel ay ki'ichkelem chan taata…Xeen, xeen te'elo' utiaa'al a wilik ba'ax kan a beete —" X-Buéenaventura asab x-ch'úupal, chéen ch'a'abil u meent je'ba'axake', kex ku majant u p'u'uk iito', ba'ale' je'e u jóok'ol táanile'l—Buenaventura.

—¿Ba'axi xunáan?

—Ko'oten, x-ch'úupal, ko'ox tsikbal te' kúuchil utia'al xíinbal.

—¿Ba'ax tia'al?

—Tuméen bejla'e' yaan a p'áatik le naaja', ma'ili u jaatal a chi'e' yéetel a to-jolch'iintal yéetel kóochak'.

—¿Ti' teen?

—Teene' mix tin taas ich in nak' juntúul chan ts'uul yuumil le naaja'… ¿Máax tu meentajeech uts?

—Lelo' mixba'al yaanti'.

—Wáa beyo', jach ma'alob ta máansaj.

—X-Céenobia láaylie' yo'omchaja'an, beyo' ma' in biin tin kaajal chéen tin jun, kex máanal náach u kaaj leti'e' min junp'éelili' u bej

—X-Céenobia way ku p'áata. Bik a je'ik a chi', tuméen yaan ti' kanlajunp'éel ti ka'a k'aal ja'abo'ob, yéetel u kuxtal táanxel tu'ux talam utia'al leti', yéetel xan tuméen u paal bey u báaxal utia'al J-Míiguele' yéetel láaylie' bíin u suutkubáa u báaxal tia'al X-K'a'aj.

"… Ta'aytak u yáak'abtal ma' jóok' mix junp'éel eek', yéetel le bejo' ma'a u jach yila'al, je'ebix tu ya'ala X-Géertrudis, unaj in k'aaba' X-Buéenaaventura, kex bejla'e' mixb'aal p'áatalteen ti' ma'alob. Ki'ichpam Ko'olebil, wáa min naktantik ka'achi' le aj ts'ik tsíimin jach ya'ab u tsikbal, lenkech jats'uts ken in wilkinbáa ka'achi k'óok'óol yéetel jaata'an in wich tio'ole senkech lúubul yéetel wa'atal utia'al in ka'a kaxtik in beeli'.

—Je'ebix, ts'o'okili in wa'alik teech x-ch'úupal, in yaabilmaj tsíimino'ob jach taak'a'an tu poolo'ob u bej Kantamayek; yéetel mantats' bey kan a wileen tin púut u koonbil ba'alo'ob ti'e aj koonolo'ob ti' Suutja'.

"¿Yéetel teen bíin in máans in kuxtal chéen taas yéetel bis paalal k'aas ts'uulo'ob je'ebix ku ya'alik in wéet k'i'ik'elo'ob? Ma', ma'a, teene' ma' in suut yiknal in taata utia'al u jajaats'keen yéetel ch'uula'an suum, je'e túun yaan in kaxtik wa máax sataj óol utia'al in meent u ok tu jo'ol u chan paal jóok' k'aas sak wíinik je'ebix u nool.

Ti' Piich Kaaj J-Céecilio ka tu chan saats'ubaj te' k'áano'
jáayabnaji', tuméen ka'atúul k'a'awo'ob tun ch'a'a
paachtiko'ob u ts'o'ok jul k'iin. U k'o'oxil le ch'íich'o'ob
tu meentaj u k'a'ajesaj wináalo'ob táanile', juntúul aj-
naat' ok te' kaajo', wa'alaji' chetun ka yawatnaji':

—¡In báatab J-Sáantiago Imán tia'an Chemaxe' tu táanil
junp'éel nojoch molay k'atuno'ob! ¡Túun biin u naats'al
Saki'! Ku jok' chi'tik kéen baksaj le ba'ate'ele', ¡Mixjuntúul
máasewal bíin u bo'ol mixba'al ti'e j-yuum k'iino'ob,
yéetel le patano' bíin u yéemsal yéetel bíin u yaantal
lu'um utia'al k-meyajtik tuláaklo'on! ¡Nuuplantabáa ti'e
t'o'olo'ob ti'e Aj-Jáalk'abilnáal maayao'ob! ¡Ka u kuxtal
Yuum J-Sáantiago Imán, kex ts'uul!

Ka tu ts'o'oksu yawat t'aan, áalkabnaji' ti' uláak'
ti'its utia'al u ka'a yawte le tso-ol t'aano', tak ka jóok'
ti'e kaajo'. Ma' xanchaji' ka jo'op' u baba'elel tuláakle
kuchkab-al. Ya'abkach táankelen wíiniko'ob uk'ajo'ob
ti'e mamantats'il yéetel ti'e táak'in mu xanchajo'ob u
biino'ob Chemax. Le kéen máano'ob ichil le kaajo'ob
yéetel le mejen múuch' naajo'ob, táan u yawato'ob
ka'achi yéetel táan u bik'yajo'ob u máaskabo'ob utia'al

u t'aabko'ob le má-tsíikil.Beyo' jach séeb nojochchaji' le múuch'ul ti' p'éelel yéetel ts'áaj óolal.

—¡Ya'abo'on! ¡Ya'abo'on! ¡Mixmáak biin u páajtu maak bejo'on!

—¡Ma' p'áate'ex ok ichilo'on sajakil! ¡Lajun túul sak wíiniko'ob u tojol juntúul m-áasewal!

Le líik'saj kaajal ok Saki' ti' kuchteel Sisal.Bey banab kitamo'ob, le máako'obo' ku tia'alintko'ob le bejo'ob kali'ikil tun u yawto'ob:

—¡Tio'ol u kuxtal Yuum Santiago Imán!

—¡Kíimbe ayik'alo'ob! ¡Le aj-uk'ulo'ob chukwa'!

—¡Tséelbi' le patano'ob!

U banban waak' ts'oono'ob yéetel le yawto'ob ku meentu kulun u tuuncho'ob ti'e k'unaaj yéetel ku beetu kíilbajo'ob tak u chuun pak'o'ob ti' u naajo'ob ti' ayik-'alo'ob.Ti' k'íiwiko' jóok' le báatab J-Áaraos yéetel óox k'aal p'éel ti'j-k'atuno'ob. Ma' náachajo'obi' ka p'áatlo'ob chéen táanchumuk, ya'ab púuts'o'obi' yéetel k'itpajo'ob ichil le máako'obo', ba'ale' le báatab tu yilaj ts'e'ets'ek:

—¡Le sajkilo' mu máan yóok'ol tsíimin! ¡Je'ela' J-Júudas!Awatnaji' le káan tu ch'áakaj u kaal juntúul aj púuts'.

Le wíinklil baili' xíinbalnaji' tak ka lúubi' u yichinsmu k'i'ik'el. J-Áaraos tu yilaj uláak juntúule' táan u na'akal tu koot ti' junp'éel x-tokoy táankab, yéetel junp'éel sipit tu jóok'saj u ts'o'omel tu táan yich.

Tu suutubaj ka tu joltantaj juntúul táan u ta'akubaj tu paach junp'éel máaben p'aak kali'ikil tun pit u nook' ti' juntúul aj líik'sa kaaj tun kíimil, ka ilabi' tu boonaj u yich yéetel junp'éel neets sak che'ej, tu puulaj u ts'oon, yéetel tu yoltaj t'íilit le yóol ts'oon ti'e báatab yéetel u k'ab ba'ale' te' súutuk junp'éel ban ban ts'oon tu xeejaj u k'áak'i' lik'ul junp'éel kisneb naaj ka tu xu'ulsaj u k'uxtal ti'e báatabi'. U book ti' sabak ku xa'ak'pajal yéetel u booki' tóok. Le j-jat loma'ano'ob kéen u yolto'ob wa'atal ku yiliko'ob juntúul j-k'atun ich u pa' muuk' tun ses t'aan; ti' juntúul k'aas ts'uul puuch'a'an u yich; ti' juntúul x-lobayam x-ch'úupal wa'alakbáa yéetel junp'éel jool jach tu tseem tun chój u k'i'ik'el; juntúul paal luk'sab u pool tio'ol junp'éel peten che'. Tak ti' óoxp'éel lat'ab kíin ti' chíini k'iin lúub Saki' tu k'ab ti'e Molay K'atuno'ob ti' Lak'iine', yéetel le ku kanáantko'ob le noj kaajo' máano'ob tu tséel le aj líik'saj kaajo'ob.

Óoxp'éel k'iino'ob je'ka', ka k'uch le nojoch báatabe' J-Sáantiago Imán kuuch-a'an tio'ol le masewalo'ob ti' junp'éel pepem che'. Le piktanile' tu k'aamaj yéetel ki'ki' óolal, tuméentu ts'áaj u k'ajóoltal junp'éel ju'un tu jopaj tu ka'atéen le ki'imak óolal

— ¡Mix juntúul xiib, mix juntúul ko'olel bíin u bo'ol patano'ob!

—¡Beyistako'! ¡K-máasewalo'on chéen yaan bo'ol junp'éel tepalil táak'iin amal wináal, lik'ul le máax

yaanti' kan lajun p'éel ja'abo'ob tak le máax u kuuchmaj
óox p-'éel k'aal ja'abo'ob!

—¿Ba'axten yaan k-bo'otik le ba'ax ma' k-p'áaxmaj?

—¡Ko'ox ch'a ok le ba'ate'el utia'al ma' k-bo'ol
mixba'al ti'e

j-k'iino'ob tuméen leti'obe' bey peecho'ob chéen ku
chu'uchko'ob k-k'i'ik'el.

____¡Leti'ob chéen u ts'u'util yéetel u nojbail Nojoch
Kisin ku meent u péeksubáao'ob! ¿Tu'ux tu p'áato'ob u
yóotsilil yéetel u kaabal óol ti' J-Mejen Bil?

____Jaaj, le Aj k'iin Jo'o tsuuk Yuum José Antonio
Mais amal u yojel yóok'ol junp'éel t'oonkíinil ti'e J-
ma' tsíikilo'ob, ku túuxt u ban ban péeksab le balamte
máaskabo'ob yéetel ku méentik u waak'al le ch'ilib u
julko'ob le múuyalo'ob.

____¡Beyistako', u k'abo'ob ku suutkubáao'ob bey
le me'ex kaayo' utia'al u balik le táak'in ti' k-ts'ayatsil.
¡Óoxp'éel ba'alo'ob jach talam utia'al le aj ts'u'ut: bo'ol,
weenel yéetel ta'!

—Tu kuchkaabal J-Sáantiago ka'atúul xi'ipalo'ob tu yiluba'ob ti'i junp'éel ti'its.

—¿Tu'ux ka biin, J-Hóonorato?

—Ti'i Universidad Literaria, tin xookik tojbe'enil ti' máako'ob ku ya'alale' Derecho civil.

—Aja, ¿ máax tun u aj-ka'ansajil?

—Aj sáasil miats aj ka'ansaj yum J-Dóomingo López De Samora.

—Teene' ma'a tin jach jats'utskinsik u k'áaba', chéen ji'in wa'aktie' yuum J-Lúunes, tuméen ku ya'alala u tsikbal ka'ansaje' ku béetik u weenel le aj-xuuko'obo'.

—In wa'ake' chéen wa máax ma'a ween ma'alobi'; máaxo'ob k-ts'áamak óol kak chenxikin yéetel kak káambal.

¿ Ba'axten túun ka xookik tojil wa tuláakal le Aj tojilo'obo' jach taj k-'éechlo'ob?

—Le ti'i uts tin wich —yéetel u yaal u k'abo'obe' tu béetal u ye'esajil táak-'in—yéetel tuméen Yúukatane tak bejla'e' na'an uláak' ba'al xookbil tu kúuchil ka'anal xook, ja'ali wa táak u bin máak México, Habana, Guatemala, wa u láa' tu'ux.

—Jach jaaj, chéen ba'ale' ku ya'ala xan ta'aytak u ts'áabal u xookil ts'aak yé-etel ts'aakan xoot. Ja'a wike', le máaxo'ob kéen u k'aamuba'obo' yaan u beetk-o'ob u xu'ulu máax ku biino'ob yikna le aj-ts'aakan xíiwo'ob i'ix na pulyaajo'obo'.

—¡Mix bik'in bíin úuchuk, túumen amal máake' yéetel u meyaj!. Le ts'uulo'ob aj ts'aako'ob yaan u yiko'on, to'on le máaxo'on yaan k-na'at, tuméen ku beytal k-bo'ol, le j- ts'aakan xíiwo'ob yéetel le aj-na'ato'ob laili' yaan u tak'kubáao'ob ti' le óotsil máasewalo'ob je'ebix ba'alche'obo' ku ts'aakalo'ob yéetel je'e ba'axak uk'bi ba'al meenta'an yéetel chi'ichibe wa ta'soots'.

—¡Máasewalo'obe' ma', máasewalo'obe' ma'! ¡ko'olel máasewalo'obe' je'ele'. Ba'axten bíin ak-tuusakbáa, yaano'obe' ix- k'óoso'ob, chéen ba'ale' Angorailo'ob, yéetel kex oksa'ano'ob tu ts'uk ba'albail kij wa ti' ch'ujuk sak'ab bey utia'al u suutkubáa wíinik jana máak.

—Yéetel mix junp'éel k'aax t'aan yéetelo'ob mix yéetel u láak'tsilil, le beetik t-s'o'ok u ya'abtal le k'aas ts'uulo'obo', toopo' xa'ak k'i'ik'elo'ob, bíin k-meentik u y-a'abtalo'ob amal k'iin way Yúukatan.

—Jach beyo', le kéen ku jeep' nak' wi'ije', mix junp'éel waaj chich; tak X-Táabay táaj ki', kex J-Féelicianoe' óolak ma'a kuxlak tia'al u tsikbatik.

—¿ Bix aanikelo'?

—Junp'éel áak'abe' J-Féelicianoe' luk' tu yotoch le Barbachano'obo', tu'ux yé-etel J-Míiguele' tu beeta junp'éel meyajil xook ti' tojil. Ka'a máan naats' ti'i junkúul úuchben ya'ax che' tu yila le che' jon jula'an tuméen yi'ij uj. Tu yu'ubaj junp'éel pist, pist, chaanbéel, ka'a tu suutubáae' tu yilaj jun túul ki'ichpam máasewal ko'olel x-ken k'oj u xáache'tik u boox tso'otsel u jo'ol, kali'ikil u sakil u yíipile' ku p'ustal je'ebix u bin u péek u yimo'ob, wa'akbalo'ob, chuuptako'ob.

—"¡ Ko'oten, naats'cn, mach in wóot'el, seten máans a k'ab ti'i tuláakal in wíinklal, tuméen bíin in ka'anskeench yaabilaj!".

Le u'ubalo'obo' tu waach'o'ob ti'i J-Féeliciano le xiibi' wakax ku bisik ichilo'. Le ka'a tu méek'aj, le ko'olelo' sa'ati' utia'al u séeb chíikpajal tu no'oj le aj yaakunajo'. Le t'aabal xiibi' ma'ama'acho'ob núuka'ab tuméen junp'éel sak che'ej yéetel u báaxal miis. Le x-ken k'oj ko'olel ku sa'atal yéetel ku ka'a chíikpajal asab naats',asab náach, tu no'oje', tu ts'íike',kaabale', ka'anile', táanile', paachile' yéetel ku siinil u book xexbail.

Le káajsilo' xu'ul ka'a bejchaj u méek'ik i'ix u chu'uchik ti' junp'éel ts'u'uts' bey u ch'ujuk noy óope'. Tu sáas éek'joche'enil le su'uko' le wíinklalo'obo' tu jach jáajkunto'ob mix máak ju'u beytal u p'iisik u k'iinil ko'il yéetel le uj ka'anal, kaabal, nokop, uj ku bisik tuláakal ich u kóol íik'il.

—¿ Ba'ax k'iin bíin in ka'a wileech?—tu cháambel a'alaj J-Féeliciano le tun k-'aalik u táanilil u chowak weex.

—"Tak tuláak' tak'an uj…wáa kuxa'ano'on".

Tu je'e u k'abo'ob bey k'ata' che'e utia'al u ki'iki' jáaya' i'ix le ko'olelo' sa'ati' t-e'e súutuko'.

Ka'a ts'o'oke', le láak'tsililo'ob ja'ak' u yóolo' ka'a tu yilo'ob J-Féeliciano'e macha'an tuméen jun p'éel séeba'an chokuil.

—Teene' aj ya bil la jeen, jach aj ya bi la jeen…

—U aj ts'aak ti' láak'tsililo'ob tu ya'alaje' junp'éel k'aas k'oja'an keepil chúukbesa'an yéetel junp'éel maktsil lúubul óol.

Le ka'a tu jecha le talamila' tu tsikbatato'on ba'ax úuchti', lik'ul le k'iine' J-Míiguele' ku ya'akti'e' u Máaskab X-Táabay.

—Ts'o'ok u káajal u éek'joch'e'ental, ilawil le ka'ano', k'an uj.

—Jáajil, jach ma'alob ka'a xi'iko'on, bik úuchuk tu yo'osal junp'éel ma'alob weeksa'e', k-p'áata k- xoot óolo'on biilalto'on ts'aak utia'al yala' kuxtal.

Le ja'abil mil ochocientos cuarenta y dos ku jíiltik boox tomoxchi' yóok'ol Yúuk-atan jach ts'o'ok u ya'al ma' uts u bisikubáa yéetel Méexicoe'. J-Céecilioe' jach ku na'atik jun jaats u yojelil tu kanaj yéetel J-Máanuel Áantonio Ay ti' junp'éel xíinbalil k'atunyaj, kéen káaji' chéen ku yu'ubal ikin chi'ob yéetel akanjalo'ob:

—Ts'o'ok u máan waxak lajunp'éel k'iino'ob ka jóok'o'on ti' Saki' yéetel maxal tuláakal in wiit, ¿asab náach Káanpech ti' waye'?

—Jun k'aal p'éel lubo'ob u biin, wáa u k'áat Ki'ichkelem Yuum sáamal yéetel ka'abej bíin xíinbate.

Le akanjalo'ob ts'o'oksabo' tio'ol u aj áantalo'ob ti' J-Máanuel Antonio Aye':

—¡Wa'alene'ex!

—¡Bejlake', tak wayo' bíin kóojol!

—Te'ela' yaan k jets'el. ¡Éense'ex u kuuch le tsíimino'ob! ¡Le J-ch'áak óoxo'ob u yojlo'ob bíin u tséentko'ob yéetel yaan u ts'ikti'ob ja'!

Le aj ch'áak óoxo'ob ikil táan u kaxanto'ob u yo'och le tsíimino'ob tu yilo'ob bix le kaabal k'áaxo' tu biin u k'eexkubáa tio'ol abano'ob, mix che'ob yéetel chuk te'ob tun nuuktal ich le áak'alche' yéetel yóok'ol le múul saamo'ob.

—¿Ba'axten jeta'an tu' le iik'o', bey u xanab balts'am ku meent che'ej?

—Tio'ol le ja' ets'ekbal yéetel tuméen naats' waye' ti'aan le k'áanabo'

—¡Ile sakboko'ob, jach máanal u sakil.

—Ma' bey u nook' in ko'olel, tuméen yaanti' u bookil k'áan yéetel ts'uts'o'ob.

—¿Ba'ax le chowak pak'inaaj jayba?

—Leti'e pa'tuuncho'ob, leo'ola ku ya'alale: "Kaanpeech u noj kaaje' tulumo'ob".

—¿Máaxo'ob tu beetajo'ob?

—K-úuchben k-ch'i'ibalo'ob chéen ba'ale k'uchbesa'ano'ob tio'ol le kastelan w-íiniko'ob.

Táan u sáastal le uláak' k'iin, ka u'uyab junp'éel yawat:

—Teene' J-Máanuel Áantonio Ay, chichimilaileen. Kin taasik kuuch utia'al le báatab J-Gáamboa yéetel jun k'aal túul wíiniko'ob táak u ba'ate'elo'ob tu nup le wacho'obo'.

Le J-kanáant bej tu ts'áaj ojeltbi' le ba'ax tun yúuchuj ka'achi. Ikil táan u pa-'ato'ob, le péek óol jóok' ichil u éet máano'ob ti' J-Máanuel Áantonioe':

—¿Bix le wacho'obo'?

—U aj ba'ate'elo'ob ku taalo'ob ti' Méexicoe', ku ya'alalti'obe' wacho'ob tio'ol u nook' ku táaxkunsik.

Yéetel leti'ob bíin u ka'aj ba'ate'el J-Gáanboa yéetel to-
'on xane'.

—Wacho'ob, wacho'ob...teene' kin tuuklik tio'ol le
pawo' bey taak'al tu paach-o'ob.

—Beyiwale'.

—Ma'alob, chéen ba'ale' in wu'uymaj tuláaklo'on j-
méexikano'on...

—Teene' chéen in woje maayaeen; yéete le ba'ate'ela'
tun yúuchuj tuméen le j-yúukateko'ob tu tséelubajo' ti'
Méexikoe'.

Le aj kanan bej tu cha' u máano'ob.

—Yuum J-Máanuel Áantonio in nojoch J-Gáanboa
táan u pa'atkeech

J-Máanuel Áantonioe' ikil u tsikbal yéetel nojoch J-
Gáamboa tu yojeltaj

Le molay k'atun wacho'obo ts'o'ok u pacho'ob peten
X-Carmen, Ya'axche' jáal ja' yéetel Putunchan, je' ka' tun
naats'ubáao'ob ti' Káanpeech yóok'ol lu'um yéetel yóok'ol
ja'. Máanal táanchumuk jun pik túul u jolkano'ob, jun
k'áal p'éel jobon ts'oono'ob yéetel kantúul nakono'ob. U
kiblaj yóok'ol k'áanab bíin u meentko'ob yéetel óoxp'éel
kiis buuts' cheemo'ob, junp'éel cheem ma' nojchi' yéetel
ka'a p'éel noj cheemo'ob tu jáan payto'ob ti'e peten X-
Cáarmen.

Ichile pa'tuuno' le aj kanan bejo'ob tun jach yiliko'ob
chuun ka'an asab náach ti' junp'éel nojoch cheem,
jump'éel séebil cheem yéetel kanp'éel cheemo'ob yaan

u jobon ts'oono'ob, leti'obe bíin u bo'oybesajo'ob ka'achi Káanpeech. Le j-ts'oonáalo'ob ku baaytiko'ob u pu'uch u jobon ts'oono'ob yéetel ku yilko'ob wáa chúuka'an u sabak yéetel u yóol ts'oon; yéetel te' kaabal ich junpéel nojoch táax táankab le k'atuno'ob táan u t'ooxo'ob sabak, yóol ts'oono'ob, tun meentko'ob mejen ta'akuno'ob ti' pak', yéetel junp'éel nojoch naaj utia'al le aj jatloma'ano'ob.

_____ In nojoch báatab, ts'o'ok k-ojela'an ts'u jóok'o'ob le wacho'obo' ti' ba'alba Umul yéetel táan u taalo'ob weye'.

—Aj báatab, xeen yéetel séeblankil utia'al naktantik'ob. Ah, bik u tu'ubteech ts'o'ok k-ts'ik tuláakal p'e'ela'an óol utia'al tuuklik bix yaan k-bo'oybesiko'on, beyo' le jak'aj óol ku ts'ikto'on u paynumil ti'e ba'ate'el jach k'a'ana'an.

Ka'alajun p'éel lat'ab k'iino'ob tak ka k'uch píik sáas, jach chowak k'iin máansab ich pa'at yéetel tuukul. Le molay wach k'atuno'ob éemo'ob te' junp'éel k'óom lu'um. Yóok'ol u juum u chek' oko'ob k-u'uyaj:

—¡Ch'ejun, ch'ejun, ch'ejun!

—¡U k'aay kolonte'!

— ¡Jaaj! ¡U chíikul!

Te' súutuke' u juulo'ob k'áak' síit'najo'ob ti' le abano' tu tséelo'ob le bejo'. Ya-'ab jolkano'ob lúubo'ob jatlomano'ob, wa yéetel u pa' muuk', le uláak'o'ob ich u xet' óolal nokokbalo'ob ti' lu'um sipitnajo'ob yóok'ol juntúul k'uxtaanbal mu' yila'al, luuk'ab tio'le ch'ench'enkil.

Ti' táankuch lúubich junp'éel táax lu'um múuch'najo'ob le J-ba'ate'elnáalo'ob ku tip'ilo'ob ti' jejelás t'uno'ob. Le báatabi' tu ka'a tsoolo'ob tu beel ka t'aanaji':

—Jolkano'ob, mina'ankto'on mix juntúul kíimen wa lobkinan! ¡Kin tsíike'ex tio'ol le ts'oysaj! Tuméen k-p'áataj le k'óom lu'ume' ch'ika'an yéetel kíimeno'ob i'ix tulkintan yok'ol. Kiblajo'on bey u jats' Yuum Cháak. Tuláaka je'e u páajtal ya'al beya': ¡T'och yéetel xik'nal!...¿Bix a k'aabá?

—J-Céecilio Chi'.

— Báatab ka joltantaj, báatab ku lúubul kíimen. Ma' ta pak'mabtaj sabak. ¿Tu-'ux ta kanaj ts'oon?

—Kéen ts'oonajeen tu k'áaxo'ob Piich kaaj.

Bey chak loolo'ob ch'ika'an tu pu'uch áak'ab, ku láaj tuupubao'ob le k'áak'ilo'ob te' kaanpeechil ka'ano' yéetel u eets' le jobon ts'oono'ob ku bak'ubaj ich u ta'il k'áanab jáal chi'. U séeblankil ti'e kaanpeechil cheemo'ob ku p'áatal ma' beychajak le ts'am k'ab ti'e wach cheemo'ob. Yéetel u sakche'ejil bey máank'iinalil, táan u síit'o'ob le máako'obo' le káan u yilo'ob le jojopsa k'áak'il. U múuch' yawto'ob ku líik'sik u yóol le jolkano'ob.

—¡Tio'ol u kuxtal in wéet lu'umil kaanpeechilo'ob! ¡Ti' Káanpeech, mixbik'iin bíin u meent J-Sáanta Anna le ba'ax u yóoltike'! Kali'ikil tun k'uchulo'ob wíiniko'ob ti'e kaajo'ob pu'ukilo'ob yéetel ti'e lak'iine', le aj-ts'ik tsíimino'ob ku taasiko'ob ixi'im, janalbe'eno'ob yéetel ju'uno'ob tu'ux joron ts'íibtab u jets'lil tia'al le nojoch jaalachilo'ob. Le k'aalab máaskab chuup yéetel j-k'aala'ano'ob machajo'ob yojsa' u líik'saj t'aano'. U sáasil le ban k'áak'o' ku ts'íibtik yoochelo'ob ku chowaktalo'ob yéetel ku ka'lopkubáao'ob. Máano'ob tu ts'éel le J-kaláant bej balbaja'an tio'ol u nak óolil. Oko'ob ich le tunk'aso'ob.Ma' xanchajo'ob ka jóok'ok yéetel tu sa'atubajo'ob ti' le t'ulbejo'ob.

Jach ti'e sáastalo', ka'atúul maayao'obo' tun tsikbalo'ob yáanal u bo'oy jun kúul kastelan tuk':

—¿Ts'o'ok a wojelt o'niake' yaanchaj junp'éel chan iik' ti' kíimi?

—Ma', ¿ba'anten?

—Tuméen kensaj máax tu babaj loomaj tuláakle k'aala'ano'ob tio'ol aj múukul t'aano'ob.

—¿A tuuklik yaan máax tu túuxtaj u beeta'al?

—Teene' kin tuuklik yáax táanile' tu ban ban ts'u'uts'o'ob chi'chi'be.

—Kensaj bixij, kensaj bixij. Ku múukul ya'alale' yéetel lelo' yuum J-Sáantiago Méndez tu luk'saj tu beel ts'e'ets'ek k'uxtaanbalo'ob.

—¿Máax leti'?

—Ku ya'alale' u taatich ti' almejen wíinikil Káanpech, yéetel u jaajil, jach ma' u bisikubaj yéetel J-Báarbachano...

—¿U yáabil yuum J-Éeliase'?

—Jach beyo', yéetel ma' kéet u tuukulo'ob tuméen le ka'atúulo'ob u k'áato'ob u k'aamo'ob u ju'un ti' nojoch jo'ol poopil wa jalach wíinik ti' Yúukatan.

Junp'éel jatsul ch'a kaaj wach k'atuno'ob ku pa'ajtiko'ob Telchak u k'iin u cheemul tu ka'atéen.

—Éet yuum, le kúuchila' jach leti'e Xibalba. Ti' k'iine' k-muuk' yaajtik u ts'íikil Yuum K'iin ku meentu babkaltubaj u ja'il áak'alche', áak'abe' u síis iik'e' ku ch'iikil ti'e chej baakel.

—In choochel táan u chéech. Jo'oljeak chéen u yol kij k-jantaj yéetel u tu' ja'il áak'alche' k-uk'aj. ¡Ma' in wojelt wáa u páajtin kuuch uláak' k'iin.

—Ka'achi kin wu'uykinbaj jach xiibil tsíimin, bey le xiibo'ob ma'ach u kaachkub-áao'ob, chéen ba'ale' le muulba'atel ts'o'ok u pitkeen tak le che'ej xuxub ni'.

U ts'o'oki' utia'al le wináali' MOAN tu ka'a biino'ob k'áanab le cheemo'ob "X-Róosalvina", "X-Víicenta" i'ix "X-Críiolla", leti'obe' biiso'ob le nakon J-Péeña Báarragán yéetel u xiix le molay k'atuno'ob.

Ti' tu noj k'ujnaaj Jo'e' tu seten banpéeksab le balamte máaskab.

Le jobon ts'oono'ob yéetel u waak'alo'ob ku yawtiko'ob le ts'oysaj. Le páaxo', le ch'ilib ku waak'al ka'ano' yéetel le aj xíinbalo'ob ku chukbesiko'ob u e'esaj ki'imak óolal.

Le molay ts'uulo'ob tu ts'áaj u yojeltal junp'éel ts'íilbi ju'un tu'ux ku wakunaji' yuum J-Lóopez Lléergo u Nojochil ti'e Nakono'ob.

Kali'ikil, je'ebix suuk u yúuchuj yéetel le aj k'atuno'ob
je'ka' le ts'oysaj, nóok jaats'ta'abo'ob tio'ole ka'ana'anil
yéetel mina'an mix junp'éel táak'iin tu témil u yeex-
o'ob táan u suuto'ob tu kaajo'obo'. Beyo', J-Máanuel
Áantonio Aye' tu ya'alaj:

___ Paymun nóok jaats'ta'ab ka ki'imak óolo'on,
ba'ale' ts'o'ok k'uchuj

—Teeche' ts'o'ok a k'uchuj Chichimila'. Teene' bíin
in ch'a' ook bejla'e' ti' Piich kaaj yéetel in éet ooko'ob.
Asab ti'aan tin wicho'ob u yoochel le cheemo'ob yéetel
u k'áanab ti' Káanpeech, yéetel taak'a'an tin ni' u bookil
ch'óoch' ja', sabak yéetel k'i'ik'el. Ma'alob túun, tak
uláak' k'iin.

—Ki'ichkelem Yuum u láak'iintkeech J-Cées.

In yaabilaj ju'un ti' sáansamal, ti' teen, u asab nojochil ti'c Báarbachano'ob ¿ba'anten Ki'ichkelem Yuum tu ts'aeen waye' ti'e k'o'ox lu'uma' tu'ux chéen ku loolankil le tuunicho'ob yéetel le k'i'ixo'ob, yéetel le k'iin jach aj ma' ok'ol ich bey juntúul nuxib kaan ku xeej ko'il yéetel k'áak'?Wáa in wilmaj ka'achi u yáax sáasil ti' Éespaña, u kili'ich lu'um ti' in ch'i'ibalilo'ob, uláak' t'eel bíin u k'aaynak ka'achi ti' teene'. Kex in k'uxtaanbalo'ob le ku e'esko'ob u yicho'ob yéetel le ku baalikubáao'ob u ts'iko'ob ti' nook' p'iis óol, tuméen tu beel in k'i'ik'el ku yáalkab k'i'ik'el x-ma' sajakil yéetel ajawiil ti' kastelan wíiniko'ob, yéetel kaabal óolal u k'i'ik'el ti' J-Cáarlos Jo'op'éel yéetel ti' J-Péelipe Ka'ap'éel yéetel u nojbe'enil je'etu'uxiake' u k'ajola'an yéetel u ka'analkunsa'al, la'aten kin meentkinbáa yéetel kin wu'uykinbáa le kéen in k'a'ajsik u k'ajlay.Yéetel asab kux óol ti' J-Péelipe Ka'ap'éel le máax u k'ajóoltaj u miatsil ti' Róoma yéetel Gréecia, ku t'aanik ka'achi láatin, póortugues, íitaliano yéetel práances; teene' u k'u'uk' ti'e xiib máanal u k'ajlay, ka'anal u p'e'ela'an óol, nojoch u nonojbail yéetel síiji' utia'al paybe'ent kaajo'ob; jo'ol poopil ti' sáasil yéetel najbe'en t'aan, nojoch aj okan óol, téetab tuméen Jaajal K'uj K-Yuum utia'al u jets'kunsik okan óolal yéetel ch'a' ook yéetel le Kili'ich Inquisición le x-ma' okol K'uj ti' tuláakal kaab. Mixmáax je'ebix leti', tuméen jach tu k'ajóoltaj u ya'ab u xexbail ti' ajawiil x-ko'olel tu kúuchil weenel, tuméen Ki'ichkelem Yuum tu ts'áaj ti' ts'o'okolbel ti' Ix Ajawiil X-Máaria ti' Póortugal, ti' X-Nojoch Xunáan ti' Íinglaterra X-Máaria Tudor, ti' Ix-Ajawiil ti Práancia X-Íisabel ti' Valois yéetel X-Áana ti' Áaustria, yéetel lelo' tu meentaj u k'aax t'aan ti' k'i'ik'el yéetel páajtalil.Wáa síijeen ka'achi' ti' Éespaña, jach tu jaaji, jach bejla'e' máanal in miatsil yéetel in páajtalil, beyo', yéetel teaki' teene' min juntúul túunben conde-duque ti' Óolivares táan in paybe'entik wale' u kuxtal yéetel u k'iintaj ti Éespaña yéetel u lu'umo'ob yaan tu láak' jáal ti' k'áanabo'ob lik'ul in ayik'all kúuchil meyaj ti' Noj Naajil ti' Éescorial, jach naats' ti' Máadrid, tu chuun pu'uk ti' X-Guáadarrama. Tia'al in chichan je'elelo'ob je'e u beytaj in ki'iki' cha'antike' junp'éel boon je'ebix "U múukal ti' conde ti' J-Óordaz" ti' J-Gréeco, wa "U meen muuk' yaaj ti' Kili'ich J-Báartolome" ti' Ríivera, wa u yoochel ti' Péelipe Kanp'éel tu beetaj J-Véelazquez. Tin k'áaxi naaj je'e in xookik wale' u ts'íibo'ob ti' J-Lóope ti' Véega, J-Cáalderon ti' la Barca, J-Práancisco ti' Quéevedo yéetel le jach nen óol pikju'un ti' "Le ingenioso híidalgo Yuum Quíijote ti' la Mancha"…je'e in kuxtal wale' yéetel u aj áantajo'ob ti le jalacho'ob iche óok'ot i'ix nojoch ki' janalo'ob, je'e in biskinbáa yéetel le asab ki'ichpam ko'olelo'ob ti' Éespaña, Práancia,Íitalia yéetel Íinglaterra. Yéetel in páajtalil ti' aj paybe'en kaajo'ob je'e in biin xíinbal ti' Gráanada tu jáal Pu'uk Néevada utia'al in ki'ki' cha'antik le nojoch naajo'ob beetab tio'ole áarabeo'ob yéetel u mejen ba'alo'ob ch'ooj ti' Áahambra, bíin in k'uchuj ka'achi ti' Séevilla u nojoch kaaj ti' X-Áandalucía tu jáal yáalkab ja' ti' Guáadalquivir. In yaabilaj ju'un ti' sáansamal, lenkech jats'uts wale' u cha'an ti' Kili'ich chan k'aax k'iino'ob; sam, k'iin yéetel k'i'ik'el ti'e pay wakaxo'ob; u noj k'ul naaj X-Góotika, u julbil naaj ti' k'an táak'iin, u Nojoch kúuchil tu'ux ku ta'akal u ju'uno'ob ti'u lu'umil máasewalo'ob.

Je'e in biin xíinba xane' ti' Váalladolid wa Cáastilla le Úuchben, líik'sab tu'ux ku nuupubáa ka'ap'éel uk'umo'ob utia'al u yaantal junp'éel nojoch yéetel k'ojol kuchkabal tu'ux ku meyajta'al lu'um yéetel jejelás ba'alo'ob; le nojoch Váalladolid, noj kaaj tu beetaj u ka'a síiji' yuum Práancisco ti' Móontejo way Yúukatan yóok'ol le juuta'an k'uj naajo'ob ti' úuchben noj kaaj ti' Saki', aaj, Váalladolid u ka'ap'éel noj kaaj ti' ix ak'ayil lu'um, tio'su ya'abkach máako'ob yéetel u ayik'alil, tu'ux jach ku yaantal ixi'im, monkaab, ja' ku káalkunsik wíinik, kaab, wakaxo'ob, kux óol utia'al u yaantal ti' junp'éel k'íiwik je'ebix le yaanti' Jo'e', junp'éel Nojoch K'ul Naaj ol bey le yaan Jo'e' yéetel junp'éel kúuchil ti'u molay k'atuno'ob jach u yojelt ba'ate'el...ba'ale' ts'o'ok

a wilik, in etail ju'un kin ka'a suut ti' le k'iilkab jaajil
yéetel in k'iintaj yaan in chúukbesik way Yúukatan tu'ux
bíin in k'exik in meyaj ti' nojoch ts'uul ti' kij.

Ja'abo'ob je'ka', J-Céecilioe' Chi', k'uch Xookeen ku ts'o'okol u xíinbaltik jo-'olajunp'éel lúubo'ob. Wa'alaji' tu ka'a ts'íit mayo'ob u chukim tsíimin yéetel junp'éel p'iit yawat, tun e'esik beyo' yaan xan u yala' ti u muuk'i'. J-Céecilio éem ti' tu tsíimin ka tu k'aaxaj ti' jump'éel okom. Tu naats'ubáa ti' juntúul xiib tun jo'osik ja' te' ts-'ono'ote', ka tu ya'alaj ti' beya':

—¡Ma'alob k'iin in láak'!¿ Je'e a much majáanteen a ch'óoy?

—¿Ba'anten ma'? Máan ya'ab u ja'il ti'e ts'ono'ota', yaan tak utia'al u yuk'o'ob tuláakle éet lu'umkabilo'ob maayao'ob, je'e bix yaanti' Xookeen u ya'abkach okan óolal utia'al u tséentik u pixan ti' tuláakle óotsilo'obe'¿Náach ka taal beyo'?

—Ma'a, taaleen Piich kaaj, máanal óoxp'éel lúubo'ob tu bat'an ti' Jo'otsuuk.

—¿Ba'ax taaleech a meent waye'?

—Chéen xíinbalimáakeen. Tin taasaj in k'uub kibo'ob utia'al le Kili'ich K'atab Tuun. Taaleen utia'al in wuk'ik u ja'il u ts'ono'ota' Chíina'an Kaaj, yéetel wáa u k'áat Nojoch Yuum, je'e úuchak in wile pikju'un u

125

wáalo'ob ku suutkuba'ob chéen tu juuno'ob i'ix yéetel kuxa'an yaakun ku chooj u k'i'ik'el.

—¿Yaanteech a láak'tsilo'ob weye'?

—Tuláakle maayao'ob chéen junp'éel noj ch'i'ibalil. Bíin in wilik in láak-'tsilo'ob Chichimila'ilo'ob, Tixcacal-Cupulilo'ob, Ebtuunilo'ob, Tixualahtuunil-o'ob, Dzitnupilo'ob, Tek'omilo'ob, K'auailo'ob. ¿Bejla'e' yaan u looj X-Túut W-áaj utia'al u tséent Yuum Cháak?

—Beyistako'. Bejla'e' bíin u yaantal Ok'ostaj Pool yéetel u k'ak'axil nikte'ob i'ix u báalche'i'.

—Teene' taaleen in k'áat óol ti' Kili'ich K'atab Tuun yéetel ti' Yuum Bil ku ts'áabato'on u éejenil utia'al oksakj i'inaj tu beel, utia'al u k'áaxal cháak ya'ab tu k'iinile', utia'al k-náajalte ma'alob jooch.

—Seten ma'alob ma' tu'ubse Kili'ich K'atab Tuun, tuméen leti' ku chíikultik way Xooken u tuuch kaabo', tuméen waye' u chúumukil ti' le ki'ki'óolal ti' Yuum Bil, u kúuchil ts'abilaj yéetel u xiuil ti' le kuxtalil.

—Teene' kin ok óoltik ti' le Kili'ich K'atab Tuun, tuméen leti'e' jach maktsil, ku ts'ikto'on le xi'imo', le bu'ulo', le k'úumo' yéetel tuláakle ba'alo'ob k-pak'ik ich kool, ku ts'áaikto'on xane' le ba'alche'ob k'áax tia'al jantbil, yéetel le xíiwo'ob utia'al ka aanakto'on tu ka'atéen toj óolal. Chéen ba'ale' táaj u yaajtal in wóol, tuméen kex k-yaanto'on tuláakle ba'alo'ob, mu k-páajtal kuxtal yéetel ki'imak óola, mix yéetel sij óol. Le sak wíiniko'ob amal k'iin ku óotsilkunsko'on, ku sajak-kunsko'on.

Ti'aaneen te' lu'um p'áatabteen tio'ol in ka'a yuumo'ob, chéen ba'ale' chi-'ichnakeen, junpuli' ma' ma'alob in weenej, chika'an tin xíinbal yóok'ol kuxul chúuk-o'ob, mu páajtin kaxtik ti' tu yich mejen paalal u muuk'a'anil junp'éel ma'alob sáastal. ¿Tak bik'iin yaan k-kuxta x-ma' ich, x-ma' beej, x-ma' alab óol?

—Ku ya'alale' mina'an k'aasil ku xáantal jo'o k'áal p'éel ja'abo'ob mix kukutil je'e kuuchke'. Ma' najbe'en a múul kuxtal ya'ab yéetel juntúul wéet lu'umil utia'al a na'atik u taamil u k'i'inam. Teene' kin tuuklik bíin a meent ya'abkach ba'alo'ob. Chéen tio'ol u k'aay ku k'ajóoltal le ch'íich'o'. Le yaakuno'ob i'ix le yaajo'ob mix bik'iin u páajtal ta'ankunsa'al. Teene' kin tsool xikinteech utia'al a xóolkinskabáa tu táanile K'atab Tuunich utia'al u ts'áaikteech u lak'iin tia'al a tuukul, u muuk'a'antal a wóol, u k'inamtal a k'ab. Ma' tio'ol a p'áat a k'áan pi'sáas, yaan u séebankil sáastal.

K'abeet a wéens u yicho'ob che', chéen káan ts'o'ok u k'antal, mixbik'iin táanile', mix je' ka'.

Kéen k-tuukulnajo'on k-meent je'e ba'axake', yaan k- xot óoltik ba'ax ti-a'al bíin k-beete, yéetel ba'ax kon meentke, ba'ax k'iin i'ix tu'ux.

Beyo' bíin k yaanakto'on u máanal u beychajako'ob ti' chuk ts'oysaj.

Yéetel a batsilo'ob, kanáant a yéeyik je'ebix ka yéeytik i'inaj, ¡kaláanta-báa ti'e aj bay pool i'ix ti'e ts'aka'n ti'e ma' ba'lil!

—Niib óolal tio'ol a t'aano'ob, tuméen jach yaan u yits'atil. Pain biin in ka'aj bojol t'aan yéetel in jóok' chi'.

—Ka xi'ikeech yéetel Ki'ichkelem Yuum.

J-Céecilio tu yilaj u náachtal yéetel u ch'óoyo'ob máan tuul. Tuukulnaji', yéetel u paakat ti' mix tu'ux, tu naat'aj u tsíimin yéetel tu sa'atubaj ich le jubche'. Junp'éel chan iik' tu líik'saj junp'íit ma'ay lu'um kali'ikil táan u chíini k'iin.

Tak ka k'uch tu jool junp'éel áaktun. Tu t'aabaj junp'éel tajche', je' ka' tu xíinb-altaj ol jo'o k'áal p'éel sáapo'ob, junp'éel síis iik'i' tu kopubajti' bey juntúul kaan ka tu kóolaj ichil. Le ée'joch'e'enil jeeni' tu yóok'ol ka tu maak'aj u wíinklil yéetel u tuukul. Le k'iino' sa'at iche ch'eneknakil. Yéet u yicho'ob uk'ajo'ob, tu ka'a kaxantubáa yáanal junp'éel ka'anal jobon tuun tu'ux táan u lúubul ka'achi junp'éel nukuch chooj sáasil. Ya'abkach wíiniko'ob kulukbalo'ob tu bak' paach juntúul chakmo'ol. Juntúul ti' leti'obe' wa'alaji'. J-Áatanacio Flores u k'aaba', tu chan p'uru'ustaj u tseem utia'al ma' u jach yila'al u kaabal baake', yéetel u paakat ch'iik tu yich J-Céecilioe', k'a'am t'aanaji:

—Ts'o'ok u k'uchuj u asab o'olkil yéetel aj- ma' sajakil J-t'eel ti' le maayao'obo'

J-Jáacinto Pat, tu chúukbesaj:

——J-Céecilio, suku'un, mantats' yaan jejeláas beelo'ob utia'al k-k'uchuk ti' junp'éel kúuchila'. K-

k'i'imak óol tuláaklo'on yojsa' táan k-ilikeech Ko'ox
káajsik le múuch'tsikbala', tuméen yaan ya'abach
ba'alo'ob k'a'ana'an tsikbalte yéetel jach kóom le k'iino'.
Ma' uts u yila'al ma' ti'aano'oni' yojsa' u yicho'ob yéet u
xikino'ob ti'e tsuulo'ob túun ch'úuktiko'on.

J-Céecilio tu meentaj u chíinpoolal, tu chan sa'asak
tia'al u sáaskuntik u t'aan, ka tu ya'alaj:

—Ti'e jáatskaba' juntúul xiib tu ya'alajteen mina'an
k'aasil ku xáantal jo'op'éel k'aal ja'abo'ob, mix wíinklil
ka u kuuchke'. Chéen ba'ale' ts'o'ok muuk' yaajtik
máanal jo'o lajun p'éel k'aal ja'abo'ob paalitsilil, subtalil
yéetel óotsilil, way tik lu'umil. Teen kin k'áatchi'itik
¿Ma' k- u'uykikbáao'on xiibo'ob utia'al ka'a náajalt k-
jáalk'abil? ¿Mina'an k to'on u chichil óolal utia'al bo'ol
yéetel kuxtal i'ix k'i'ik'el u ki'imak óolal tik paalal?

Juntúul ti'e kula'ano'ob tu núukaj:

—Jach yaan a kux óol, J-Céecilio, ba'ale', juntéenake'
tu tsikbaltaj in nool ts-'o'ok u máan ya'abkach ja'abo'ob
ti' Ka'alotmúul le maayao'ob tu kíimsajo'ob wáaklajun
túul ts'uulo'ob, tu k'uubo'ob u wíinklilo'ob ti' u k'ujo'ob;
ba'ale' je'ka' le kastelan k'atuno'ob tu pulubajo'ob
yóok'ol u kaajil Pistemax tu'ux u ta'akmubajo'ob le J-ma'
tsíikilo'ob ka tu baksajo'ob yéetel k'i'ik'el i'ix k'áak'il Tu
ts'o'okole' ka tu tsoonajo'ob le Chilam Ambal tuméen
leti' tu paybe'entaj le líik'saj kaaj.

—Láayli'e' ku tsikbaltale' ka Pablo Bej, u Chilam
K'iini' yéetel Baltazar Kéej u báatabil Ti'ko'oj

xíinbalnajo'ob tuláakle' kaajo'ob yéetel le mejen múuch'
yotocho'ob yaan tu bak'paach Saki' utia'al u tse'eko'ob
le maaya ok óolal yéetel u najbe'en ti' kuxkintal u k'ult
k-k'ujo'ob. Le sak wíiniko'ob tu lap'o'ob le ka'atúulo'ob,
yéetel u nojc-hilo'ob ti'e aj k'iino'ob tu ts'ajo'ob u éejenil
utia'al u sa'atalo'ob.

—Ya'ab u líik'saj kaajtalo'ob ts'o'ok u yaantalo'ob te'
Maayab tu nup ti'e kastl-ano'ob, chéen ba'ale' tuláakal
ts'aysajo'ob. U taatatsil in nool tu tsikbaltaj ti' to'on k-
a'achi ka J-Áandrés Chi' u J-men Suutja' tu chúunpajtaj
junp'éel péeks yéetel jalkaltal tse'eko'ob tia'al ka'a
suut yaakunsal le maaya k'ujo'ob, utia'al xu'ulsik le
sak wíiniko'ob yéetel utia'al ch'ejel le pak'alo'ob yéetel
le walak'o'ob tu taaso'ob le kastelan wíiniko'ob way
Yúukatane'. Machabi' le J-meno' yéetel kíimsab tio'ol le
kastlan jalachilo'ob.

—Jach uts ma'a k-tubsik tuláakle' ba'ax ts'o'ok u
yúuchuj, tuméen leti'ob u jaajkunsik t'aan k-to'one'
¡Maayao'ob mixbik'iin u p'áatko'ob le alab óol k-ch'a'
óoltik k-jáalk'abil yéetel k-lu'umil! ___ tu ch'a' iik' tu
jaayaj u paakat ka tu ch'a' u paach u t-'aan___: Yaan
junp'éel líik'saj kaaj mantats' k-k'a'ajsik, le tu káajsaj
J-Jáacinto Kaanéek' tu kaajil Kiste'il. Leti'e' u jo'olil u
xookmaj u ánatee'ob ti'e sak yuum k'iino'ob yéetel u
salbiju'uno'ob ti'e Chilam Báalamo'ob.

Tu líik'saj yéet u yeemba junp'éel nojoch molay
jolkano'ob yéetel tu jáan paytaj Kiste'il tu k'ab le sak

wíiniko'ob.Le kastelan molay k'atuno'ob tu ts'am k'abtaj le kaaje', chéen ba'ale' ma' páajchaji'. Uláak'téene' u k'atuno'ob le ts'uulo'ob tu tia'alinto'ob Kiste'il yéetel tu láaj niiko'ob le pak'inaajo'ob, tu tóoko'ob le kaajo' yéetel tu k'ito'ob sim tun ta'ab utia'al mu ka'a jóok'ok u xíiwo'ob mixbik'iin. Ti' tu chak'an Sibak tu macho'ob J-Jáacinto, ka bisab Jo'e' tu'ux ts'áabti' junp'éel sajbe'en kíimen: lúubsajbi' yóok'ol junp'éel tsatsal che', tu láaj kaacho'ob u baakel yéetel boj loomo'ob ti'e xúul máaskab, tu xe'ep'o'ob u bayelo'ob ti'u wíinklil yéetel nat'ab chakjole'en, ku ts'o'okole' tu tóokajo'ob u wíinklilil, yéetel tu ch'iino'ob u ta'ani' te' iik'o' utia'al ma' u p'áata mix u chichan u k'a'ajsul ti' u ma' tsíikil. Chéen ba'ale' kex ts'o'ok u máan ol jo'op'éel k'áal ja'abo'ob, u k'a'ajsul jach kuxa'an ichilo'on.

U báatabi' Piich kaaj, t'aanaji' tu ka'ateen:

—Bíin in ka'aj t'aan yóok'ol le óoxp'éel jaajilkunaj t'aano'ob ta beetaje'ex: ¡Mix-bik'iin ts'o'ok k-p'áatik le alab óol k-ch'a'óoltik k-jáalk'abil yéetel k-lu'umil! Tuláakle líik'saj kaajo'ob ts'aysajo'ob. U K'a'ajsul Kaanéek' bayjal kuxa'an...tio'ol le yáaxile' ti'aano'on waye'.Le líik'saj kaajo'ob ts'aysajo'ob yojsa' ma' chaalbanajo'ob tu beel, ma' nakkunsa'ab tio'ol u yala' kaajo'ob yéetel ma' yaanchaj u yeemba je'bix u yeemba k'uxtaanbalo'ob. Utia'al náajalt le ts'oysaj k'abéet chaalba, nakkun i'ix yeemba. Yaan k-kanik bix ku paybe'entik kaajo'ob le sak wíiniko'ob, bix ku meentko'ob le k'atunyaj yéetel yaan na'atik xane' ba'axten yaan p'ek ichilo'ob.

Tuláaklo'ob jo'op' u múul t'aano'ob yéetel mixmáak
u beyta sáas na'atik le ba'ax ku ya'alale'. J-Céecilio
tuukulnaji' jun súutuk tak ka tu jets'u yóolo'ob
tuláaklo'ob, ka tu ch'a' paach tu t'aan:

___U k'a'ajsul Kaanéek' bayli' kuxa'an, tuméen tu
ya'alaj: "Le ts'uulo'obo' tu meent-ajo'ob u suutkubaj
x-táanxelil le lu'umo'oba' utia'al le máasewalo'ob; tu
beetajo'ob u maanike' máasewal yéetel u k'i'ik' le iik'
ku ch'a' iik'. La'aten le máasewal tun xíinba ti' bejo'ob
na'an u xuul, tuméen u yoje u biilal utia'al u jóok'o' ti'
paalitsil, t'oonkíinsil, x-ma'tibil, wi'ij, sajak, yéetel péek
óol, ti'aan tu'ux kulukbáa Yuum Kíimil"

Asab mu tupu u eets' ti' u xuul t'aan, ka tu ya'alaj
J-Jáacinto Pat:

—Óoxp'éel meyaj k'a'ana'an k-meentik:

Yaan k-ch'uuktik tuláakle' u péeks sak wíiniko'ob
yéetel utia'al u j-k'ooso'ob. Bíin ka'aj mak bo'oytanbalo'on
yéetel yaan paaklam k-ch'uuktiko'on. Mixmáak muka'aj
t'ona'antal; wáa máax ku num chi'tiko'on tuméen tu
k'áataj, wa tio'ol u náays óol, chetun biin k-xe'exet'al
yéetel mix junp'éel x-t'un ok'ol puksi'ik'al yéetel mixba'al
yaan k-náajaltik yéetel k-kukuleb. K-ch'a' ok k-chaalba
yéetel yaan k-múuch'tanbal tu ka'atéen ti' Xijum, X-
Kulumpiich wáa táanxel tu'ux jets' óol.

Ti' junp'éel jats'uts tunk'as ti' u noj naajil paybe'en kaajo'ob, J-Míiguel Báarbachano yéetel u péeksu k'aabo'ob jach u xookmaj, wa'alaji' ka tu káajsu tse'ek:

—In wéet lu'umile'ex ti' Yúukatan, le x-k'uubilaj asab k'aas, u paymun pooch'il ts'o'ok u yúuchuj ichilo'one'. Leti'obe' le máaxo'ob tu sa'as si'ipiltaj le méek'tan mail jo'olje'ake' utia'al ma' u tiixkubáa u ki'ichpam k'i'k'el x-yúukateca, leti'obe' le j-ma' noj lu'umil, bejla'e' ku ka'a líik'so'ob u láakam ti' x-ma' tsíikil ti' Káanpech.

—Tu xookaj junp'éel ju'un tu'ux tsoola'an le ba'ax u k'áato'ob, ka káaji' le paaklam t'aan:

—Tin ts'áaj in wóol yéetel in chíinpoolal tia'al in wu'uyik u t'aan ti'e Nojoch Jalach. Tin na'ataj ba'ax u k'áatiko'ob le j-káanpechilo'ob, ku ya'aliko'ob yéetel jejeláas t'aano'ob mu ts'iko'ob u éejenil utia'al ka'a k-aantal ich Méexikoe', leti'ob u k'áato'ob k'uchbesaj ti' k-méek'tan mail utia'al u ts'ik u éejenil utia'al u k'aamik u kuuch ti' Nojoch Jalach ti' Káanpech yuum Dóomingo Báarret.

J-Báarbachano, ka'a t'aanaji':

—Beyistako' ts'uule'ex, tuláakle yaantalo'ob ich le péeksul yéetel le máax ku nakkunske bíin k-k'ajóol bey aj k'uubilajo' ti' Noj Lu'um yéetel yóok'ol leti'ob bíin u lúubuj tuláakle aal ti' a'almaj t'aan tuméen je'ebix ts'o'ok k-na'atike lela' junp'éel noj ba'ate'el ichil Yúukatan yéetel Káanpech.

—Le j-káanpechilo'ob ts'o'ok u péeksiko'ob mil quinientos wíiniko'ob, ts'o'ok oko'ob Máaxkanu yéetel táan u taal tu toji' Jo'e', lebetik jach najbe'en tuuklik bix yaan k-bo'oybesik k-noj kaaj.

—La'aten, teene', J-Míiguel Báarbachano, Jaalach Wíinik, kin tip'kinbáa in ts'ik u ju'un ti' Coronel J-Máartin Práancisco Péeraza u nojoch nakon ti' tuláakle k'atuno'ob ti' Yúukatan. Ka u beetal beyo', utia'al xu'ulsik le j-ka'anal óol yéetel aj k'uubilajo'ob j-káanpechilo'obe'.

Ka'ap'éel k'iin je'ka', tuláakle jo'ilo'ob tun meyajo'ob bey síiniko'ob utia'al le ba'ate'el taanbalo'. Ti' kaajo'ob yéetel ti'yalo'ob ku bak' paachtiko'ob tun yu'ulo'ob wíiniko'ob utia'al u nojochtal u muuk' ti' le jo'ilo'ob. Ti' jool bejo'ob tu beetajo'ob kúuchil ti' pak'o'ob. Lik'ul kúuchilo'ob jach k'a'ana'an, le jobon ts'oono'ob tun e'esiko'ob ka'achi u wi'ij u chi'ob.

Yéetel taak óoli', le Coronel J-Péeraza tu ch'a' u kananil:

—Ni ka'aj yéetel mil quinientos k'atuno'ob tak Umáan, lik'ul te'elo' ma' bíin in p'áat u máan le k'uxtaanbalo'ob.

Ba'ale', le molay k'atuno'ob ti' Káanpech, tu k'exo'ob u beeli' ka tu ch'a'bo'ob Ti'kul. K'iino'ob je'lilie' tip'o'ob ti' Te'k'áax yéetel tu k'itpajo'ob u molay k'atuno'ob ti' Yúukatan. Kéen yu'ubo'ob u waak' le ts'oono'ob yéetel tu yilo'ob le ba'ate'elo' ya-'abkach kaajnáalilo'ob tu p'áato'ob u yotocho'ob yéetel u ba'alo'ob ka biino'ob u kax-ant u ta'akun ich k'áax yéetel ti' uláak naats'i' kaajo'ob.

Tuméen u báatabo'ob ti'e nojoch kaajo'ob tu nuupubáao'ob yéetel le aj ba-'ate'elo'ob, le j-ma' jets' óol yuum J-Áantonio Trúujeque tu meentaj u k'aax t'aan yé-etel le j-káanpechilo'ob i'ix le maayao'ob ti' kuchkabalo'ob, ka jóok' ti' Jo'o tsuuk. Tu pa' u muuk' Peto. Je'ka' ti' Chaksikin tu jayaj junp'éel balba ti'e molay yúukateco, ka tu náajaltaj ya'abkach ts'oono'ob yéetel aj chuukabo'ob ti' naat' tsíimino'ob.

Le buluk k'iin ti' tu wináali Chéen tu ja'abil 1847 u aj jolkano'ob Trujeque yéetel Vázquez molkaajtalo'ob ti' Tixkakalkupul, chéen kanp'éel lubo'ob ti' úuchben Saki'.

Lik'ul tolo' le báatab J-Trúujeque tu k'áataj ti' nakon J-Véenegas u k'uubke' le noj kaaji' Saki'. J-Véenegas tu núukaj ti' yéetel junp'éel mul aj k'atun wíiniko'ob utia'al u ba'ate'elo'ob, kúum le káan u yilo'ob táaj ya'abo'ob u k'uxtaanbalo'ob, suunajo'ob yóok'ol u chek' yooko'ob.

J-Trúujeque tu p'ujbesaj u aj k'atuno'ob:

—Lajun p'éel téene máanal u ya'abil k-to'one yéetel lajun p'éel téene máanal laylie' k-chich óolo'on. Biin k-okolnako'on ti' kuchteel Sisal, tolo' yaan k meentik tulu-mo'ob yéetel yaan k tsoolik u bak' paach le noj kaaji' tak ka k-meet u ts'oyesajo'ob.

Le k'iino' óoxlajunp'éel ti' wináali', ka oko'ob ti' kuchteel Sisal, mul tsaybajo'ob u kaajnáalilo'ob ti' kuchteelo'ob u machmo'ob u che'ob yéet u máaskabo'ob, túun lóokánkil u puksi'ik'al yéetel p'ekil utia'al u láak'tsilil tsuulo'obe'.

J-Trúujeque ya'almaj t'aanaji':

—¡Yéetel sipit ts'oono'ob bíin ts'o'oks le k'aal paach ti' noj kaaj tak ka k-k'uchko'on tu kúuchil ba'ate'el J-Véenegas!

Jo'olajun k'aalo'ob ti' k'atuno'ob ku tokbajo'ob Saki' yéetel máanal tres mil u wíiniko'ob ti' J-Trúujeque ku kiblajo'ob bey nojoch kukul ti' k'áanab. Le poch'o'ob ku popok' look yéetel le p'ekil i'ix le ja' ku káalkunsik wíinik. J-Trúujeque tun bik'yaj u ka'a yeej máaskab ichil le temba máako'ob táan u yáakan bak' paachtab tio'ol u sipit ts'o'ono'ob tun naats'ubaj yéetel tun k'a'amchaj.

—¡Ti'e ts'am k'abo'! ¡Ti'e ts'am k'abo'!

—¡Ts'o'ok a t'oonk'iinsko'on! ¡P'áate'ex a ban ban ts'oone'ex!__táan u núukik J-Véenegas yéete junp'éel sak láakam, ba'ale' u k'atuno'ob láaylie' tun waakik u ts'oono'ob.

Je'ka' u yu'ubal u páaxaj le káanpechil jome', le piktanilo' tu múuch'ubaj te' k-'íiwiko'.

____¡Tik k'abo'on yaan le tojbe'enil!

—¡Ko'ox óokoltik ich ayik'al naajo'ob! ¡Jeenke'ex le joonajo'ob, ch'áake'ex yéetel le máaskabo'ob!

—¡Teene' kin ch'áach'áakik yéet in báata'!

—¡Mina'an k'alab máaskab wáa no'ox che' u páajtu maakik u beel k'áak'il!

—¡Ka amal máax u cháachik le ba'ax u páajtale'!

Bonifacio Novelo yéetel máanal ka'a bak' túul masewalo'ob k'uch ti'e Sisal ku-chteel. Tu túuxtaj tu jóok'sab ti'e k'aalab máaskab le báatab Venegas, tu kíimsaj, je-'ka' xe'exet'abi'. Tu túuxtaj t'aan u asab ya'ab máko'ob utia'al u cha'antiko'ob u jiiltal te' noj bejo'ob Saki'.

Le k'an iik' ti' nojol jach ki'imak óol tio'su kelemal ti' K'áak' u Paakat, le ku ch'iin u paakat ti' naxche'ob. Yóok'ol le amayte'ob ti' tuunich, ich u ta' pak'ob, ja'ayabalo'ob le kíimeno'ob yéetel u jool tu tséem wa tu paacho', ch'áaka'an tu nak' wa tu kaale'; yéetel u ts'o'omel tun jóok'o' tu tséek'o'ob, tso'otselo'ob yéetel olmal k'i'ik'el, k'abo'ob yéetel táak'iin wa u ts'oon u lap'mo'ob.

—Ti'e banbankíimsaj, ts'o'ok u máano'ob waxak p'éel k'iino'ob yeetel asab ku yu'ubal ti'e áak'abo'ob u múukul ok'ol le kíimeno'ob.

— Yaya tse'ktajo'ob utia'al u múukul ok'ol tio'ol le ma'xuulik'iin yéetel yaan u kanáantko'ob le táak'in u ta'akmajo'ob. To'on je'e beytaj k-kaxtike' ichil le ta'il pak' tu'ux ku yu'ubal u yaaj ok'oli'.

—¡Mix u ts'ik u éejenil K'i'ichkelem Yuum! ¡Tuméen wáa k-ayik'al chajko'on yaan kuuchik xane' u k'intajo'!

Utia'al J-Céecilioe', kex tun yúuchul u noj ba'ate'el ich Káanpech yéetel Yúuk-atal, yach sáasil u yilik u k'iintaj maayao'ob chéen ti'aan tu k'ab le líik'saj kaajo'ob. Ti' le múuch'tanbal tsikbalo' utia'al k'aax tu beel u tuukul ti' le j-ma' tsíikilo'ob, tu ya'alaj:

___Ti'aano'on Xijune', waxak p'éel ti' ka'a k'áal lúuo'ob ti' Chichimila'. Najbe'enchajaki' ya'ab kananil utia'al k'uchul. Ti'aan ichilo'on u jo'olpoopilo'ob Chichimila', Tepich, Tihosuco, Tixhualajtun, Dzitnup, Tixcacaltuyú, Ebtun. K'abéet u t'aan amal máax utia'al u a'ak yéetel sáasil le ba'ax ku tuuklike'.

J-Máanuel Antonio Aye' wa'alaji:

—Jach yaajóolal k-kuxtal. Kali'ilil le yuum k'iino'ob yéetel le ts'uulo'ob mixba'al ku bo'ol, k-to'on le máasewalo'ob yaan k-bo'ol óoxp'éel tepalil táak'iin amal wináali' lelo' u patan junjuntúulilo'on, yaan K-bo'ol lajka'ap'éel tepalil táak'iin tio'ol junp'éel ts'o'okolbeel i'ix óoxp'éel tio'oklal le okja'. Yaan K-biin ti'e múuch' meyaj yéetel yaan k-meyaj utia'al k'ulnaaj.

Wa'alaji' J-Áatanacio Plóores, tun chan tséelik u paakat, ba'ale' tu beetaj bey tun yilik ti' tuláakle jo'ol poopilo'ob:

—Kin wa'ake' tuláakle'ex a k'ajóolene'ex. Lik'ul táanil
in síijil, tin muuk'yaajtaj le tachi'achil, tuméen in na'
yo'omchajabi' méen juntúul ts'uul, le máax mixbikíin
tu k'áatu ts'áajteen u k'aaba', le óola kin p'ektik u boon
in woot'el____yéetel junp'éel muuk' péek ti'u k'abo'
tu utskíinsaj u mulix ts'o'otsel u jo'ole'____, yéetel kin
p'ektiko'ob tak ti' kíimil, la'aten je'e in meentik je'e
ba'ax meyaj bíin a ts'áabteene'ex tuméen te'ex in k'i'ik'el
yéetel in láak'tsilile'ex.

U t'aan J-Áatanacio tu aajesaj junp'éel utsil tuukul ti'
J-Céecilioe', la'aten ma' tu jach yu'ubaj ti'J-Plóorentino,
le máax tu káajsaj beya':

—Le k'anxoko' aj balnak'i', chéen ba'ale ku janaj yéetel
ku na'ajtaj. Le Xkopo kaano' ku luuk'ik u j-numya ku
ts'o'okole' ku koopubaj utia'al éemel u janalo'. Ba'ale' le
ayik'alo'ob mina'an u p'iisil mix u je'elel utia'al u ts'íibol.
Amal k'iine' túun niko'ob le ma'alob lu'umi' utia'al le
koolo'ob, méentun le ayik'alo'ob ku tya'alintko'ob utia'al
u pak'iko'ob ch'ujuk sak'ab. Teaki' ka u t'aan J-Jáacinto
tuméen ya'ab u yojelil tio'su lajunp'éel ti' óoxk'aal ja'abo',
yéetel tumén ayik'ale'.

Jacinto Pat yéetel jets' óol utia'al u yila'al jela'an u
miatsil, t'aanaji':

—U ya'abil le máaxo'ob ti'aan weye' mina'ante'ex
mix lajun p'éel ti'ka'a k'aal ja'abo'ob...chéen ba'ale' lelo'
yaanal ba'al, je'e u páajtal k-meent le uláak' múuch'
tsikbal tin chan kaaj Kulumpiich. Le kumche'ob xi'm

140

yéetel le wakaxo'ob in náajaltmaj kin ts'áaik utia'al le muul ba'ate'el; chéen ba'ale' teene' kin tuuklik ya'abkach ba'alo'ob je'e u beychajak náajalta'al yéetel tsikbal i'ix le taj muuk'óolal, tio'ol kájsike' ko'ox k-meentik junp'éel ts'íibil ju'un utia'al le Nojoch jaalachilo'ob tu'ux biin k-k'áatik ti'obe' u yéemsko'on le patano' tak ka'a p'éel tepal táak'iino'ob…

— Ts'o'ok k-k'aóoltik u paybe'en kaaj ti'e sak wíiniko'ob____tu nikkabtaj J-Créesencio Poot ka tu yilaj j-ma'tsíik ti' J-Jáacinto, chaanbéel tu suutaj u yich utia'al u yilik ti' junjuntúul ti' le kula'ano'ob yéetel tu ka'a ch'a' u yook ti' u t'aan __: Yéetel ye-emba líik'saj kaajo'ob ku k'exkuba'ob ti'e páajtalil,utia'al u nuup'ubáao'ob wa u tséelkubáao'ob ti' Méexicoe'. Ku ba'ate'elo'ob j-káanpeechilo'ob yéetel j-jo'ilo'ob, kali'ikil to'on k-bo'ol yéetel k'i'ik'el u tojol ti' le p'ekil yéetel le ts'íibolal mantats' yaan ichilo'ob, la'aten amal k'iin ti'aano'on asab k'aas.

J-Míiguel Huchin, tu ya'alaj:
—Ti'aano'on tik lu'um, to'one' u ya'abil, yéetel k-ojél ba'atel táaj ma'alob, yaan-kto'on ts'oono'ob yéetel je'e u páajtal kaxtik uláak'o'ob. Ma' najbe'en bo'ol mix táank-uch tepalil táak'iin tio'ol le patano', tuméen yaankto'on u jaajil báatab máasewalo'ob, lebetik yaank mek'tan mail je'e bix tu beetajo'ob úuchben k-ch'i'ibalo'ob. ¡Tu chi' in ts'oon yéetel tu yeej in x-ta'ats' ti'aan u yawat ti' jáalk'a'abil! Ts'o'ok u k'uchu le k'iin tik xu'ulsik le máax ku pe'echak'to'on i'ix ku jáan páaykto'on u tojil kuxtal.

Bonifacio Novelo tsool t'aanaji':

—Jach kéet in tuukul yéetel J-Míiguele'___chaanbéel tu káajsu t'aan, ba'ale' junjunp'íitile biin u k'a'mtal ___ ¿Ti' jaytúul kiiko'ob? ¿Ti' jaytúul x-ch'úupaal wa atant-silo'ob ts'o'ok u yo'omchajo'ob? ¿Ts'o'ok a tu'ubsike'ex Saki'? ¿Ts'o'ok u tu'ubuto'on u ba'ate'el Káanpech? ¡Ma' k-cháak u je'elelo'ob, ko'one'ex junpuli' yóok'ol leti'obe'! K-maayao'on máanal k-xet' óolal, jich' óolal yéetel len k-k'ajóol wey k-lu'umila'. Ts'o'ok kanik bix u beetal junp'éel k'atunyaj. Yaank to'on its'atil utia'al bak' paachtik tulumo'ob i'ix tia'al ts'am k'abtko'ob, k-oojel ba'atel ich mejen múuch' jolkano'ob wa ich ñojoch molay jolkano'ob, k-oojelt meent balbail, u muuk'a'antal kúuchilo'ob, jáan páaytik ti'e j-k'uxtaanbalo'ob u ts'oono'ob u yóolo'ob yéetel sabak.

—Wáa najbe'en uláak ts'oono'ob wa u jejeláas nu'ukul ba'ate'el teene' in woje' bix kin in kaxante___tu ts'o'oksaj J-Sáantiago Kamal.

Ti' kanp'ée lat'ab k'iin ti' sáastal tu p'áato'ob u xuul múuch' naajo'ob.Le kíin tun chan na'akal yéetel le aj ts'ik tsíimin u naat'maj u xiibil' tsíimin éek'pose'en tu táanil ti' junp'éel banab ti' junk'aal túul tsíimino'ob tu p'áataj le buk'tuun ka tu ch'a'a junp'éel t'ulbej. U pe'echak' ti'e maayo'ob ku wiits'ik le xíiwo'ob yéetel le kantúul aj naat'o'ob tun biin paachi'.

—Ku ya'alale' J-Tráansito Bej tu bisaj ok ja' u tsíimino'ob ka tu ts'áaj u k'aaba' ti' x-ko'olel utia'al mu tu'ubsik u x-p'u'uk iito'ob

—Tuméen le aj ts'ik tsíimin je'ebix le aj cheemnáal ti' amal kaaj yaanti' junp'éel yaamil.

—Ti' le xíinbala' ti' máanal lajunp'éel ti' óoxk'aal lúubo'ob ich k'áaxo'ob yéetel chak'ano'ob yaan u tuupik u táaktal, tuméen ti'aano'on waye', wa ma' u chan k'ubsaj óol ti' juntúul ch'úupil ma'axe', wa u x-yáabil ti' nuxiib J-Síisimite…

—J-Prúudencio, ma' a senkech t'aan, tuméen teaki' láaylie' aj ts'ik tsíimineech yéetel ti' junp'éel beel táan k-xíinbal…

Ti' uláak' k'iin tu ka'atéen le muum k'iine', J-Bóonifacio Nóovelo, sa'ata'an ich u takchalankil ti' u ts'íimino', ja'ak' u yóol ka tu téek laap'aj u máaskab méen tu yu'ubaj le k'a'am t'aano' tun tíitik u jeets'el ti'e k'áaxi'.

—¡Péeknen, X-Pláacida, la'aten x-nuukeech teech le x-paybe'enile'! —tun séebkunsik J-Tráansito Bej, le máax jach táak u yawat utia'al u yila'al leti'e' u jach yuumil ti'e ba'alche'obo'.

J-Bóonifacio tu chan la'achaj u no'och ka tu keetbesubaj yéetel junp'éel chan síiti' yáalkab ti' u tsíimin.

—Jeets' a wóol J-Tráansito, tuméen naats' waye' yaan k-meentik le k'eexul…

—¡Bah! Le senkech p'eeko'ob ts'aapa'an ich in puksi'ik'al, junp'éel yóok'ol uláak'e', ku meent u yaantalteen junp'éel chan k'aas p'u'ujul. Ko'ox wilik wáa ma': Wáa le sak wíiniko'ob ku p'áato'on k-kuxtal je'ebix unaj, teaki' mina'ano'on waye' yéetel le ya'abkach sajbe'enilo'ob je'ebix le k'aak'as kaano'ob, áayino'ob, peecho'ob yéetel uláak'o' yaan ti' k'áaxa'.

—Ts'o'oke', xiib, beyeech juntúul x-nuuk ts'u p'áat u yilik u yéemel k'i'ik', bejla'e' le ba'ax u biilal kéen k'uchko'on tuláaklo'on yaan k-t'ooxikbáa ma' jach náach utia'al ma' k-yaantalto'on mixjunp'éel ja'asaj óol kali'ikil kin k'aalik le k'aax t'aano'.

—Mix a tuukle', in báatab, tuméen nojoch in ts'a'ay yéetel in láaj k'ajóol u taachililo' ti'e boox j-béeliceños; ma' bin u toopko'on.

Lat'ab k'iino'ob je'ka', u tu' booki' luuk'o' ku xa'ak'al yéetel u yelma loolankil je'ebix yéet u yiits le che'ob.

Bey chíikpaji' aktáan ti'u yicho'ob le Noj Uk'um yéetel u éek' ts'ikit ja' táan u nuupik nojoch áak'alche'ob yaan tu jáal.

Ma xáanchaji' ka kóojo'ob

—¡Je'e ku taalo'ob! —yawatnaji' J-Céeferino Cahum, ka tu e'esaj junp'éel chichan kiis buuts' cheemi' táan u tip'i' tu nup nix ja'.

Tu puulajo'ob u ch'uuy máaskab yéetel tu yéensajo'ob jup'éel mejen cheem, utia'al u naats'ubáa tu jáal ja' juntúul chak ch'eel yéetel ka'atúul boox wíiniko'ob. Ma' náachi' tun pa'atko'ob u máako'ob ti' J-Bóonifacio Novelo, jaaj p'ila'an u yicho'ob yéet u machmo'ob u ts'oono'ob, utia'al u yilo'ob tak u péek ti' ch'íich'o'ob, ja' yéetel u k'abe che'ob.

Ti'e jáal ja', le chak ch'eel tun e'esik tu k'aax nak' u mejen ts'oon yéctel u xooteb ti' k'áax, ka tu chaanbéel yilaj u yich ti' J-Bóonifacioe'. Tu ts'o'oko' yéetel junp'éel jobon sak che'ej tu ya'alaj:

—Kali'ikil tun yéemso'ob le kuucho', je'e u páajtal k'aax t'aan tu'ux bíin in k'uubikteech le kuuch yaan in bisikte'ex ich k'áanab Caribe —Tu chook'aj k'úuts tu nu'ukul u ts'u'uts', ka tu káajsu ts'u'uts' —. Mix a tuukle', keet u tojol.

J-Bóonifacio Nóovelo, láaylie' tu meentaj k'iin tuméen tu ki'ki' cha'antaj u ya'ax tuunil ti' k'áaxi' máanal u jejelás ya'axtak, tuméen u na'akal ja'i' tu balaj le kúuchil tu'ux ku k'aaxal cheemul ka tu kaabalkunsaj le chuk te'; yéetel junp'éel chan ch'ilib tu koj tu susuutaj le ch'ajal óol, tak ka tu ya'alaj:

—Le paal uj táan u taal yaan a k'uubik le kuucho' ti' wats' k'áanab ti' X-Áascención, keet u buka'aj, to'one' yaan k-bo'ol u tojol k'aax t'aan.

Le boox wíiniko'ob yéetel u lets'bal wíinklilo'ob tio'su k'iilkab tu púutajo'ob ka'a k'aal p'éel máabeno'ob.

—Tuméen lela' u ts'o'oki' —tu ya'alaj J-Nóovelo yéetel u yich yóok'ol le ba'ax maanajo'— je'ela' —ka tu pitaj u k'aax nak' ti' k'éewel, ku ya'alalti' kaane', ka tu láalaj tuláakal yóok'ol le piim nook'e' jaaya'an te' lu'umo'.

Le ch'eel aj kóonol, tio'ol u tsan tsan ti'e ya'ab táak'iin yéetel le ko'oj ba'alo'ob tun léenbal tu t'aabu yich yéetel sits' óol, xolkinaji' yéetel u kikiláankil tu baay xookaj.

J-Nóovelo, tu mixba'alkuntaj, ka tu chéen paaktaj juntúul nojoch áayin tun jayab u kuuchmaj u sakpile'en ti' le k'ank'an ka'ano'.

—U jolkano'ob ti' nakon J-Céecilio Chi' yach k-oje chíinpoltik le k'aax t'aano'ob, ba'ale' mina'anto'on mix junpíit ok'ol ich utia'al le aj k'uubilaj.

—Chúuka'an—tu ya'alaj le j-ch'eelo', ka tu ts'u'uts'aj junp'éel k'an táak'iin, ka tu k'a'am ya'alaj —. Wáa ka taasteen ya'abkach táak'iin beyela' je'el in meentkeech u nojoch jo'olpoopi' ti' yóok'ol kaab.

Le áak'abe' tu k'ab iik' tu waach'aj u tsotsel u pool yéetel le kiis buuts' cheemo' tu ch'a'j u tojil ti' wats' k'áanab ti' Chakte'mal.

Le báatab J-Nóovelo utia'al u chichankunsik u páajtali' u beetalti'ob junp'éel k'aas ba'al, yéetel séeba'anil xíinbal náachchaji' ya'ab lúubo'ob, tak ka k'uch chúumuk áak'ab ts'o'ok u seten ka'anal le tsíimino'ob.

Le ujo' istikia tu ta'akubaj ich le k'áaxi' tia'al u chan k'íich ti' bank'áak' tun káajsu jabal; utia'al u ch'uukt u weenel ti' amal wíinik chilikbáa yóok'ol le máabeno'ob chuupo'ob yéetel ts'o'ono'ob i'ix máaskabo'ob. Kali'ikil J-Dáario Yama' tun meentik u meyaj ti' aj kanant, yéetel le tsíimino'ob tun ki' je'elelo'ob kex maxal u pu'ucho'ob.

Ka máan jun súutuk, ich u ch'ench'enki ti áak'abe' beetab u kex ti' aj kanant. Le túunben aj kanant mix tu ts'áaj u yóol u jayba iik' t'aanil ti' súutuke'.

"¡Le aj ak'ayil ta'an uso'ob yéetel le k'óoxolo'ob bey u yaalo'ob k'óoxol yéetel ts'awayak !... Ma'alob, kex beyo' tun áantikeen utia'al ma' u okol in weenel."

Ti' óoxp'éel ti' ajal kaab, J-Bóonifacio Nóovelo yawatnaji':

—¡Líik'ene'ex taláakle'ex! ¡Ko'one'ex k'aaxik u kuuch le tsíimino'ob, tuméen táan k-suut!

Ki'imak óolo'ob tio'ol le je'elel yéetel tuméen tak te'elo' tuláakal ts'u jóok'ok ma'alobi', tu k'aaxo'ob u kuuch ti'e tsíimino'ob ka tu piixo'ob yéetel piimpiim nook'.

U suut ti' Kulunpiich, tuuklab tia'al waxakp'éel k'iino'ob tu ki' chúukbesaj u k'ux kooj ti' kitam yéetel le k'iixo'ob, le chechemo'ob, yéetel yaan téenak tio'ol u yawat ti'c ba'ats'o', wa u yáakam ti' koj táan u kaxant u x-ch'úupil, tio'ol múuch'ul ti' soots'o'ob wa tuméen u yawat le ch'íich'o' tun tomoxchi'tik kíimil.

—Ka'ap'éel k'iino'ob ts'o'ok k-xíinbal tu jáal ja'¿ba'ax k'iin bíin k'ex u beji'? —tu k'áat chi'itaj J-Céeferino, kali'ikil le múuch' tsíimino'ob tun xíinbalo'ob ich u k'aas éek'joch'e'en ti' junp'éel k'áaxi' ti' ka'awakche'ob, chakte'ob, ja'bino'ob, xa'ano'ob yéetel uláak' kúul che'ob. Le aak'o'ob bey chowak kaano'ob ch'úuyukbalo'ob tun weenelo'ob ti' tu xa'ay che'ob tu'ux le ki'ichpam nikte'ob tun jáan paytiko'ob junp'éel óotsil jul k'iin ti' le uláak' xíiwo'obe'.

—Chéen junp'íit u biin utia'al kóoj ti' áak'alche' — tu ts'áaj yóol J-Tráansito.

Je'ka' le k'áax k'aas éek'joche'en tu taats' máanso'ob junp'éel lu'umil ti' xa'ano'ob tu toji' junp'éel lu'umil ti' ya'obe'. Te'elo' ti' ch'ench'enki, u book yicho'ob táan u omankal ku meentik u yawat le ts'iimino'ob ti' ki'imak óolal, ti' súutuke' juntúul x-ch'úupi' tsíimin kóochak'naji' tuméen tu k'aamaj junp'éel ch'iin tu bak'el iit. Je'etúun k'a'amchaji' le ch'iino'ob yóok'ol le molay ti' aj líik'saj kaajo'ob, i'ix le aj naat'o'ob yéetel xet' óolal tun pixkubáao'ob ti' le ch'iino'ob. Téek tu tíitaj le sáastale'u yawat ti' le aj k'uxtaanbalo'obt tun biino'ob. J-Prúudencio yéetel junp'éel tat ja' tun chooj tu kaal, tu p'ek yilajo'ob ba'ale u paakat chéen tu chukaj ti' le ku puts'uj tu xuul.

—¡Aj ak'ayil ma'axo'ob, paalale'ex ti' ma'axada! ¿Ba'anten ma' ch'iinke'ex a chiich?

Junp'éel lat'ab k'iin je'ka', J-Tráansito, búula'an ich junp'éel páax tun xúuxub ka'achi, yéetel u paakat tun kalantik le kuucho', tuméen te' súutuke' táan u yoklo'ob ich junp'éel jubche' tu'ux le tsíimino'ob ku sen jalk'ajalo'ob te' luuk' táaj popots'ki. Tu p'áatu xúuxub, ka tu meentaj u k'áat óol:

—Je'e ku taal le ma'alobi', ba'alina ma' na'ak u ka'analil u ja' ti' áak'alche'.

Beyo', le x-ch'úupil tsíimino'ob yéetel le ja' tun ch'u'ul u nak'o'ob tun biino'ob tu paach ti'e x-paybe'en, ka tu káajso'ob u taats' máan le áak'alche' ti' táankuch u táanchúunuk junp'éel lúub ti' chowakil.

—¡X-Píilomena táan a meentkabáa nun peel bey táan a k'aamik a yáax paali', ! ¡káakbache'ex, xeene'ex tu paach X-Pláacida tuméen leti' ku pe'echak' ti' jets'i'!

Ti'aano'ob chúumuk ti'e áak'alche', kéen yu'ubo'ob bey junp'éel múul xa'ak' yáalkab.

—¿Ba'ax le ba'alo'? —k'áat chi'inaji' le báatab J-Nóoveloe'.

—Junp'éel yáalkab ja'. Wáa ku chukko'on ich le áak'alche' bíin u ka'aj luk'ik tuláakle alab óolo' —tu bik'yajtaj u máaskab ka tu taats' jaats'aj le tsíimino'ob tun p'áatal te' paachilo'.

J-Bóonifacio Nóovelo yéet u nojoch k'abo'ob tu lalaajaj juntúul chak x-ch'úupil tsíimin tun buulul iche luuk'e', ich u xet' óol tu níich'aj u xikin utia'al mu p'áatkubáa, tu ts'o'oki' tu jáan koolaj.Le óoxtúul x-ch'úupil tsíimino'ob táan u jóok'ok tu xuuli' ta'aytak ku pe'echak'o'ob jets'i lu'um, ka téek kóoji' junp'éel múul ti' ja' tun pirinsuut ba'lankil ich u luuk'i' óom. Te' súutuke' junp'éel tikin juum tu juuk'aj u baakel lu'um ka waak' junp'éel nojoch wóol ti' chokoj iik' ikil tun chich pirin suut tun nojochkinsik u muuk'e' yéetel tun xuuchik seten ya'ab ja', che'ob yéetel tuuncho'ob. Jalk'aji' X-Píilomena, ka téek luuk'i' méen le xuucho'. J-Bóonifacio Nóovelo tu yilaj u jolkano'ob yéetel u tsíimino'ob.

—Tio'ol le x-neets k-sa'ataj ka'ap'éel máabeno'ob ti' ts'oono'ob, ba'ale' k-luk'es ti' toop ti' u p'u'ujul nojoch xuuch; mixba'al yaanti', yaan k'iin ka weekik a sa' kex yaan naats' ti' a chi'e'...Bíin je'elel ti' óoxp'éel lúubo'ob ti' weye'.

Ti' tu'ux je'elelo'ob, le áak'abe' tu múuch'kintaj junp'éel kanpaach waye', junp'éel jajak iik' tolo', junp'éel kiis kensaj tu'ux, utia'al u nojochtal u muuk' ti'e wíiniko'ob tun ts'o'oksik u k'uben.

Utia'al u xuul xíinbalil le k'áat chi'ob ku e'esiko'ob le x-ma' muk' óolal:

—In báatab, ¿ta wu'uyaj u k'aay le t'eelo' yéetel u toojol ti'e peek'o'obo'?

—Beyistako', J-Tráansito, kex chaanbéel tuméen u náachile' ku tuupik le juum.

—Jo'o tsuuk tun weenej ti' chúumuk lúub ti waye', yéetel…

—Jaaj, ba'ale' tuméen yaan tséelik u molay k'atuno'ob ti'aan te'elo', táan k-biin Kulunpiich ti'e t'ulbej yaan tin ts'íik …na'ak a wóol, xiib, Kulunpiich chéen yaan waye' ka'ap'éel lat'ab k'iino'ob —yéetel ka tu yilaj u xíinbal ti'e tsíimino'ob, tu tuuklaj —: Beyo', le k'iintaj bey junp'éel wóolis oochel tun k'aalkubáa tak ka u suutkubáa junp'éel x-t'un, yéetel junp'éel x-t'un ku seten nojochtal tak ka u baalik tuláakal.

Táan sáastal, ka wa'alaji' le banab ti' tsíimino'ob aktáan ti'e nojoch naajo'. Ka tu káaj éemso'ob kuuch, J-Bónifacio Nóovelo naats' ti' le máabeno'ob, yawatnaji':

—¡J-Tráansito, ts'áe'ex ja' ti'e ba'alche'ob, ku ts'o'okol xi'im, bey xan yaan a ts'aakike'ex u pu'ucho'ob!

Jun súutuk je'ka', lajuntúul ti' óoxk'aal wíiniko'ob u'ulo'ob ti' Chichimilá, k'ucho'ob xan ti' Xookeen, Ebtuun, Dzitnup yéetel ti' uláak kaajo'ob. La'aten naats' ti' u kúuchil tu'ux ku k'aalaj wakaxo'ob, tu kíimso'ob juntúul xiibil wakax.

Kali'ikil ka'atúul táankelem xiipalo'ob tun péeksiko'ob u bak' ti' junp'éel nojoch máskab kuum, jo'op' jun p'íit tsikbal:

—¡Seten wi'ijeen bey juntúul ch'oom!

—Bey xan teen, yéetel u book tsaajbi xíix wakaxo' tun suutik ja' in túub.

Ti'e nojoch naaj paybe'ental tio'su xunáan J-Jáacinto Pat, jóok'o'ob ts'e'ets'ek x-ch'úupalal yéetu leeko'ob.

—Chan X-Róosa, meent uts, x-chúupal, le waajo'ob bíin a tsáe'ex chúumuk le mayak che'.

—Ma'alob, xunáan, je'ebix a wa'ake'.

153

—Le ka wa'ake, le ka wa'ake', ba'ale' mix a meent tu beel, chika'an yaan a ya-amil —tu suutaj u yich tu tojil uláak' mayakche'ob —. Te'elo' k'a'ana'an junp'éel p'úul ja', ¿ma' ta wilik máanal ti' jo'o k'aal túul xiibo'ob?

—Jaaj, xunáan…"Bey junp'éel nojoch láak'tsil".

Kali'ikil tun janlo'ob, J-Jáacinto Pat, táan u suut ti' junp'éel túuxta'an tu beetaj Peto, tu siinaj u k'abo'ob utia'al u tsíikbe'entik tuláaklo'ob.

—Kin k'aame'ex yéetel uts ti' in chan kaaj ti' Kulunpiich, atia'ale'ex xane', tum-éen tuláaklo'on maaya suku'untsilo'on. Bey ma' k'uch k-suku'un J-Céecilioe' ko'ox káajsik le múuch' janala' yéetel u ki'ki't'aan ti' K-Yuuntsilo'ob.

Ti' súutuke', u yawat ti'e aj kanan bej sa'ata'an ich náachile' xiiknalnaji' yóok'ol u yawate tsíimino'ob.

—¡Je'e ku taal J-Céecilio Chi' yéetu láak'o'ob!

Je'ka' u chíinpolal, J-Céecilio yéetel u láak'o'ob kulajo'ob ich u éetbisbailo'ob.

—J-Céecilio, ¿ba'ax túunben ts'áaj ojeltbil yaan ichil le taaticho'ob ti' Yúukatan yéetel le j-káanpechilo'ob?

—Etail, ko'ox k-p'áatik lelo' utia'al je'ka', teaki ko'one'ex janal yéetel jeets'el, tuméen te' áak'ab yaan u yúuchuj junp'éel jela'an ba'al.

Chan XRóosa tu naats'ubaj ti'e mayakche', yéetel u kikilankil sakche'ej tu k'áat chi'itaj ti' J-Céecilio:

—Yuum,¿kin taasteech uláak?... Ku ya'alale' le chokoj sibnel ti' wakax u asab ma'alob sabak utia'al le noj ba'ate'el.

—Ma', chan X-Róosa, ya'ab niib óolal —tu séeb ki'ki' cha'antaj u mamaykil kaal ku yila'al jáalk'ab ti' u chowak tso'otsel ti' u jo'ol k'aaxa'an yóok'ol u pachka'.

—Je'e túun je'e u beyta in taasikteech uláak' junp'íit ti' sak ja'—tu chan chíinaj u pool, yéetel J-Céecilioe' tu ki' yilaj junp'éel lem jats'uts chi'bil k'iin tu'ux ku jo'op'ol u yiimo'ob.

—Ma'alob, Yuum bóotik teech ya'ab.

Le tajche'ob k'aaxa'an ti' kúul che'ob táan u sáasilkuntik ka'achi' le ch'e'eno', tuméen ti' junp'éel táax biltum tu múuch'kinajo'ob le báatabo'ob. J-Jáacinto Pat, wa'alaji', sak che'ejnaji' bey juntúul taatatsil, ka tu káajsu t'aan:

—Ya'abkach ba'alo'ob k-kanik ikil u máan le ja'abo'ob. Ku saktal u jo'ol máak ma' chéen beyo', le k'iine' ku ts'ikto'on u na'at utia'al ma' k'aas xuupik le ba'ax k-náajaltaj yéetel muk' yaaj ti' tu chowakil u kuxtal wíinik, beyistako', táaj najbe'en le utsil yéetel a éet lu'umkabilo'ob, yéetel a éet k'i'ik'elo'ob...La'aten ts'o'ok múul k-janal bejla'e' bey junp'éel nojoch láak'tsil yéetel u yutsil in puksi'ik'al.

Ka tu yilaj táan u na'atal le ba'ax ku tsoolik yéetel táan u chan éejemtak, tu c-h'a' paach ti' u tse'ek.

Ti' tuláakal péek, wa líik'saj kaajo'ob jach k'a'ana'an junp'éel jo'ol poopi', kin tuuklik lela' u k'iin utia'al p'iis óoltik u meyaj ti' amal juntúul ti' to'on, le ba'ax ts'o'ok k-meentik utia'al jóok'sik táanile le k-tsíiboltik. Jach tu jaaj, tuláakle'ex táankelem wíinike'ex, yéetel utia'al le téeto' sen k'abéet u yila'al jayp'éel ja'abo'ob yaankto'on, bajun yéetel bajux yaankto'on, ba'ale' ma' k-p'áat k-bisikbáa tio'ol ba'alo'ob jebix éetailo'on wa ma', éet yuumo'on wa ma', yaan k-tuuklik yéetel sáasil bix unaj le máax yaan u paybe'entiko'on tak ka k-náajalte le meyaj utia'al jáalk'abil yéetel nojbe'enil ti' k-ch'i'ilabkabil...le ts'o'ok in wa'ake'.

Junp'éel piim ch'ench'enki jakchaji' yóok'ol le máax kulukbalo'ob te'elo'.Chéen tun yu'ubal u k'aay juntúul máas mu jach éejemtik u tu' u ta' tsíimin ch'u'ul yéetel p'uja', tak ka yóok'ol le múukul tsikbalo'ob u'uyab u t'aan ti' J-Véenancio Pek:

—Jach yaan u kux óol ti' J-Jáacinto Pat, le beetik lelo' yéetel uláak' ba'alo'ob t-s'o'ok k-téetik J-Céecilio Chi'.

Le báatabo'ob tu líikso'ob u k'abo'ob.

—¡Ka u kuxtal J-Céecilio!

—¡Táanil, k-jo'ol poopil!

—¡Ts'o'ok u yaanta u nakon ti'e maaya molay jolkano'ob.

—¡Mantats' jalach wíinik, bejlake' tak ts'oysaj!

—¡Ka u téet u Aj áantalo'ob!

J-Jáacinto Pat tu ta'akaj ma'alob u tuup óol yéetel u tsíibóol, tia'al u ya'alik:

—Tso'ok a meentike'ex u asab ma'alob téet, kin jets' in ok óolal ti' le múuch' meyaj táan k-beetik, teene' kin ts'ik ti' J-Céecilio in pak' tumut yéetel tak u xuul in múusiik'.

Wa'alaji' J-Céecilio yéetel tu xíinbaltaj u paakat yóok'ol tuláaklo'ob yéetel jak' óolal.

—Suku'untsile'ex, u k'iin jo'olajunp'éel ti'u wináali ti' áagosto yaan k-ch'a'b Jo'o tsuuk, te' bíin k-laap'ik ixi'im, táak'in yéetel ko'oj ba'alo'ob. Kali'ikil ko'ox pa'atik u taal Yuum J-Béernardino.

Kali'ikil tun pa'atik, le báatabo'ob tu ts'áajo'ob junp'íit náach ka'ap'éel kulxekilo'ob utia'al u yáax u'uybil bíin u ts'ik J-Céecilioe'.

J-Bóonifacio Nóovelo kulaji' ka tu káajsu tsoolik tuláakle ba'ax úuch tu xíinbalile' ti' Béelice. Ku ts'o'okole' J-Jáacinto Pat tu tsoolaj jóok'ol u jets' óol ti' le báatabilo'ob kaajla'ano'ob naats' ti' Péeto yéetel Jo'o tsúuk. J-Jáacinto tu p'áataj le kulxekilo' uti-a'al J-Ráaymundo Chi', u j-soob yéetel u Nojochil ti' u xikino'ob ti' aj líik'saj kaajo'ob, le máax tu tsikbaltaj yóok'ol le molay k'atuno'ob ti' Suut ja' yéetel ti' uláak' kaajo'ob. Beyo' tu k'aamaj J-Céecilioe' tuláakle jo'ol poopilo'ob, tak ka k'uch junp'éel yawat tu nikaj le tsikbalo'ob.

—Je'e ku taal Nojoch J-men Yuum J-Béernardino.

Tuláaklo'ob yéetel kaabal óolal biino'ob tu paach le J-meno' tak tu kúuchil loojil. Ti' ka'anlo' ich piktanil ti' éek'o'ob ku yila'al Kuxa'an Suum Tamkas u tabi tuuch ti' u Beelil K'aab Iim, yéetel u muuk'il táan u yéemel ka'achi yóok'ol u k'iilkab ti'e máako'ob yéetel u yelma ti' k'áaxi', tun chan xa'ak'pajal yéetel u book ch'ujuk ti' sakab yéetel u owox ti' piib. Lik'ul le ka'anche' yaan tu tséelo'ob u ts'ulumo'ob ti' ja'abino', u buuts'i' pom tun xik'nal je'ebix táak u yuk'ik u ja' múuyalo'ob. Úukp'éel luucho'ob ti' báalche' yéetel óoxlajunp'éel noj waajo'ob tun pa'atiko'ob u loojil. Le J-meno' xolokbal tu káajsaj u payalchi':

—Lik'ul u kanp'éel xu'ukilo'ob ti' le k'áaxa' kin t'aan yéetel u wayile' jobon ti' in t'aana': yéetel óoxp'éel julesaj kin tiich'ik le ti'ibil óolal way Kulumpich, ku xiknal in chíinpolal tak Chi'ch'e'en Its Ja', u ch'e'en ti'e Aj Bal Jol Ja'; óoxp'éel ki'ki' t'aano'ob ku yéemlo'ob ti' Kuzamil; óoxp'éel yaayan ku ch'úuyukbáa yóok'ol Ja'inaaj u kúuchil múuknal ja'e'; óoxp'éel julesaj ku suutkubáa eets' ti' Xookeen —tu líik'saj u paakat asab kekexkij tu toj u Beelil K'aab Iim— Way kin taas in payalchi' utia'al Ki'ichkelem Yuumo'ob yéetel le Aj Suk'in Yuumtsilo'ob.

Yéetel u k'a'ajsul kat kin t'aanke'ex: Yuum Cháak ti' Óoxlajun p'éel Ka'ano'ob; Yuum Cháak ti' Bolonp'éel Ka'ano'ob; Yuum Cháak ti' Óoxp'éel Ka'ano'ob; Yuum ti' Lak'iin Sáastuunil; Chak Pa'patun: k'áak' ka t'aabik

ooxoj; Sak Pa'patun: Jaats' Cháak ka t'aabik k'a'amkach
iik'; K'an Pa'patun: Jaats' Cháak ka aajesik kíimil; Éek'
Pa'patun: Jaats' Cháak ka t'aabik tu'ubesaj. Lak'iin
Iik'o'ob, ti' uts líik'il; ti' Nojol, múusiik' ti' k'áanab; ti'
Xaman, Aj Kuuch ti' jak' óol; ti' Chik'iin, us ti' suukil.
Yuum Báalamo'ob: Chak, Éek', Sak, K'an —ichil
junp'éel chika'an t'o'ona'anil tio'ol u muuk' u payalchi',
yéetel u yich bey ti' sáasiltuun tu k'áat óoltaj ti' u óoxtúul
K'ujo'ob ti Noj Ba'ate'el — Yuum k'áak'u Paakat, Yuun
ti' u paakat ku ta'ankunsik, Éek' Chuaj, Yuum ti' Noj
Ba'ate'el, Aj Pu'uch, Yuum ti' Kíimil, ko'otene'ex tak te'
ka'anche' tu'ux kin k'uubikte'ex le báalche', le kili'ich
uk'ula'; tu táan a k'abe'ex kin p'áatik u k'iintaj ti' a
paalale'ex tio'ole Noj Waajo'ob ti óoxlajunp'éel yalo'ob,
yéetel le chok'ob ti nojoch ch'íich'o'ob, tuméen leti'ob
yéet u xiknal ku naats'alo'ob ta wéetele'ex tuméen
chéen ti' leti'ob yaan u pixan. Wayc', wa'alakbaalccn,
kin k'áatikte'ex mixbik'iin ka tséele'ex a k'abe'ex ti' k-
táan jo'ol yéetel k-bej —ich u taamil ti' ch'ench'enki
tu suutubaj, yéetel biin tu toj junp'éel ka'anche' ti' u
ka'ap'éel ti'aan tu tséelo'ob ti'e nojoch ka'anche'. Ti'e
yaan tu no'oje' tsoola'an bolonp'éel máaskabo'ob x-ma'
yeejo'ob yéetel te' uláak' bolonp'éel suju'uy ts'oono'ob.
Tu machaj junp'éel ts'oon ka tu bisaj te' noj ka'anche'.
Tu chíinpoltaj ka tu machaj yéet u ka'ap'éel k'abo'ob
ka tu líik'saj tak u ka'analil ti' u yich —. Ki'ichkelem
Yuumo'ob, le ts'oona' mu k'ajóolte kíimilo' ku k'áata ki'ki'

t'aane'ex utia'al u meent tibil ti'e maaya ch'i'ibalil, —tu k'exaj le ts'oon yéetel junp'éel máaskab —; le máaskaba' mu yojetl ba'ax le yeejo' ku yaayan ki'ki't'aan utia'al u chukbesik u k'iintaj, tuméen je'ebix te'ex ta ts'áaje'ex ti' to'on k-kuxtal, teaki' táan k-k'áatik te'ex le ts'oysaj yóok'ol le ts'uulo'ob utia'al ka aanakto'on tu ka'atéen k-jalk'abil.¿Ba'ax bíin u yúuchu ti'e K'ujo'ob wáa mina'an mixjuntúul maaya utia'al u k'ultiko'ob? U k'ak'aas xíiw ti'e yaaj óol bíin u jich'kaaltik u puksi'ik'alo'ob, u ye'eb ti' tu'ubs bíin u tuup u ki'ichkelem yich yéetel yaan u k'uch u kíimil ti'e Yuumtsilo'ob, tuméen chéen to'on k-tséemtik yéetel ok óolal.

Táanil u t'oox ti'e kili'ich janalbe'eno'ob, J-Céecilio yéetel u Aj áantalo'ob u machmo'ob u p'óoko'ob ka tu yu'ubo'ob u aal ti'u k'iintaj ka chikilbesajo'ob tio'ol le J-meno'.

Le kéen tu naat'aj le J-meno' u tsíimin, J-Bóonifacio Nóovelo tu ya'alaj:

—Bejla'e' na'an su'ujuy ts'oono'ob, lebeetik jo'otúule'ex bíin a cho'oike'ex yé-etel tsaats; teech, teech yéetel teech xeene'ex a jo'os u yeej ti'e túunben máaskabo'ob.

Kali'ikil, J-Céecilio tu ts'áaj u ts'o'oki ti' u ya'almaj t'aano'ob:

—Yaan k-ch'a' ook ti' le ch'alba ich u asab ta'ak tsikbal, utia'al amal kaaj yéetel u báatab jach ma'alob aanile u k'iin ts'o'ok k'áax t'aanik. Ko'ox k-suut kkaajalo'on yéetel u síis áak'abe' utia'al ma' u yiliko'on le aj k'uubilajo'ob.

J-Áatanacio Flores, u aj áantaj ti' J-Céecilio, tu naats'ubaj ka tu luk'saj u p'óok:

—In nakon, ts'o'ok in ts'ik u xek ti'a tsíimin, jach ma'alob cho'oa'an a ts'oon —chaanbéel, tu ts'o'oksaj—, yéetel je'ebix ta wa'alaj, chan X-Róosa jach ki'imak u yóol tia'al u láak'inteech te' áak'aba'.

J-Créescencio Poot, tu ts'o'oksaj:

—Bik u tu'ubute'ex, tuláaklo'on k-yaan bisik junp'éel kuxtal je'ebix suukto'on utia'al náachkuns le ch'ajal óol; aj, ya'ab kalan yóok'ol le ba'ax k-a'alik, le ba'ax k-ts'íibtik, wa yéetel le k-meentike', tuméen le kaayo' tio'su chi' ku kíimi'.

Tu jo'op' u wináali Poop J-Céecilio tu túuxtaj junp'éel
k'uben t'aan ti' J-Máanuel Antonio Ay, yéetel chi'ichnak
tu k'a'ajsu nool, la'aten tu taamkunsaj junp'éel yaach' tu
táan jo'ol:

—" In paal ¡kaláantabaj ti'e uk'aj! ¡Le uk'aj máanal u
k'aasil ka juntúul pul yaaj! Je'e u beytal u jeelbejkunskeech
ti' óoxtúul ba'alche'ob táaj jejelás. Le xúucho'ob ka
meentik táanile' bíin u suutkeech ma'ax i'ix a ka'aj beet
che'ej ti' tuláakal; wáa a wuk'ik uláak bíin a suutkabáa
báalam, a ka'aj yáakam tuméen bíin a k'áat ba'ate'el;
wáa ku máanal a xúuch yaan a kexkabáa ti' peck' x-ma'
subtal a ka'aj meentik a kenliko'ob yéetel bíin a chitaj
wenej yóok'ol le beelo'. ¡Le uk'aj beetabi' utia'al u yuk'ik
xiib, ma' le xiibo'ob beetab utia'al u yuk'o'ob tio'ol le
uk'aj"

Asab yéetel u tuukul, tu ch'u'ulaj u k'u'uk'um ich le
boox ja' utia'al ts'iib.

Yuum J-Máanuel Antonio Ay, báatab ti' Chichimila':

"In etail, meent uts a wa'alikteen jayp'éel kaajo'ob
ts'o'ok num chi'tab utia'al le liik'saj kaajo'ob, yéetel
lelo' tia'al a wa'alikteen ba'ax k'iin. I'ix láayli'e' táak

ka wa-'alikteen wáa paymun. In k'áat ka wa'alikteen
wáa ma'alob a wilik in tuukul kiblaj Jo'o tsuuk táanile'
tuméen te'elo' tuláakle kaajnáalilo'ob tia'an k-éetelo'on.
Ma'alob túun kin pa'atik a núukteen tu'ux kan a wa'ak
ba'ax k'iin yaan a taal utia'al k-ilik ts'e'ets'ek ba'alo'ob
yéetel le uláak' báatabo'ob, yojsa' waye' túun ch'a okteen
in oochel. Yáaxile' bik ma' p'áat a núukikteen.

Ka tu k'aamaj le ts'íibil ju'uno' J-Máanuel Áantonio
Ay, tu ta'akaj ich u p'óok, ka biin tu kúuchil kóonol
ti' le jalach ti' ts'uulo'ob J-Áantonio Ráajon.. Te'elo' tu
káajsu yu'uk'ul u wiix kisin yéetel u éet bisbailo'ob, tak
le x-ma' kux óol yéetel le ko' chi'.

—¡Teene' jach xiibeen! ¡Jaaj, te'ex a wojle'ex sen
ma'alob, ti' Káanpech yéetel J-Céecilioe' ya'ab wacho'ob
ti kíimsaj!

¡Bey xan ti'Saki' yéetel J-Bóonifacio Nóovelo!
—yéetel la'aten tu tuuklaj yaan máax tun péek óoltik
ichil u éet aj uk'ulo'ob, tu jaats'aj u p'óok ya'ab téenake'
yóok'ol le mayak che' ti' kóonol, ka lúub le ts'íibi' ju'un
te' lu'umo'

J-Ráajón tu jan líik'saj. Séeblankil tu xookaj tu paach
naaj, yéetel le ka tu ts-'o'oksaj u táan yéetel u aj áantaj
utia'al u yilke kóonol, tu naat'aj u ts'íimin ka yáalkab-
naji' tak Saki'.

Tu k'uubaj le ju'uno ti' jo'ol poopi' ti k'atuno'ob Yuum
Éeulogio Róosado, le máax tu túuxtaj u maacho'ob J-
Máanuel Áantonio Ay.

U báatab ti' Chichimila' bisa'ab Saki', ka tu k'aalajo'ob tu kúuchil ti' u Molay ti' k'atuno'ob.

Kali'ikil táan yúuchu le xoot k'iin, tu núukaj yéetel jets' óol:

—J-Máanuel Áantonio Ay in k'aaba', síijeen yéetel kaajla'aneen ti' Chichimila', ts'o'oka'an in beel, koolnáaleen, yéetel kin tuuklik yaanteen waxakp'éel ti' ka'a k'aal ja'abo'ob…

—Le ts'íibi' ju'una' táa wilik ¿a k'ajóol?

—Jaaj, in k'ajóol, tin wilik le tu maachaj teen le jo'ol poopi' J-Ráajon.

—¡Ta maachaj a ts'oon ti'e líik'saj kaajo'ob ti' le ja'ab ts'o'ok u máano'! ¡Bey xan ti'e ba'ax úuch ti'e noj kaaj le k'iin jo'olajunp'éel ti' tu wináali ti' éenero, ikil le bak' paachtano'ob tu k'uubo'ob u ts'oono'ob!

—Beyo' Yuum, teene' ti' ka'ap'éel Sáargento ba'ate'elnajeen ti' Chemax; yéetel kéen lúubi' Saki', ti'e banban óokol ti' tu naaj xunáan X-Áandrea Méndez te' t'oox tin k'aamaj ka'ap'éel p'úul sáasilo'ob ti' wiix kisin.

Yuum J-Jóose Eulogio Róosado, xookaj:

—Ts'uulc'cx, la'aten ts'o'ok u jaajkunsik u si'ipil le aj k'aala'an J-Máanuel Antonio Ay, tuméen leti' juntúul ti' u aj poolilo'ob ti' u líik'saj kaajo'ob ti' máasewalo'ob, ts'o'ok éejentik ka le k'iin wáakp'éel ti' ka'a k'aal ti' tu wináali júulioe' te' ja'abil ti' mil ochocientos cuarenta y siete yaan malel tankab ts'oonbi' ti' mejen k'íiwik ti' chan k'ulnaaj Santa X-Áana.

Ti' jo'op'éel lat'ab k'iin, je'ka' u waak' ts'oono'ob kulunbajo'ob ti' jobon tuun ti' ts'ono'ot Saki', yaan máax tu k'áat chi'itaj:

—¿Ba'ax kon meent yéetel le kíimena'?

—¡Bise'ex Chichimila' utia'al u cha'anta'al! ¡Ko'ox wilik wáa beyo' le aj k'áaxil wít'o'ob ku kanko'ob chíinpoltiko'on tuméen k-síijo'on utia'al k-a'ak le ba'ax k'abéet u beeta'al!

Ka tu yojeltaj J-Céecilio, tu tuukultaj:

"... Yaan séebkunsik tuláakal, yaan téek ch'a'b Jo'o tsúuk tuméen ti tu tsool k'aaba'ob ti' Córonel J-Róosado ti'aaneen táanile' yéetel J-Jáacinto Pat, J-Bóonifacio Nóovelo yéetel le uláak'o'ob múuch'tanbalo'on ti' Xijun yéetel Kulunpiich. "

Kex yéetel u yaaj óol tio'osu kíimi' ti' le máax bey u suku'un, kali'ikil táan u cho'oik u ts'oon tu káaj u k'a'ajs le ba'ax ts'o'oku yúuchu. Tu yilubáa tu ka'atéen tu ts'u' te' k'áaxo' tun ch'a' pachta'ab tio'ol u tuus náach ja'i'l ti' u tuunich kéej, tuméen utia'al u yaantal ayik'al je'ebix ts'éyuum nool, méen ku ya'alale' leti' tu k'aamaj u ts'a'ay kéej, u bak x-ch'úupil kéej, yéetel u x-nook'ol ti' kéej; yéetel u kíinsmaj nojoch kojo'ob, sak xikino'ob, chak bolayo'ob, yéetel juntúul x-nuuk ooch kaan ti' máanal óox sáap ti' u chowakil.

Ba'ale', J-Céecilio, aj na'at ti' u bejil iik' tu kanaj u yu'ubik u jejelás juumo'ob ti' k'iin yéetel ti' éek'joch'e'en, tuméen ku ts'oonik k'anbúul kex tun xiknáal, kéej tun yáalkab, áayin táan u yila'al wa ts'aam ich áak'alche' yéetel u k'ajóolt u pe'eche' yéetel u kúuchil tu'ux ku biilintikubáa ba'alche'ob, je'ebix u ta'akuno'ob ku ts'o'ok tosja', tu k'iin báaxal ba'alche'ob, wa te' yáax k'iino'.

Tuupa'an u yich tio'ole yuto',ka tu yilaj tu k'ab junkúul ya' juntúul kúuts boona-'an u k'u'uk'umel ti' k'anjoope'en yéetel mak tio'ol u jul k'iin. Le ka tu waak'aj u ts'oon wiits' le k'u'uk'umo'ob. Le kéen tu naats'ubaj utia'al u maachik le kúutse', lela' tu páats'ubaj bey junp'éel chim. J-Céecilio mix tu páajtu na'atik le ba'ax tu yilaj, tuméen le kúutso' tu ka'a p'ulu'ustubaj, tu tíitaj u kíimi yéetel ich popokxik'o'ob sa'at tu toj t'uubul k'iin. J-Céecilio, maacha'an tio'ol junp'éel xixib ke'el yéetel junp'éel síit' tu tséelubaj, ka tu káajsu yáalkab.

Tu naaji' tu maachaj junp'éel ka'anal chokuil ka tu káajsu t'aan t'aan pool:

—Tin wilaj u Taata le Kúutso'ob, le Sojol Kúutse'; tin ts'oonaj ba'ale' ma' kíimi... ¡Ay... aaay... tin tin tin k'orop tso'!

Tak óoxp'éel k'iino'ob je'ka' k'uch yuum J-Béernardino. Tu chikilbesaj, yéetel ka tu kojkaantaj u táan jo'ol yéetel u k'abo'ob chój éek' k'i'ik'el; tia'al u k'áatal sa'as si'ipil ti'e Sojol Kúutso', tu meentaj u Lóoj Ts'oon.

Le ka biin J-Céecilio yiknal u ye yuum utia'al u ts'ik u niib óolal, le nojoch máako' tu ya'alaj ka u kuta ti' junp'éel k'áanche'.

—J-Mejenilan, bíin u yaantal teech u ts'áabilaj ti' yut tuméen ma' J-ts'u'uteech, ba'ale' unaj a k'ultik le Yuumtsilo'ob utia'al u síijteech juntúul u yaalak'o'ob. Táanil a jante bak'e', yaan a meentik ti'ibil óolal ti' leti'obe', beyo' yaan a ts'ik u niib óolal tio'ol u ts'áabilaj, tuméen bíin a k'aamik ti'e ba'alche' u t'a'ajil, u muuk' yéetel u yiik' ti' k'áaxi; yaan a k'aamik xan u miatsil ti' Tsool K'iin, tuméen Sip u Taata le kéejo'ob yéetel u óoxp'éel wináal ti' Ja'ab.

Ti' Tepich, J-Céecilio táan u wuk'u ka'achi, láakej tun tuukul:

"... Úuch ti' u wináalil máayo, táanil u ts'oonajo'ob Yuum J-Máanuel Áantonio, tu ya'alaj ka'achi le ch'och'lem yéetu t'íilit k'aay yéetel le béeko' yéet u loolankil. Ti' túun nonolkileen tin wa'alaj teen: Te' ja'ab bíin u k'áaxal ya'abkach ja', yéet le kumche'o'ob bíin mantul yéetel le xi'imo'... Teaki', le k'aan kach ja' káaji yéetel u k'opil in tuukul,ku tuupik yéetel ku éek' boonik u lat'ab k'iino'ob, ba'ale' mixmáak u bcytaj u meent u je'elel le ja'o' tuméen u k'uuch ku yéemelo'ob te' pu'uko', ku poloktalo'ob, yéetel ku tíitik u tso'otsel, ku jíiltik che'ob, luuk', tuunicho'ob..."

—¡J-Céecilio! ¡Len máalob ts'o'ok in naktanteech! Le báatab J-Trúujeque tu ya'almaj t'aan ka xi'ikecch Jo'o tsúuk tio'ol u bo'ol le molay k'atuno'ob tu paybe'entaj ikil k-ch'a' Saki'.

—A'al ti' yuum J-Trúujeque sáama ti' yaaneni.

"... Ku k'áat ka in wéeme chéen tin jun utia'al in wuk'ik ja', yéetel in k'i'ik'el táak u polokkunsko'ob u peek'o'ob."

169

Ka biin le aj bisaj t'aanilo', J-Céecilio tu múuch'aj u yéet xiibo'ob utia'al u ta'akubáao'ob tu ts'u' k'aaxo'.

Le k'íino' bolonp'éel ti' ka'a k'aal ti' u wináalil Julio le uje' bey junp'éel xootob tu piixubaj ich junp'éel múuyalo', tuméen J-Trúujeque, k'uux méen J-Céecilio ma' lúub te' léech tu ts'áaj u a'almaj t'aan utia'al u kiblaj Piich Kaaj.

—¡Ti' Piich kaaj ma' bíin u p'áat mix u oochel ti' le láak'tsilil tu p'áato'ob le ka'ap'éel icho'ob yéetel sajlu'um máasewalo'ob.

—¡Beyo', wile'ex ba'ax yaan ichil le naajo'ob, yéetel k'aaskunse'ex tuláakal, min yaan ts'oono'ob yéetel sabak u ta'akmo'!

Yéetel x ma' nup'intaj tuméen ina'an le xiibo'ob, u kiblaj xanchaji chéen chúumuk tsil k'iin, yéetel tu machaj juntúul máasehual ko'olel, tuméen ka tu yóotaj tséelik u ka'a yeej máaskab ti' juntúul k'atun, tu líik'saj táanil u chan paal bey junp'éel chimal, ba'ale' taats' loomajo'ob le ka'atúulo'ob, te' súutuke' juntúul k'atun tu meentaj u ts'ants'anchaktik u tsíimine'; juntúul x-lobayam ch'úupal tu yóot u ch'áak yéetu lóobche' juntúul aj naat', le wíinike' tu jáan paytaj le lóobche' ka tu jat xootaj tu chuun u nak' tak tu tuuch, juntúul chan paal ti' buluk'péel ja'abo'ob ich u pa'muuk' tu méek'aj junp'éel okom ikil tun xeej k'i'ik'el tio'ol le jaats' tu k'aamaj tu paach, yéetel juntúul nuxiib jatlooma'an u keléembal istikia tun biin te' bejo' yéetel junp'éel tutuk chi':

— Ts'o'ok u biino'ob. Chéen p'áat u book le k'aaj, t'onkinsajil yéetel junp'íit p'ek ku meent u waak'al u beel k'i'ik'el. Le ja' yich junp'éel ja' ma' u beyta a maakik ich junp'éel p'úul.

Ti' túun tu suutubaj tu toj junp'éel xuxuch ni':

—¿Yaan ba'ax u yaajteech?

— Juntúul k'atun tu kóolajeen te' k'áaxo', ka tu lúubseen tia'al u meentkeen le ku ya'alik le nojoch máako'ob ma' uts u beetal.

—¿Bix a k'aaba'?

—X-Víirginia Yaaj..

—¿Jayp'éel ja'abo'ob yaanteech?

—Lajunp'éel… Teaki' chéen u p'áata teen in biin yéetel X-káarina utia'al in kóonkinbáa jun súutuk yéetel le xiibo'ob…

Kaliki'il, J-Céecilio,tuméen mu yoje le ba'ax úuch ti' Piichi Kaaj, tun ch'a' ook ti' u tuukulo'ob:

Bejla'e' chéen p'áat u sak éek'joch'e'en ti'e ts'uulo' yéetel u éek' sakil ti' máasewalo', beyo, ich u tuukul le sak wíinik ti'aan máasewal bey juntúul ba'alche' utia'al u kíinsik yéetel meyaj, yéetel ich u tuukul máasewal ti'aan le tsuulo' bey juntúul áak'ab kulunkul ti' p'eek…Mu beyta xookik yéetel u áantaj ti' ya'ab maayao'ob kaajlano'ob ti' Jo' yéetel Káanpech. Leti'ob ts'o'ok luk'esab u xiibil yéetel le oka'an óolal, le t'aan, le suuka'an u beeto'ob sáansamal, le ts'u'util yéetel le ka'ap'éel icho'ob ti'e sak wíiniko'ob; chéen p'áat ti'ob u sóol ti' maayao'ob tuméen ts'ook u tuupu u ch'i'ibalil, u nojbail yéetel u óolaj.

Ka sáaschaji tu yojeltaj le ba'ax úuch ti' Piich kaaj, tu'ux mixmáak tu loobiltaj le sak wíiniko'ob kaajakbalo'ob te'elo' mix le ba'ax utia'alo'ob, la'aten tu káajsu báaxal t'aan:

"… Le tuunicho' ku néet' u yich ti'e áak'abo', tuunich, áak'ab x ma' yich, le tuunich táan u ka'a síijil ti'e kíimil, ku kíimlo'ob le yicho', le yicho'ob yaayakbalo'ob ti'e tuunichil ti' kíimil…"

Le áak'abo' ti'u k'íin lajunp'éel ti' ka'a k'áal u wináalil julio ts'a u ya'almaj t'aan ti' J-Céecilio tu ts'eejaj u k'aay ti'e tuunkuruchuu:

—¡Kíimse'ex tuláakle sak máako'ob! ¡Ma' p'áate'ex mixjuntúul ti' Piichi kaaj!

Keet tu beetajo'ob u báatabilo'ob:

—¡Te' naajo'ob! ¡Jáan paytike'ex u ts'oono'ob, tuláakle ba'al yaan u tojol yéetel u bukaj ixi'im u beytal!

—¡Ka u maak'e k'áak'o' tuláakal!

Ma' xáanchaji' ka tu láaj k'aaskunso'ob u k'íiwik ti' Piich kaaj, juntúul x-lobayen x-ch'úupal tu síilaj u nook' utia'al u ye'esik u muk'oko'ob, junp'éel julte' ch'ika'an tu táan jo'ol tu ts'o'oksaj le ba'ax tu yoltaj; juntúul werek' wíinik tu k'uubaj u ts'oon yéetel kaabal óoli, ka tsoonab tu tséem. Juntúul xunáan tu píi' je'a u kúuchil u kóonol utia'al u ban ban ch'a'o'ob le ba'alo'obo,' ka tu k'aamaj u ch'áak máaskab tu keléenbal; juntúul nuxib táaj k'aasa'an jach suuk u jaats'ik máasewalo'o, jáan kooltab ti' tu me'ex, ku ts'o'okole' jíiltab tu bejo'ob Piich kaaj tak ka p'áat ts'íila'an u yoot'el.

—Yaan máax púuts' waye', k'ajóola'an tu'ux tu jíiltubaj le saajkil tuméen ku p'áatik u tu' wiix kitam.

—¡Ko'one'ex, ka u ch'a'paachtiko'on te' k'aaxo', wáa jach xiibo'ob!

—¡Lik'ul bejla'e' tak le k'iin ku taalo', le péeks yéetel le jak'aj óol u asab ma'alo'ob yeenba ti' to'on!

Ba'ale' le k'iin úukp'éel ti'u wináalil Áagosto tu ts'áaj u ya'almaj t'aan J-Trúujeke utia'al le báatab J-Óongay, le máax tu ka'atéen biin yóok'ol Piich kaaj.

—In báatab J-Óongay le ka'anlo' k'aas ch'ajal óol.

—Min tuméen yaan k k'uuchuj Piichi kaaj máanal chúumuk áak'ab.

—Yuum ku ya'alale' mix juntúul sak wíinik p'áat ti' Piichi kaaj.

—Jach ma'alob, beyó yaan keet jíiltik tuláakal.

Tun yáalkab u tsíimino'ob ka oklo'ob te' noj bejo'.

—¡Jáanpaytike'ex tak u moots ti'e k'aas xiwo', yaan k-kíimsik tak le miiso'ob wáa u beytale'!

—¡Beyo', to'oto'ope'ex je'eba'ax u péeksubáa!

—¡In báatab te' naajo' ts'o'ok k'aalik le ko'olelo'ob, paalalo'ob, yéetel le ch'ija'an máako'ob!

—¡K'áak'tike'ex bey kuxa'ano'ob, beyo' kéen k'uuchlo'ob te' Xibalba jach suuka'an ti'ob le k'áak' yéetel ooxoj! ¡Buut'e'ex le ch'e'eno'ob yéetel lu'um, che'o' wa yéetel kíimeno'ob, in k'áat ka u kíimlo'ob yéetel uk'aj le ts'o'ok u púuts'lo'ob!

Láakej le banban kíimsaj máak ku jayba, junpéel oochel bey pixan táan u munya tu ya'ala:

"... ¡Áanteen kili'ich Mejen Bil ti'e xaak!... tin jóok'o te' buuts'o', kin pe'echak'tik le náaxche', ba'ale kin muk'yaj utia'al in k'uch te' joolkaajo',kex póoka'aneen yéetel boox bey ch'ikbul, táak in kuxtal... ¡Jaaj, kin jóok' chi'tik mixbik'iin in ka'aj tsikbalte!

Ba'ale' kaxta'ab

—¿Máax le wewak ti' sabak?

—Táan u puts'u ka'achi ka k-chukpaachtaj.

Juntúul j-áantaj báatab tu ya'alaj:

—¿Tu'ux yaan J-Céecilio Chi'? ¿Jaytúul jolkano'ob yaan ti'?

Méen mixmáak tu núukaj, ch'albanaji.

—¡Yéetel jaats' bíin in meenta t'áan!

—In j-áantaj báatab J-Ríigoberto p'áat a jaats'e, le sa'ataj óol mixbik'iin yaan u ya'alik le ba'ax u yoje, wa le ba'ax mu yoje, unaj u yojelte.

—¡Ma' a woksabaj, J-Cléementino, tuméen ya'ab ma'axo'ob in beetmaj u t'aano'ob táak ti' u yiito'ob!

—¡Ma' in peek óoltik in nojoch, ba'ale' le wíinika' ma' tin k'aóoltaj jo'oleak, yéetel wáa kin wa'alikteech mun t'aan, lelo' tuméen mix Ki'ichkelem Yuum u beetmaj u t'aan ¿Ma' ta wilik J-Máacario Chi', toot síiji?

—Táanil a ts'oonke'ex ka xootik u yaak', tuméen mixba'al u biilal ti'.

Ka ts'o'oks u kíimso'ob le máako', tu káajsu yawato'ob:

—¡Bejla'e' mina'an Piichi kaaj!

—Ts'o'ok tuupik yóok'ol kaab!

Le ch'eneknakil éem ti'e kúul che'ob, jak'a'an u yóol liit'lankil xíinbalnaji yéetel táan u k'áat chi'itik ti'e tuunicho'ob suuta'an ta'an tio'ole k'áak'o', ti'e chúuk chej baakel yéetel ti'e ta'il pak'.

Yéetel le ujo' tu paacho'ob, chika'an sen ka'anaj J-Céecilioe' tio'su ya'abkach tuukul, kéen k'ucho'ob tu chan kaajil ti' J-Jáacinto Pat:

—Waye', ti' Kulumpiich, yaan k-meentik le k'aax t'aani'…

—¡Jaaj! ¡Táaj k'abéet to'on xiit'ik le líik'saj kaajo'ob!

—Ba'ale', teeche', J-Jáacinto, ¿bix aanileech? Ol bey chi'ichnakeech.

—Beyistako, J-Céecilio, ts'o'ok in wojelt le banban kíimsaj tu meentaj J-Óongay ta kaajal, tu tóokaj ka tu kuxa'an k'áak'taj óotsil nuxibo'ob yéetel mejen paalalo'ob.

—Mix a nen óoltik u buka'aj in ok'om óolal…¡Te' piich! ¡Te' piich! Ku chój k-'iilkab tin k'abo'ob le kéen in cho'oik in ts'oon, ¡Yaan toojoch'intik ti' Yúukatan le we-'ech áayino'ob!

—Kin na'atik a yaaj óol, ba'ale' jets' a wóol, ko'ox wilik ¿wáa ka ts'ik uláak si'o' ti' le ban k'áak', ba'ax ku yúuchuj? ¿ Masima ku nojochtal u k'áak'i'? La'aten yaan tséelik ba'a beyo', tuméen kex u xáantale' yaan k-ts'áabajto'on tibil óolal tio'le nojoch jaalacho'ob.

177

—¿Ba'ax tibil óolal? ¿Ba'ax jaalacho'ob? ¿Le k'atuno'ob ma' túun u muuk' le jaalacho'ob? ¡Yéetel junp'éel luuchi' ja' a k'áat tuupik le k'áak' tun ta'ankunsko'on!

—Ma'alob, ba'ale' yéetel junp'íit uts óol…

—¡Mina'an uts óol ichil ts'uulo'ob yéetel máasewalo'ob! To'one' utia'al leti'ob chéen kuuch ba'alche'ilo'on, ma' a k'áat óoltik maktsil, tuméen ma' u páajtal k-ilik ju-ntúul chowak xikin tsíimin tun ki'ki' cha'ant junp'éel nikte'. ¡Yéetel tuméen sajkil bey juntúul kaan ku juup' sajlu'umil, yaan u yiliko'ob u k'áak'il maaya jolkano'ob tak ichil u yo'ochob!

J-Jáacinto tu yilaj le lu'um yéetel u ta' tsíimin, tu líik'saj u paakat utia'al u ka'a xookik u wakaxo'ob, u kúuchil tu'ux ku yuk'iko'ob ja', le pak'tuunil wakax yéetel jun kúul piich tu chúumuk; je'ka' chaanbéel tu paaktaj u pak'i naaji', tak ka tu yilaj u máa-ko'ob ti' J-Céecilioe' táan u paakto'ob le ba'ax bíin u meentike.

"Je'ebixake' yaan in sa'atik tuláakal, tu k'abo'ob le máako'ob wa tu k'abo'ob k'atuno'ob ti' ts'uulo'ob"

Tu sa'sa'kal, péek óoli' jun súutuk, ka tu ya'alaj:

— Wáa beyo', ti'aano'on yóok'ol le tsíimin yéetel ma' bíin k-cha'ik u lúubs-ko'on tu yáax síit'. Ko'ox k'a'abetkunaj tuméen le jo'olpoop yuum J-Jóose Dóolores Céetina táak u luk'esik u páajtalil ti' Nojoch Jaalach ti' Yúukatan, yéetel le k'uuxil ku jaatsik le ts'uulo'ob je'e u je'ebko'on u beelil utia'al juuk'o'ob.

—¡Bíin u yuk'ko'ob k- ok'om óolal!

—¡Yaan u omankal u yik'el ixi'im tu mayak che'o'!

—¡Bíin u k'iilkabo'ob u eets' ti' k-xáak'ab!

—¡Bíin u yiliko'ob u tséek' te' néeno'!

—¡Yaan k-yo'omkinsko'ob yéetel u yek'el!

J-Jáacinto tu chan jets'kuntaj u seeb óolo'ob:

—Ma' uts k-ketbesik sajak yéetel kux óol; ts'o'ok in wu'uyik u t'aan J-Céecilio, J-Véenancio, ti' tuláakle'ex kin ts'ikte'ex in éejenil, yéetel kin ketbesik in tuukul tumé-en chéen junp'éel luuch u tuupik k-uk'ja', tuméen le ba'ate'el tanbalo' u kuuch tuláaklo'on yéetel ti' bíin in yaantal tak tu xuul, yéetel wáa le k'iintaj ku cha'ik k- jooch, uláak'o'ob bíin u baykunajo'ob yéetel máanal sáasil yéetel asab muuk' le ba'ax ts'o'ok u jo'op'ol.

—¡Je'e ku taalo'ob u k'atuno'ob ti' Óongay!

—¡Mache'ex a ts'oono'ob!

—¡Te'ex xene'ex naysu yóolo'ob!

—¡Ko'otene'ex, ko'ox kaxtik tu'ux yaan k-mak paach!

Yéetel u tsíimino'ob yáalkabnajo'ob ts'e'ets'ek lúubo'ob tak ka k'ucho'ob Chu-mboob. Te'elo', tu ch'a'jo'ob u muuk'o'ob, ka tu káajso'ob le ba'ate'elo' ka tun chan chichankunso'ob u molay k'atun'ob ti' Óongay. Ba'ale u yojeli' ba'ate'el ti' u nojochil le k'atuno'ob yéetel u banban ts'oono'ob tu meentaj u k'expajal ti' jun súutuke': waye' juntúul jolkan maaya mix u yila'al tu'ux ok le yóol ts'oon, u kojo'ob jóok'a'an tu pachkab; tolo' jawakbal uláak' p'áataj x-ma' keepi', junpíit náachi juntúul aj peten che' puuch'a'an u pool bey tun weenel; yéetel u waak' le jobon ts'oono'ob tu wiits'ko'ob k'i'ik'el, baako'ob, nook'ob, tuuncho'ob yéetel lu'um.

—¡Te' paacho', penene'ex, to'on k-bíin kalanta paache'ex!

—¡Lep' a wóol, J-Véenancio, naat'e'ex a tsíimine'ex yéetel ma' a jets'ele'ex tak San J-Víicente!

—¡Te'ex, tu paache che'ob yéetel tuuncho'ob!

—¡ Je'ebixake' yaan k-meentik ma' u máano'ob!

—¡Aj ak'ayile'ex! ¡ko'ox wilik wáa ka awat che'eje'ex yéetel in sipito'ob!

Ti' San J-Víicente, J-Jáacinto Pat, táanil u k'aax t'aani' yéetel J-Céecilioe', tu ya'alaj:

—Way tik jaatspajal túune'. Teen kin ts'áanchabtik Ichmúul, Peto, Tzucacab, Tek'ax, Oxkutzcab, Pustunich, yéetel wáa ju beytale', Ticul... Ma'alob, J-Céecilio je-'elili a wu'uy u tsikbalil bix aanikeen, tak tu jel k'iin.

—Ka xi'ik utsil teech J-Jáacinto. To'one' yaan k-biin yóok'ol Yaxcabá, Sotuta, Valladolid, Izamal, yéetel kex ka u tootopo'onobe', tuláakle láak'iino' yéetel xaman.

U jolkano'ob ti' J-Céecilioe', ts'o'ok u ka'aj ch'a' u yóolo'ob ti' le úuchik u bin k'aasti'ob tu táan J-Óongay, chéen ti' junp'éel k'iin ka tu tia'alinto'ob San J-Péelipe. J-Céecilioe' tu ya'alaj ka u jóok'so'ob tuláakle ba'al ta'aka'an tu kúuchil ti'e ayik'alo'ob, tu jaalk'abtaj le aj k'aala'ano'ob ka tu ts'áaj u ts'oono'ob yéetel tu ya'alajti'ob:

—Suku'une'ex, ts'o'ok a máanske'ex u k'a'ajil ti' k'aalab che', teaki' unaj a wo-jelte'ex u jalk'abil máak junp'éel waaj yaan náajalte' sáansamal, bik a tu'ubske'ex amal cheek yaankto'on k-woot'el junp'éel k'a'ajsul ti' junp'éel k'ex óol…Kex beyo', mina'an asab k'aas ka le sajlu'umkeepil, le aj sajlu'um keep jach nets utia'al yu'ub t'aan yéetel péeka'an utia'al u puts'uj, beyo' le k'iin k-maachko'on juntúul aj puts'ul wa juntúul aj k'ubilaj, te' súutuke yaan ts'oonik.

P'uuyo'ob k'iin je'ka', le táan u ch'a'iko'ob u bej X-Kanul, tu t'aanaj J-Bóonifacio Nóovelo.

—Ts'áajteen a paymun ma'alob jolkano'ob tu táanil, tuméen u kúuchil ti' u ya'abil k'ooch …

—Ma'alob je'ebix ka wa'ake', J-Céecilio, ba'ale' kalante'ex le paachile' la'aten ti' yaan u toj óolal tik paach.

J-Céecilioe' ka tu láaj tsoolaj le aj naat'o'ob ti' amal tséelo'ob, tu ka'a paaktaj u molay jolkano'ob ti' junp'éel yéetel uláak' tséelo' ichil u luuk' ti'e bejo'.

—¡Aj peten che'! ¿Ba'ax ku yúuchuj yéetel le ba'alche'ob? …Bise'ex le aj jat l-ooma'ano'ob ti' peten che' yaan tu xuul utia'al ka u yilo'ob méen aj ts'aako'… Eh, tee-che', tun k'iitpaja u ixi'im ti' mukuko'ob…Le k'éek'eno'ob, k'aaxe'ex tu beel…

Tu nikkabtaj junp'éel yawat yóok'ol le k'éek'eno'ob yéetel le xi'imo':

—¡Beyo', kalante'ex le janalo' utia'al ma' u éek'kunsik k-janalo'.

Kéen k'ucho'ob ti' X-Cáanul, J-Céecilio tu ya'alaj ka u je'elebo'ob tuláaklo'ob.

Ti'e ch'iini k'iin, ts'o'oka'an u janlo'ob, yéetel u je'elelo'ob,yaan yaytúul chéen táan u xíinbalo'ob ich kaaj utia'al u yiliko'ob u éetbisbailo'ob, utia'al u áantiko'ob le aj jat looma'ano'ob yéetel utia'al u muukiko'ob le kíimeno'ob, wa chéen utia'al u chan k'aayo'ob waba'ax tia'al le x-lo'bayen tun máano'ob te'elo'.

Le beetik tu ya'alaj J-Bóonifacio Nóovelo:

—¡Teaki', ko'one'ex óok'ot yéetel le buulileeko'!

U nu'ukul paax beeta'an yéetel luucho'ob tun e'eso'ob u paach yóok'ol ja'e', le tu káajsaj u juum yáanal u k'oopo' ti'e aj paaxnáalo'ob, yéetel le x-ch'úupalo'ob x-ma' xanabi tun yóok'oto'ob tu péeksul le paaxo', leti'ob u paymun k'áak'il yóok'ol u ya'abkach ban k'áak'o'ob ti' aj líik'saj kaajo'ob.

—¡Junp'íit ti' wiix kisin ku sáaskunsik k-kaal yéetel ku chichi óoltik le sajakil !

— Le beetik, asab ma'alob in meentik jalak' kaal kex ku chuujik in kaal.

—¡Ka u ts'áabajto'on ki'ki' t'aan tio'ole kili'ich pixano'ob tuméen jach k-k'abéet!

—¡Beyo' mixmáak bíin u ya'ale ti' X-Káanul ma' p'aat x-ma' nook'il le yaaj óolil.

—Mantats' ka oko'on ti' junp'éel kaaj yaan tsíikik u ba'alba yéetel u ko'olelo'ob ti' suku'untsilo'ob maayao'ob, beyo', mixbik'iin bin u mina'antal to'on áantaj.

Kali'ikil, J-Céecilioe' ti' junp'éel nojoch naaj, tu baykunaj u meyaj ti'e noj ba'ate'el.

—Nojoch Jaalach tin taasaj túunben ts'áaj ojelil.

—Máanen...

Le kéen tu chíinpooltaj le aj bisaj t'aanilo'ob u aj áantaj ti' J-Céeciloe', lela' tu tuukultaj:

"... Le meyaj ku paybe'entik J-Ráaimundo, in j-soob, jach k'a'na'an tuméen ku tsoolikto'on le ba'ax ku meentiko'ob le j-k'ux taanbalo'ob. 'Ak xikino'on máan u ma' sajakil ti' to'on tuméen leti'ob mina'an u ts'oono'ob, yéetel jach alab óolo'ob, kex nojoch máako'ob, ix kóonolo'ob wa j-k'ooso'ob...Beyo' leti'ob yéetel le ts'áaj ojelil ku taasikto'on bey ta' uj wa táak'iin, yéetel lelo' je'e u beytal náajalt junp'éel ba'ate'el, wa ma'e' kex min k'áat je'e in bisik in molay jolkano'ob ti'e níikil ti'e t'oonkíinsaj.

—Báatab J-Ráaimundo—tu káajsaj le paal ti' bulukp'éel ja'abo'ob —, kin taasik u tsool t'aan ti' juntúul aj ts'ik tsíimin u k'aaba' J-Tráansito Bej ...¿A woje? Kin tuuklik leti'e' chéen juntúul aj tuusnáal.

J-Céecilioe', ka tu yu'ubaj u k'aaba' ti' u éetail, máan táanil:

—Mix a tuuklik, J-Plóorencio, leti' jach éetail yéetel aj alab óol, ti' túun, tsoolik ti' to'on le ba'ax tu ya'laj teech.

—Je'ebix ka wa'alik, in Jaalach... Jo'op' tuláakal yéetel junp'éel ¡Xooo, xooo!, utia'al u wa'atalo'ob u ba'alche'ilo'ob.

—"Kili'ich yéetel ma'alob chíini k'iin " —bey tu ya'alaj juntúul ts'uul táan u bin ka'achi Peto —, "¿aj ts'ik tsíimineech wáa?"

—"Yéetel u sa'as si'ipil ti' in tsíimino'ob, táan wáa a tuuklik teen le X-Táabay, ¿Ma' ma'alob a paakat?"

—"Ma' a p'u'ujuj aj oksal óol, ¿máakamáak u beelil Ichmúul?...Jach k'abéet in séeb k'uchuj Péeto"

—"Ma' in p'u'ujuj, ta jóok'saj in k'uux tuméen ma' ta na'ataj in meyaj. Ila wilej, Ichmúul ti'aan óoxp'éel lúubo'ob ti' waye', ti' bíin u ya'alal teech bix yaan a ch'a ook utia'al Péeto. Xiib, meenteen uts, kéen k'uchkeech Ichmúul chan t'aabteen junts'íit kib ti' Kili'ich Mejen Bil tio'su pixan J-Tráansito Bej, tuméen kex kuxa'anen, te' meyaja' je'e tu'uxiake' je'e u tíip'il sajbe'eni', la'aten paymun ma'alob in aantaj ma'alob yéetel Jaajal K'uj; tuméen teene' in k'ajolt ya'abkach bejo'ob yéetel ya'ab máako'ob, chéen u beelil ka'ano' ma' in wilmaj"

—"¿Mix juntéen a wilmaj te' tu'ux ka máano u molay máako'ob ti' le wíinik ku ya'alalej J-Céecilioe' Chi'"

—"Mix ka u k'áat in Ki'ichkelem Yuum, wáa ku jóok'ok tin beelo' je'e u yóokolt-o'ob in ixi'im in tsíimno'ob yéetel yaan in puts'ul wale´utia'al ma' in bóotik le kuucho'; ba'alina ka táako'ob ya'abkach k'atuno'ob utia'al u yaantalto'on toj óolal"

—Mix a sen tuuklik, te' bejo' tin wu'uyaj u tsikbale' ts'o'ok túuxtab junp'éel molay ti' k'atuno'ob utia'al u bo'oybesiko'ob le kuchkabala'. Ma'alob, niib óolal, ka u ts'áajteech Jaajal K'uj toj óolal.

—"¡Bik u tu'ubulteech in kib! Beyo' yaan in p'áataj jets' óola!.

J-Céecilioe' ki'imakóoli' sakche'ejnaji' J-Ráaimundo tu k'áat chi'taj yéetel u yich, yéetel le paalo' tu chúukbesaj:

—Nuxib, le Aj káat máatan ti' Saki', tu xíinbataj bak' paach u kúuchil k'atuno'ob. Amal téen in k'áat in naats'imbaj tu yiknal, ma' tu p'áatik yéetel junp'éel chíikul, tak ka tin wilaj chika'an bey junp'éel okom tu tséel juntúul k'atun yaan ba'ax u k'áat yéetel X-Káarina. Le uláak' k'iin tu mentaj in taak'ik tin jo'ol le tsikbala':

—"U'uye X-Boox, ¿jaaj wa ka ts'aapik waaj ich le leeko'?

—"Máare, yuum J-Péeniche, ma' in woje tuméen ich le leeko' tuláaklo'ob ku y-okso'ob u k'ab, ba'ale' le waaj ka wa'alik chéen teech a woje.

—"Je'e túun te' áak'ab bíin in wilkeech tu naaj X-Nuk Déesideriae'

—"¿Ba'ale' ba'ax ken u ya'ako'ob a nojchilo'ob kéen u yojelto'ob táan in wilik-báa yéetel juntúul k'atun yúukateko?

—"Lelo' mixba'al yaanti', ¿bix ta wa'alaj a k'aaba'?"

—"X-Káarina Yamá, síijeen ti' Yaxcabá yéetel nojochchajeen ti' Dzidzantun. ¿Jets'el yaan a biin a wilkeen? Kin tuuklik yaan a túuxtal Sóotuta wa táanxetu'ux."

—"Na'an u a'almaj t'aan utia'al k-p'áatik le k'íiwika', wáa u yaantale' je'e in wilik bix in ts'áaj a wojelt"

—"¿Ka'achi ba'ax ka meentik ta kaajal?"

—"Lik'ul juntúul k'atun tu luk'saj in sujuyil, kin beetik le ku meentiko'ob le uláak ku m-áano'ob ta wéetele'ex."

Ma' bix uláak k'íino'ob, le Noj Jala'achil J-Báarbachano, tu beetaj u yaantal ti' junp'éel k'íin utia'al u p'áatal chéen tu jun. Le noolo' J-Éelias tu ya'ala ti' ya'ab téenak: "Kéen u yaantal teech junp'éel nojoch toopil, kex yaan ta wéctcl a aj áantajo'ob yéetel a aj léets'o'ob k'a'ana'an a muukabáa te' ch'eneknakil, chéen beyo' yaan a kaxtik junp'éel joonaj, utia'al a náajalte jak' óol yéetel tsíikbe'enil, ba'ale, yóok'ol tuláakal niib pixanil yéetel taak'íin; le niib óolal je'ebix le k'an taak'iin, yaan u beetiko'ob u yóok'ot je'el máakalmáake' ta bak' paach je'ebix pcck'o' " —Tu ets'kunsaj u kúuk ti' u k'ab ti'e kulxekilo', tu je'a u k'ab, p'áatu lúubul u táan jo'ol yóok'ol; ka tu chan baytaj u yuuch'o'ob u táan pool, kali'ikil junp'éel xiich' ku chan kikilankil tu no'oj u kaal.—. "K'abéet u yaantalto'on le ts'áaj ojeltbi yóok'ol u muuk'o'ob ti'e aj k'aaskunaj máako'ob, yéetel asab k'a'na'an yóok'ol u jo'olpoopilo'ob —Tu machaj u wáal ju'uno'ob, tu téetaj junp'éel, ka tu ch'a' ook—. Tin ts'o'oksik u xooka' ti' bix yaan u tuukul u nen óol yéetel u ts'íibóol ti' J-Céecilio Chi' yéetel J-Jáacinto Pat. Le aj ak'ayil J-Céecilioe' juntúul chak buk'e'en báalam tio'su

táankelemil yéetel u muuk', tio'su péeka'anil yéetel u
k'íinal yóol, tio'su yojelil yóok'ol le k'áaxo' yéetel le ku
bak'paachtiko'on, tio'su p'e'ela'an óol utia'al le balba, u
kalbach, u jets' óol yéetel u nonolki utia'al le ba'ate'elo',
je'ebix u yaakun tio'ol le x-ki'ichpam ko'olelo'ob… J-
Jáacinto Pat táaj jela'an, kin wa'ake' yaan kaxtik bix bíin
tséemte yéetel kaab —ka ki' kulaji te' kulxekil ka tu
k'a'am ya'alaj—: ¡Nojoch báatab J-Éeulogio Róosado!
¿Ba'ax lat'ab k'íin lela'utia'al a k'uchul?

—Yéetel in asab ma'alob tsíikbe'enil, Nojoch Jala'ach,
ts'o'ok u máan chúumuk tsil k'iíin wa'alakbaleen aktáan
ti' teech.

—Ma'alob, tuméen tin seten tuuklik le yail táan u
p'áatko'on chinchinpool.

—¿Ba'ax a a'almaj t'aan utia'al ka ts'o'okbesik junpuli'?

—¿Máaxi?

— Le máax ta tuuklaj

—¿A wojel nojoch báatab? Je'ka' ts'oonab le máasewal
Ay ti' Chichimila',tsi'itspajalo'ob ta k'abo'ob J-Céecilio
Chi', J-Jáacinto Pat, J-Bóonifacio Nóovelo, yéetel uláak'
mejen kaayo'ob. Je'ebix yaano'on bejlake' chéen kin
wilik ka'ap'éel joolo'ob utia'al jóok'ok: yaan k-kíimsik
J-Céecilioe' te' ba'ate'el wa yéetel junp'éel k'uubilaj;
tuméen u xuulil ku ts'ik u éejenil ti' u bix a meente, tu
ya'alaj J-Máakiabelo.

—In yuum, kex sen nojoch u ts'a'ay, je'e u beytaj u
kíimi ich ba'ate'el, chéen ba'ale' yaanti junp'éel molay

ti' aj áantajo'ob jach ts'íiko'ob, toj k'abo'ob yéetel chak buk'e'eno'ob utia'al le máaskabo'.

—Teeche' a xookmaj a meyaj ti' k'atun yéetel jach a k'ajóolt le máasewalo'ob, kin tuuklik chéen k'abéet a chan pa'atik u suut u paach u onel utia'al a xu'ulse; kali'ikil kin k'uubikteech a tuuklik bix u beytaj junp'éel k'uubilaj, yaan a ts'íibtik u k'aaba' ti' le máax u páajtu meent le chan mcyaj yéete bajux bíin u náajalte.

—Je'el bix a wa'ake Nojoch.

—Je'e bix a wa'ake, je'e bix a a'almaj t'aan, ba'ale mixba'al ka meentik utia'al

xu'ulsik le p'e'ela'an máasewalo'ob tun toopko'on, je'e u páajtal a biin.

J-Jáacinto Pat, je'ka' tu ch'a'j Sacalaca, tu tséel u naaj
K'uj, u múuch' jolka-no'ob táan u je'elelo'ob ka'achi
yáanal u bo'oy ti'e chíinik'iino', chi'ichnako'ob, tun
biino'ob tatalak kali'ikil táan u ts'aakal le jatloma'ano'ob,
tun k'exel u xanab ti'e tsíimino'ob, táan u cho'oiko'ob
le ts'oono'ob, tun púutko'ob ka'achi janalbe'eno'ob
yéetel ja'.

—In báatab J-Lúuciano Be, ts'o'ok ch'a'ik Jo'o
tsúuk, Sabán yéetel Chikindzo-not, ¿Teaki' ba'ax yaan
k beetik?

—Yaanto'on ya'ab jolkano'ob utia'al k'aalik le
bejo'ob ti' Jo'o tsúuk, Sabán, Ekpedz i'ix Tonxok. Yéetel
u séebankil yaan k-biin yóok'ol Ichmu'ul tak ka bak'
paachtike, le kuuchbi pa'o' bíin u bo'oybesiko'on utia'al
k-naats'abáa.

U bak' paach ti' wáakp'éel k'iino'ob ti' Ichmu'ul
beychaji, tuméen le máaxo'ob ti'aan te'elo' jach junp'íit u
yóol utia'al u ba'ate'elo'ob, bey xan tuméen leti'obe' ma'
ya'abo'ob. La'aten le aj líik'saj kaajo'ob ichil u banban
ts'oono'ob yaanchajti'ob ts-'e'ets'ek súutuko'ob utia'al
k'aas je'elel.

J-Jáacinto Pat tu k'aamaj junp'éel ts'íibil ju'un túuxtab ti' méen J-Céecilioe' ka tu chíinpoltaj le a'almaj t'aan. Le píik'il ti'e uláak' k'iin sáasilkuntab tio'ole banban ts'oono'ob tuméen lik'ul u bej ti' Chikindzonot jo'op' le kiblaj.

—¡Péekse'ex le ta'akun utia'al pixik le jolkano'ob ti le ts'oono'ob!

—¡Ku tuukliko'ob jach sáas u ts'o'omelo'ob, tuméen tun muk' yaj u wi'ijo', ba-'ale je'e k-biin wale'!

—¿Tu'ux ka biisik le ts'íilbi kastelan tuk'o'ob? — Yawatnaji juntúul báatab ti' u jolkano'ob, méen tun ye'eso'ob u ts'íila'an tseeko'ob ti'u k'uxtaanbalo'ob tu kíimsaj-o'ob tu yáax kíin ti'e bak' paache'. Te' súutuke' téek yawatnajo'ob tuláaklo'ob:

—¡Je'el u leek a chiicho'! ¡Lela' u leek ku ta'akik a chich, utia'al a jante yéete waaj.

—¡Teaki' u tseeko'ob tun che'ejo'ob, méen ma' saajako'ob! ¡Ki'ichpam Ko-'olebil ts'o'ok u meento'ob teen uláak' tuuch!

"... ¡Toop le ba'ala', jóok'sab u yiich ti' in báatab tu pachkab!"

—¡Chook'abae'ex! ¡Ma' séebkunske'ex, xi'ipalale'ex, tuméen tak San J-Béerrnardino tu k'aamaj u yóol ts'oon tu k'ab!

Le molay k'atuno'ob ti' Ichmúul tu p'áato'ob u ta'akuno'ob ka biino'ob kukul iito'ob, kex tu láaj p'áato'ob ka'achi ya'ab jatloma'ano'ob yéetel kíimeno'ob.

Le aj líik'saj kaajo'ob k'iitpajo'ob bey síiniko'ob tun kíimlo'ob yéetel wi'ij. Tu juuto'ob u joolnaajo'ob ti'e ayik'al naajo'ob ka tu láaj k'aaskunso'ob yéetel tu yooklo'ob le ba'alo'ob ti' ichnaaj, ti' ch'ilo'ob, ti' u yotoch tsíimino'ob, ti' táankabo'ob.

—¡Áalkabnen! ¡Áalkabnen! ¡Yaan k-k'uchul táanil te' ayik'al naajo'ob!

—¡Jaaj, wáa ma' chéen iik bíin a lap'e!

—¡Yaan xak'altik tuláakal!

—¡Majanten waye, x-ch'úupal!... ¡ Sa'as si'ipil, máasewaleech je'ebix teen, ko'oten waye' bik u tsaaya teech u túub ts'oon!

—¡Le xeko' yéetel le xok' lich in tia'al! ¡táanil tin wilaj!

—Beyo', ba'ale, méen mix yaanteech a tsíimin,, taas waye'.

—Peto bíin in kaxte juntúul ¡p'áat le xeko'!

—Eh, p'áat'e'ex ba'al utia'al a láak'o'ob, tumécn máanal a kuuche'ex yéetel beyo' ma' u beytaj a ba'ate'ele'ex... Ma'alob, taase'ex le tajche'ob utia'al k tóokik le naajo'ob.

Le uláak' k'iino'J-Jáacinto Pat tu tuuklaj u biin yóok'ol Peto, ba'ale táanil k'abéet u máan ti' Dzonotchel, junp'éel chan kaaj ti'aan tu bejo', ka tu túuxtaj jun múuch' jolkano'ob utia'al u yilo'ob bix yaan le kaajo'. Tu bak' paachtaj u bej Tzuca-cab, tu'ux jun múuch' k'atuno'ob táan u k'aalko'ob le beelo'. Le aj líik'sa kaajo'ob tu mot'bajubao'ob ka tu ya'alajo'ob:

—Jets'el yaan u k'aamo'ob janalbe'eno'ob yéetel u yóol ts'oono'ob.

—Wáa ku k'aamko'ob, bíin k-jáanpaytikti'ob, bíin kíimsko'ob, yéetel kíim le k'éek'en.

Uláak' múuch' aj líik'saj kaajo'ob biin tu tojil X-Kanteil, tu'ux úuch junp'éel chan áalkab ba'ate'el, tuméen le k'atuno'ob ti'aan te'elo' ich sipit ts'oon yéetel sipit ts'oon ku yawato'ob:

—¡ Nup'intabáe'ex! ¡Líiksaj wóole'ex, ma' bíin u jo'osiko'on ti' pa'o'ob.

Le aj líik'saj kaajo'ob, ku yawto'ob ma'ili' u kíimsiko'ob:

—¡Wile'ex, okti'ob le sajak tu yicho'ob, ka tu jo'oso'ob tu maayo'ob bey le x-ch'úupil tsíimino'ob.

Ti' Peto, le bak' paacho' xáanchaji lajunp'éel k'íino'ob, te' áak'abo'ob mejen múuch'o'ob ti' ko'olelo'ob, nuxibo'ob, yéetel paalalo'b ku p'áatko'ob le noj kaajo' utia'al u biino'ob yiknal le aj líik'saj kaajo'ob le máaxo'ob ku k'aamiko'ob yéetel janalbe'eno'ob yéetel ja'; láaylie' ti' k'iin wa ti' áak'ab ku chíikpajal ka'achi jun kúul che' táan u péeksubáa,u jaajili' juntúul sak wíinik, téek ku meent u suut ich pooch'il yéetel u waak' le ts'oono'ob.

J-Jáacinto tu ya'alaj ka u búukintiko'ob u nook' ti' aj ts'ik tsíimino'ob kantúul xiibo'ob ka ts'áabti'ob lajka'atúul tsíimino'ob yéet u kuuch, ich le ixi'im bíin u ka'aj biso'ob mejen to'ob ti' sabak yéetel u nu'ukul utia'al u waak'al. Tu beetaj u bisa'al le aj ts'ik tsíimino'ob tak ka'ap'éel lúubo'ob utia'al áalkabnako'ob tu paach le tsíimino'ob tak chúumuk áak'abe'.

Táan u sáastal ka k'ucho'ob tu'ux yaan ka'achi le k'atuno'ob aj kanan bejo'ob, le k'atuno'ob tu ts'oopo'ob u ka'ayeejmáaskabo'ob ti'e mukuko'ob, ka tu yilo'ob u yook jach yajilo'ob, u k'íilkab ti'e tsíimino'ob yéetel le yóom tun jóok'ok tu ni'ob, yéetel ka ts'o'ok u seten k'áatchi'itiko'ob, tu beeto'ob u bo'ol ya'ab p'úul sáasil ti' wiix kisin, ka tu p'áat u máano'ob ich le noj kaajo'.

.

Ti' u waak'o'ob ti'e ch'e'eno'ob yéetel ti' u kúuchil janalbe'eno'ob le kéen tun píik'il, jo'op' junp'éel kiblaj mixmáak u páajtu meent u jáawal, le máax tu yoksubajo'ob táanile' tun puuliko'ob u waak'o'ob beetab yéetel sabak, xeet' ti' máaskabo'ob, tok' tuunich yéetel soskil. Beyo' ichil táaj ya'ab kíimeno'ob yéetel jatloma'ano'ob ti' le ka'ap'éel molayo'ob ti' k'uxtaanbalo'ob, mil quinientos k'atuno'ob tu láaj p'áato'ob u jobon ts'oono'ob utia'al u séeb biino'ob tak Te'k'áax. Ti' túun u kaajnáalilo'ob ti' Peto tu káajso'ob u biinbal ka tu p'áato'ob u noj kaaji; leti' ok'om óolal xíinbali tu suutubaj junp'éel áalkab tio'ole sajkil yéetel le xa'axa'ak', bey úuchi tak ka tip le kíino' le máako'ob chéen xíinbalnajo'ob chúumuk ti' chúumuk lúub.

U molay jolkano'ob ti' J-Jáacinto Pat tu tojil Te'k'áax tu jíilto'ob T'u'ul, Ka'axaytuk' San J-Áantonio, yéetel Ti'kuum. La'aten, J-Jáacinto tu t'aanaj u múuch' aj áantajo'ob.

—Ku yila'al u julbil naaj ti'e balante máaskabo'ob tu k'unaaj Te'k'áax, k'a'ana'an tuuklik bix yaan ch'a'an le noj kaajo', ba'ale' k'abéet u ma'alobkuns u meyaj le aj kanan bejo'ob, ti' múuch'o'ob yaan je'elel, wile'ex bix yaan a ts'oone'ex, ts'aake'ex le k'oja'ano'ob yéetel le jatloma'ano'ob o'. Tu siinaj junp'éel sakche'ej yóok'ol u molay jolkano'ob, méen tu yu'ubaj:

—¿Tu'ux yaan J-Fíilomeno Yeej?

—Wayanene', in chichan báatab.

—¿Ba'ax ka beetik?

—Tin ja'ik in máaskab tuméen bool tio'osu baakel le ts'uulo'obo' le ka tun púuts'ul ti' Peto.

Ma' k'uch ka'achi chúumuk áak'ab, tu kúuchil ti'e k'atuno'ob, le chan báatab yéetel junp'éel péek ti'u jo'ol tu ya'alaj ti'e aj kanan joolnaaj ka u cha' u máan le aj k'áat máatan. Lela' mix tu yilajo'ob ka biin táan u jíiltik u no'oj ook tak tu kúuchil ti' óoxp'éel molay. Te'elo', le báatab J-Léeobardo Martínez tu ts'o'oksaj u tsool xikin ti' juntúul chan báatab, tu yilaj jun súutuk le máax u'uli, yéetel kex u p'eekmaj yéetel junp'éel éets' tu e'esaj u joonaaj u kúuchil meyaj. Tu jaats'aj le joonaaj, yéetel le aj k'áat máatan tu piitaj u laab chak p'óok. Le nojoch k'atun tu yaach'aj u ni' le ka tu yilaj u p'uus ti'e wíiniko' tuméen tu nen óoltaj ti' ku jóok'oj u k'omoj ti' kitam tun jaayik u tu' book te' tunk'as, jun súutuk je'ka' tu paaktaj le k'ok'ol yéetel x-ma' sublak yich ku kuxkintik u me'ex ti' u no'och.

—¡J-Áatanacio Flores, táaj tu'eech bey ilmaj ti' k'oja'an káakbach! Máanal u lu'um ti'a xikino'ob, ba'ale' mina'anteen k'iin utia'al in xuup yéetel tsool t'aano'ob…

—Yuum báatab, in suuk óol utia'al le nojoch tepal a wilmaje'ex ya'ab téenako'ob..

197

—Ma' in k'áat k'aas sáasil tsikbalo'ob, mix u t'aan x-ken k'oj ti' juntúul aj kóon noj lu'umo'ob bey teech… To'one' kex k-meentik k'aas ba'alo'ob, yaankto'on u a'almaj t'aan ku meentikto'on aj chíinpolwíiniko'ob kex ichilo'on.

—La'aten ma' tin kanaj a meyaj ti' k'atun.

—Kalantabáa, to' ti' ta', bik in tu'ubs máaxeen, yéetel kin meent bey tin k'aas na'ataj juntúul xikineech ti' le aj l'iik'saj kaajo'ob, leo'ola jach ts'áaj a wóol: Te' ka'ano' ts'o'ok u k'uch u a'almaj t'aan utia'al k-kíimsik J-Céecilio Chi', je'ebixake'. Tuméen le nojochilo'ob u yojelo'ob yaanteech u jets' óol ti' J-Céecilioe', la'aten ti'aaneech waye'.

—Min ts'o'ok u na'atiko'ob xane' yaan in ts'íibóolal, yéetel u buka'aj le muucho' ku yaalikto'on buka'aj u tuunich k'a'ana'an..

—¡Beyo', táanil a yawat, táan a chu'uch u yiim ba'alche'! Na'ate' aj kol keep, yaankto'on u p'iis ti'a p'e'ela'an óol yéetel ti'a ma' saajki', ti'a sits' óol yéetel ti'a aj k'iinil.

—Ma' taaleen utia'al in k'aam xook ti' ma'alob ba'al Láankasteriana tuméen tin xook-maj lik'ul paalaleen ka'achi, tuméen le Nojoch Jalach in wéet aj ka'anbal úuchilake',, ¿ka tuuklik jach neetseen? Lelo' chéen junp'éel tséel, jach chéen ch'a'abil u yila'al le pay wakax lik'ul ka'anal, ba'ale' utia'al a payik, utia'al a loomik, utia'al a kíimsik k'abéet nuuktak je'ob je'ebix le kin jíiltik sáansamal tuméen yaan in wilik bix kin p'áataj ma'alob yéetel J-Céecilioe' yéetel bix kin p'áataj ma'alob ta wéetele'ex. Teene' ts'o'ok in t'aan, te'ex a wojle'ex wáa je'e u beytaj wáa ma'.

—Ma' uts a seten péeksik a cheemo', tuméen je'e u k'uchu k'iin ikil in luk'es a waak', jach tu jaaji', wa kin p'áatkeech móoch a k'ab wa móoch a wook. Teaki' kin k'uubikteech lela' utia'al k'aax t'aan —ka tu puulaj yóok'ol le mayak che'o' junp'éel chan pawo' chuup yéetel k'an táak'in —le ka a ts'o'oksaj a meyaj le Noj Jala'achil bíin u ts'ikteech wale' u síibal ti jump'éel ti'yal naats' ti Jo'. Teene' chéen in k'áat ka u kuuchkeech le Nojoch Xulub, yéetel kin pa'atik ma' in naktanteech mixbik'iin, tuméen ma' in woje ba'ax bíin u yúuchul.

Ka tu p'áataj J-Áatanacio u kúuchil ti'e Nojoch Báatab, tu yóotaj u na'at asab náach ti' u t'aano'ob ti'e báatabo'. Yéetel xíinbalnaji kex tun jíiltik jun ts'íit u yook tak tu'ux wa'alaja'an le aj kanan bej yéetu ts'oon.

"...Kex mantats' ti'aaneen náach tu k'ab Ki'ichkelem Yuum yéetel ti' ayik'alil, ti' mixmáak in p'aax. Ma' tin k'ajóoltaj le yaakunaj, mix éetailo'ob, mix nojoch lu'um yéetel mixba'al, wáa ma' in lap'ik le ba'ala' táaj meelen keepeen, tuméen in k'iintaj tun ts'ik tin k'ab le mejen pawo'ob ti' k'an táak'iin. Le táak'iin yaan u suutkeen nojoch yuum, je'e u beytaj in maanik junp'éel k'aaba' ti' ts'uul yéetel u ch'i'ibalil, juntúul ayik'al ko'olel ti' Saki', ti' Kaanpech wa Jo' ¿yéetel ba'anten ma'? tak juntúul kastelan xunáan, ma' máasewal ko'olelo'ob je'ebix X-Róosa tuméen ts'o'ok u náaks in wóol yéet u chokwil … Aja, mixmáak bíin u a'alteen k'aas ts'uul, bíin u ya'alal teen Yuum J-Fúulano ti' Tal"

Kali'ikil, ti' ya'ab lúubo'ob ti' náachile', tu kúuchil u molay J-Céecilioe' jach ka-'anal u yóolo'ob tuláaklo'ob.

— Ka'ojej lúubi Ya'axkabaj, bejla'e' yaan k biin yóok'ol Sóotuta u lu'umil J-Náachi Kóokom, te' tu'ux ku suut le ja'o'

—Le tuunicho'ob utia'al u ts'o'ok le pa'o'. U beejil Táabi, Tíibolon, K'antunil, K-áantamayek, Tixkakaltuyu' yéetel Záabala ts'o'ok k-k'aalik bejla'e' yaan k-muuk'kinsik le biin táanile' utia'al mu k'uchlo'ob.

J-Céecilio ki'imak óol, kex ka'analil, taitak u k'uchuj tu'ux tu tuuklaj, yóok'ol le xíinbalo' sa'at ich uláak' báaxal t'aan:

"Ta' uj ch'ooj u k'áak'il chúumuk k'íin, ta' uj ch'ooj chúumuk k'íin k'áak', ta' uj ch'ooj le cháako', le cháako' ti' k'áak': le k'áak ta' uj ch'ooj ku jeek'ik le cháake'"

Chéen ba'ale' nikkabtaj tuméen le meyaj yéet u múuch' jolkano'ob tu tsooliko-'ob le péeks pa'o' táanil le k'uxtaanbalo'ob ti' Sóotuta. U yóol ts'oono' ku máansiko'ob k'ab yéetel k'ab; le aj kanan k'oja'ano'ob ku yáalkabo'ob tuméen tun bisko'ob ti' waye' tak tolo' u sabukano'ob chuup yéetel nook' utia'al le jat lomano'ob yéetel ya'ab ba'alo'ob, le báatabo'ob séeban ku kaxantiko'ob le jach ma'alob kúuchilo'ob utia'al u tsooliko'ob u jolkano'ob, wa xane' ku ya'almaj t'aano'ob utia'al u páanal joolo'ob tu'ux bíin u ta'akmubaj amal aj ba'ate'elo'.

Le k'atuno'ob ti' Sóotuta, yéetel alab óola, tu p'áato'ob u naats'alo'ob le aj líi-k'saj kaajo'ob tak tu'ux je'e u beytal u tsaayu ts'oono'ob.

—¡Le xiibo'ob ti' J-Sóostenes Dóomínguez ma' u k'ajóolo'ob ba'ax le sajako'! ¡Yaan k-jóok'sik le tu' máasewalo'ob ti' tu joolo'ob.

Mixmáak tu ts'áaj u a'almaj t'aani' utia'al u jo'op'ol le ba'ate'el, chéen káaji' tu-méen yu'ubaji' junp'éel waak' ts'oon, le tu meentaj u nojochtal le banban ts'oono' yéetel jump'éel múuyal ti' sabak le tu éek'kunsaj tuláakal.

—¡Ko'one'ex! ¡Chich yóok'ol le máasewalo'ob! ¡Ka kíimik J-Céecilio Chi'!

—¡Mun beytal! ¡Ts'o'ok ku ts'áabal tik na'on! ¡Paachil, paachil!

—¡Ts'o'ok u kíimsko'on máanal ti' ka'a k'aal k'atuno'ob!

—Le aj ak'ayilo'ob ol bey síijo'ob yéetu mootso'ob ich le pa'o'

¡Jets'e'ex le banban ts'oono'! ¡Péekse'ex le sak láakam, tuméen táak in t'áan yéet leti'obe'!

Le súutuk te' ba'ate'elo' tu meentaj u tuuklik J-Céecilioe' le chan je'ets'li' chéen junp'éel tuusil ti'e k'uxtaanbalo'ob, ba'ale' tu túuxtaj ka'atúul aj tsikbalo'ob.

Le aj k'atuno'ob, lik'ul u ta'akuno'ob ku chan ch'eenebo'ob, yéetel ja'ak' u yóolo'ob tio'ol le séeblankil núuk t'aan.

—Téek xeene'ex a'alti' nojochil J-Sóostenes.

Le aj tsikbalo'ob ti' J-Céecilio Chi' yéetel ma'bal yóol wa'alakbalo'ob aktáan ti'le aj k'atuno'ob. Utia'al u p'áat máan k'iin , juntúul báatab cháanbel tu jach paaktaj ti' amal aj líik'saj kaajo'ob, yéetel k'áat chi'naji':

—¿Ba'ax a k'áate'ex utia'al a líik'sc'ex le bak' paacho'?

—Ka suutike'ex ti' to'on tuláakle ts'oono'ob ta jáan payte'ex ti' to'one'. Ka k'uubke'ex J-Áantonio Báacelis. Ka taase'ex le Ki'ichpam Ko'olebil ti' Táabi jó'osab ti' u k'ulnaaji'.

—Ma'alob, ma'alob, pa'atike'ex jun súutuk tak ka u taasalto'on u núuk t'aan.

Má xáanchaje' ka k'uchulo'ob ka'atúul yuum k'iino'ob je'ebix u aj tsikbalo'ob ti' J-Sóostenes Domínguez. Tio'su ka'anal óolo'ob chika'an tun xíinbalo'ob yóok'ol ko'oj poopo'ob, tuméen le k'iino' ku jo'osik u lets'bal ti' u búukinajo'ob. Le aj tsikbalo'ob ti' J-Céecilioe' tu paaklam yilubáao'ob:

—Le kili'ich yuum k'iino'ob, luk's a p'óok, suku'un

Téek tu yu'ubo'ob u náach yawat ti' u batsilo'ob:

—¡Min ba'alche'ex! ¡Ma' a tsíike'ex le ch'úupil xiibo'ob!

—Suuneene'ex te' pa'o', wa ma' kin bajikte'ex junp'éel yóol ts'oon ta wiite'ex!

Le yuum k'iino'ob tu ts'íibtajo'ob u yicho'ob.

—Sa'as si'ipilo'ob Yuumtsil, tuméen ma' u yojlo'ob le ba'ax ku ya'aliko'ob —payalchi'naji' nupa'an u k'abo'ob yéetel u paakat te' múuyalo'ob, ba'ale' tuukulnaji'— "Teen kin toksaj yéetel in oksaj óol ti' J-Mejen Bil, teaki' kin ka'a suut Sóotuta."

U éetail tu tuuklaj leti' bíin u meente le ba'ax k'a'ana'an.

—¿Ba'ax a k'áate'ex in paalale'ex?

—A wojle'ex: k-ts'oono'ob, le aj tuusnáal J-Báacelis, yéet le Ki'ichpam Ko'olebil ti' Táabi.

—Ma'alob, utia'al le jets' óolil, nika'aj bisik le ka k'áatke'ex aktáan ti' le no-jchilo'ob.

Yéetel u biinbal le yuum k'iino'ob, J-Céeciloe' tu na'ataj chéen tun tuuso'ob, la'aten tu ka'a ch'a ook ti' le ba'ax u biilal ti'ole ba'ate'el.

—¡T'aabe'ex asab ya'ax si'o'!

—Beyo', le buuts'o' yaan u ta'ako'on utia'al k naats'aj.

—Lajuntúule'ex te' che'o'; te'ex, te' uláak'o'; teaki' yaan k-áalkab yóok'ol le bo'oybesajo'obo'.

—Yéet le Che'o' jach ma' taalmil.

Le k'ooch tu suutubaj u ba'ate'el wíinklil yéetel wíinklil.

—¡Beyo'! ¡Beyo'! Yéetel le máaskabo'ob, banban ch'áake'ex tak u k'a'ajsajul!

Le aj k'atuno'ob tu yáalkabenso'ob le t'aano'

¡Toksajil utia'al le máax ku páajtale'! ¡Ti' Jóokaba', péeksabáae'ex utia'al k'uchul Jóokaba'! ¡U ya'almaj t'aan ti'e nojoch J-Kóovian!

Juntúul aj k'atun chika'an jach máasewal je'ebix u aj k'uuxtaanbalo'ob, tu ya'alaj:

"… Ma' biilaleen utia'al aj k'atun, mix tia'al nojochil, jach ma' táak in ba'ate'el tu ka'atéen yéetel le kisino'ob mina'an u baakelo'ob, asab ma'alob kin puts'ul utia'al suutnakeen tin kaajal"

Ka ts'o'ok le kiblajo', J-Céecilioe' tu múuch'aj u báatabilo'ob ti' junp'éel nojoch pak'inaaj k'ajola'an yéetel u k'aaba' ti' Naaj ajaw.

—¿Táan u ts'aaka' tu beel le aj jat looma'ano'ob?

—Beyo' in Nakon, yéetel xan táan u múukul le ts'o'ok u kíimlo'ob.

—Ma'alob, ichil uláak' ba'alo'ob, tin túuxtaj t'aanle'ex utia'al a wu'uyke'ex yéetel a wa'ake'ex le ba'ax katuuklike'ex yóok'ol le ts'íibil ju'un utia'al ma'alobkinsik tuméen yaan u bisal ti'e Nojoch Jaalach ti' Yúukatan yéetel ti' u Nojochil ti'e yuum k'iino'ob:

…¿Ba'axten ma' ta K'a'ajse'ex wa ta ts'áaje'ex a wóol le kéen tu káajsu kíins-ko'on le Noj Jala'achil? ¿Ba'axten ma' ta e'esabae'ex wa ta líik'sabae'ex ti' utsil to-'one' le kéen tun kíinsko'on le sak wíiniko'ob?

¿Ba'axten ma' ta beete'ex le k'iine' ikil le yuum k'iin J- Héerrera, tu beetaj tuláakle ba'ax tu k'áataj ti' óotsil máasewalo'ob? Le yuum k'iina' tu ts'áaj u xek u tsíimin ti' juntúul óotsil máasewal, tu naat'aj yéetel tu jaats'aj ka tu k'iilaj u nak' yéetu xok' lich.¿ Ba'anten ma' ta ts'áaje'ex óotsilil le kéen úuchi'?

¿Yéetel bejlake' ka k'a'ajse'ex, bejla'e' a wojle'ex yaan juntúul Jaajal K'uj. Le k'iin táan a kíimsko'on, ¿Ma' a wojle'ex yaan juntúul Jaajal K'uj?

Tuméen táan k-kíimske'ex bejla'e, te'ex ta e'esaje'ex táanil le bejo'.

Wáa táan k-tóokik u naajo'ob yéetel u ti' yalo'ob ti' ts'uulo'ob,lelo' ku yúuchu tuméen te'ex ta tóoke'ex Téepiich yéetel le mejen kaajo'ob tu'ux kaajla'an óotsil máasewalo'ob, yéetel tuláaklu wakaxo'ob tu janto'ob le sak wíiniko'ob. ¡jayp'éel kumche'ob ti' le óotsil máasewalo'ob tu pa'ob utia'al u jantiko'ob le sak máako'ob, yéetel tu joocho'ob layli leti'obe', kéen u máano'ob kaxtiko'on te'elo' utia'al u kíimsko'on yéetel sabak!

—Le ju'uno' ku ya'alik chéen u jaajil yéetel k-ts'ik u éejenil.

J-Céecilioe' ka tu yilaj u éejentak tuméen tuláaklo'ob tu ts'o'oksaj:

—Ma'alob, le kéen u ts'o'oksal le ju'una' yaan u bisik u joronts'íib ti' le jo'olpoopilo'ob: J-Práancisco Ka'amáal, J-Áanselmo Jau, J-Góoyo Chim, J-Juan Tóomas Poot, J-Áapolinario Zel, J-Jóose Victorin, yéetel intia'al. Ku ts'o'okole' juntúul aj bisaj t'aanilo'ob yaan u bisik Jo'e' utia'al u k'uubej.

X- Róosa te' t'uuk'ij le naajo' tu'ux ku chéen yaantal,
tuméen ma' u páajtal u muuk'a'an ya'alal yóok'ol le noj
ba'ate'el, ka táan u yichinsile' tu nenóoltaj mejen wóolis
ba'alo'ob ti' sak p'o' je'bix mejen nenus ku jeelbesikubáao'ob
ti' jejelás boono'ob tio'ol u sáasil le kibo'. Tu púutaj iik'
kali'ikil ku baaytik u jats'uts muuk' ooko'ob:

"...Ka síijeene' in chiicha' tu xookaj u sáastun, ka
tu ya'alaj síij tu k'iini bolonp'éel ti' u wináali' Kéej jach
tu k'íini yi'ij uj, yéetel u k'uuche' leti'e' Uj K'anbul.
Taali' ti'e kaaba' utia'al u ki'iki' e'esikubáa, u wi'ij tio'ole
ma'alob aantaj,mamaykij nook'o'ob yéetel ko'oj ba'alba
mix u yaantal je'elel; bíin u yaantal ti' ya'ab muk'yaj
yéetel séeb yaan u k'uubkubaj... ix ak'ayil sáastun, le
ba'ax tu xookaj in chiich junp'éel jaaj ma' k'exóolnaji'
__u k'abo'ob tu na'aktal ti' u kaal tak tu pachkab__
Teen X-ken k'ojeen, yéetel ¿ba'ax yaanti'? ¿Ba'ax si'ipil
yaanteen tio'ol le kéen in meentik le yaakun kin wu'uyik
in yiibil bey kaabe'? La'aten beyo' le Ix ma' niib óoli
ch'eneknakil ku awat che'ej tin wíinklil jach chuup ti'
kuxtalij, yéetel ti' táaj wi'ij yaanteen tuméen mixmáak
ku ajsikeen yéetel ku suuk kinsik le x-ch'úupil tsíimin

ku p'iit ich u taamil in jobnel __le báaxaj miis éemi tak
tu yiimo'ob wa'atalnajo'ob tio'ol le seten ya'ach'__...Jach
u táaktalteen junp'éel loox ku lúubseen tin k'áano', in
k'áat ka chi'bkeen ya'ab, ya'ab, in k'áat ya'ab peets'o'ob
ku meentikteen kil, kil, juntéen, ka'atéen, óoxteen, ti'
k'iin, ti' áak'ab, ti'e toosaj, cháak, ke'el, kéen loolnak le
k'áaxo', wa ti'e ya'ax k'iin ku lúubsik u le'ob amal kúul
che'o' tak ken juutkeen ti' úuchbeni'__u yaal k'abo'ob
tu muuch'ubáao'ob ti' junp'éel jep' muuk'ook___...J-
Céecilioe' tu kaxteen utia'al u t'aabkeen, ba'ale le ak'ayil
noj ba'ate'el ku tu'itik in kuxtal, yéetel utia'al in chan
k'aas aantal unaj in juts' náajche' tin jun. Chéen ba'ale'
J-Áatanacio yaan k'iin ku taasikteen junp'éel síibal, ku
p'o'ik in k'u'um, wa ku tsoolikteen junp'éel tuus tsikbal
ichil le u yojelt, ba'ale' jach k'a'ana'an in jets'kuntik le
numyaj. Uts, leti'e' J-kaabal baake' yéetel..jach u'uyej
X-meelen peel, sak, yéetel u yicho'ob ku ts'ik sajkilil.
Ki'ichpam Ko'olebi' ¿yéetel wáa ti' u k'iinile' kin jóok'ol
yéetel u jeel ba'al? Ma', teene' chéen yéetel junp'éel chan
ixi'im ku luk'sikteen kin oxo'omkinbáa tuláakal ___
yéetel baykunaj ti' áakam tu p'áatubaj u bisa'al méen
le áak'abo'ob tak ti túun balinaj___ Ma', teene', ma' Ix
ma' okan óolal, mix Ix k'uubilajeen, tuméen ya'ab in
p'aax ti' J-Céecilioe', ¡ Ba'ale', jaytúul ko'olelo'ob u k'áat
u chitalo'ob yéetel in Nakon! Tu ts'o'okole', chéen u
táakeli' ku meetik x-ko'oleli', yéetel le xiibo' ku meentik
le táakeli' ikil u síiskunsik.

U lech utia'al u naats'ubaj ti' J-Jáacinto Pat tu bisaj J-Báarbachano ti' Te'k'áax tu wináali ti' féebrero tu ja'abil ti' 1848. Ti' u kúuchil utia'al chéen ts'e'ets'ek k'iin, séeb tu máansaj u wáalo'ob ju'un ti' junp'él salbiju'un, tu meentaj junp'éel chan je'elel utia'al u paakte u aj áantaj J-Gréegorio Kanton, yéetel t'aanaji':

—Le J-Jáacinto Pat uláak' xiib ti' le x-k'áaxil ch'i'ibal, ts'o'ok u máanal ti' lajunp'éel ti' óoxk'aal ja'abo'ob, junp'íit miatsil yaan ti', tuméen jach ku ki' xookik u k'ajlay ti' Yúukatan, jach ma'alob aj kóonol tio'su mejen kaajil ti' Kulumpiich jach ku ts'ikti' ya'abkach ixi'im yéetel wakaxo'ob…

—Yuum, min je'e u beyta…

—Ma' in wojeli' ba'axten, bale' kin tuuklik ku yu'ubik táan máan táanil ti' leti' u jolkano'ob ti' u molayo', yóok'ol tuláakal u báatabilo'ob tuméen leti'obe' táankelem wíiniko'ob, lebéetik kin tuuklik je'e u beyta meent junp'éel k'aax t'aan utia'al junp'éel je'elel ti'e noj ba'ate'el yéetel tak junp'éel chúuka'an jets' óolil. Jaaj, kin tuuklik ku u'uykubáa bak' paachta'an yéetel jiiltab tiø'ol u muuk' ti' líik'saj kaajil, min tak u k'áat u suutkubáa u

209

Nojoch Jaalach Wíinik ti' maayao'ob, beyo', yuum, je'e
u páajtal k'uchul ti' junp'éel k'aax t'aan asab ma'aalob
utia'al to'on, tuláakal ku náajalta'al yéetel uts t'aan.

—Ti' J-Jáacinto Pat ku yila'al ti' ma'alob p'iis yaan
uts óol ti' utia'al u ts'ik u éejenil tia'al u ts'o'oksal le
nojoch taanbalba'ate'el.

—J-Gréegorio, tuméen teeche' in aj áantaj junp'éel,
kin a'alikteech jach k-'a'ana'an a kanantik tuláakle
ts'íibo'ob, yéetel je'ebix ta betaj, jach k'abéet a xookik
utia'al u páajtal tu súutuk a'ak le ba'ax ka tuuklik yóok'ol
le u biilal.

Teaki' táan máansik way Te'k'áax le k'iino'oba'
niib óolal u yutsil le kaajnáalilo'ob, bíin in ka'aj tsool
a'alikteech le ba'ax yaan a ts'áaik ti' junp'éel ts'íibil ju'un
utia'al J-Jáacinto Pat, tuméen séeb bíin in túuxte ti'
Tzukakaab táanile' yuum J-Féelipe Rosado yéetel yuum
k'iin J-Káanuto Vela ka xi'iko'ob kaxan tsikbal ti' J-
Jáacinto. Ts'íibnen:

Te'k'áax, Yúukatane', u yáax k'íin ti' u wináali ti'
marzo ti' u ja'abil 1848

In éetail Nakon Yuum J-Jáacinto Pat:

Tuméen tak bejla'e' ma' tin k'aamaj a núuk ti' le
óoxp'éel ts'íibil ju'uno'ob ts'o'ok in túuxteech, yéetel lela'
kin wa'alikteech tu ka'atéen ma' bíin in lúk's mixba'al
yaan tu p'iis in k'ab utia'al a na'atik jach yaanteen ma'alob
okan óolal, tuméen kin naats'kinbáa ti' teech yéetel ti' a
batsilo'ob yéetel mix junp'íit ti' k'aas tuukul. Ts'o'ok in

na'atik ma' ta túuxtaj u núuk tio'ole seten ya'ab ba'alo'ob ti' a jolkano'ob ka wilik sáansamal, kex ma' jach atia'al tuméen a ch'i'ibal yéetel a miatsil máanal u ka'anlil, ba'ale', u ts'o'ok, le k'iin bey táak'iin, yéetel kin na'atik tio'ol le meyajo'ob ku xuuchik tuláakla ts'áaj óol.

Tio'ole súutuk, kin wa'alikteech yaan in túuxtik junp'éel ts'áabil t'aan tu k'ab yuum k'iin J-Jóose Kanuto Vela yéetel yuum J-Féelipe Róosado. Leti'obe', wáa ka ts'ik a éejenil, bíin u líiksiko'ob junp'éel ts'íibil ju'un utia'al joronts'íibtik le jets' óolil, ts'o'ok a k'áatik teech yéetel a batsilo'ob, tuméen bey ts'o'ok u ya'alal teen.

Je'ka', kin k'áat óoltikeech ka a meentikteen junp'éel ts'íibil ju'un utia'al a túuxtik yéetel le ts'áabil t'aan, utia'al in múuch'tal ta wéetel te' kúuchil a k'aax t'aanake'ex ichilo'obe'ex, utia'al a joronts'íib yéetel intia'al ku jaajkunsik ti' bix ts'íibta'an ti'e a'almaj t'aan, tuláakle ba'ax táan a k'áatike'ex ti' méek'tan kaajil.

Ma' in tu'ubs wa'alikteech bix kin wilik le ba'ala', yéetel kin pa'atik a asab mamaykil ts'áaj óolo'ob.¿Bix bíin u u'uykubáa in puksi'ik'al wáa ma' tu k'aamik le uts k'aax t'aana'? ¿Ba'ax je'elel bíin u yaantal teen wáa ma' in náajalte junp'éel méek' ti' jets' óolil je'ebix u ya'almaj t'aan Ki'ichkelem Yuum, je'ka' ti' táaj ya'abkach loob ti' le x-lobayen, ix yo'om ko'olelo'ob, ti' paalalo'ob, táankelem xi'ipalo'ob yéetel nuxiibo'ob?

Yuum J-Jáacinto, bik sajkíimlo'on tak k-náajalte le utsa', la'aten séeb in k'aamik a núuko' ti' le ts'íibil ju'una', bíin in túuxte le ts'áabil t'aan. K'abéet in chukbes xane', ts'o'ok u biin yuum k'iin J-Káanuto Vela juntéenake' Tzucacab x-ma' láak'intal, mix k'atuno'ob, teech yaan a ts'aikti' utia'al u kalanta'al yéetel chíinpolta'al, je'ebix tu beetaj le báatab yuum J-Íignacio Tuus, yéetel beyo' biin le yuum k'iino tak tu'ux yaanchaji'.

Tuláak lela' kin pa'atik ti' teech. K'aam in niib pixanil yéetel utia'al yuum k'iin, máax yéetel uláak' nojoch ts'uulo'ob kula'ano'ob waye' utia'al u jaajkunsik le ts'íiba'. Ki'ichkelem Yuum u ta'akeech, le kin ts'íiboltik.

Nojoch Jaalach.

J-Míiguel Báarbachano Tarrazo.

In éetaill yuum J-Jáacinto Pat:

T'so'ok in ts'áaj in wool ikil teech yéetel a batsilo'ob
ma' ta chíinpooltike'ex le a'almaj t'aan tin ts'áaj. Je'ebix
ti' le uláak'o'ob, ti'e ts'íibil ju'una' kin ka'a wa'alik je'e in
ts'ik u éejenil ti'le jcjcláas ba'alo'ob a k'áate'ex wa'ak utia'al
u ts'o'okol le noj ba'ate'el jach yaajil ma' u cha'ko'on
kuxtal yéetel jets' óolil. Te'ex yéetel to'on yaan k-kanantik
ma' u yaantal mixjunp'éel ba'al utia'al ok p'ek óol mix
ba'ate'el ichile'ex yéetel a ch'i'ibalile'ex. To'one' yaan
ma'alobkunsik tuláakle yaan yéetel le ku bíin u yaantale'
utia'al ma' ts'ik mixjunp'éel k'uux ti' le maaya ch'i'ibal.
Utia'al mixmáak u mixba'alkunsik le ts'o'ok a náajalte'ex
teech yéetel a báatabo'ob, kin ts'áaj yóok'ol lela':

Teen, J-Míiguel Báarbachano Tarrazos, tio'ol u
ts'áajbila' ti' Jaajal K'uj Noj jala'achil ti tuláakal u
kaajo'ob ti' Yúukataane', kin xot óoltik:

Junp'éel: Kin a'almaj t'aanik, tuláakle molayo'ob
k'atuno'ob ti'aan Te'k'áax ka u jóok'ok ti'e noj kaajo',
utia'al u p'áatlo'ob chéen le yuum k'iino'ob túuxtab
méen le obispo, pa'ate yéetel u nojochil ti' Te' k'áax
yuum J-Péelipe Róosado.

Ka'ap'éel: Lik'ul bejlake' ma' bíin u bo'ol le patano' le yuum k'iino'ob, le sak wíiniko'ob, le J-híidalgos yéetel chéen máako'ob.

Óoxp'éel: Tuláakle kaajnáalilo'ob bíin u bo'ol óoxp'éel reales tio'ol le ok ja', lajunp'éel reales tio'ol junp'éel ts'o'okol beel, lajun p'éel ti' óoxk'aal mejen táak'ino'ob tio'ol muukul.

Kanp'éel: Chéen ti'e Nojoch Jala'achil yaan u páajtalil mina'an u xuul utia'al u ts'ik tibil, tuméen chéen aktáan leti' yaan u beetal u jejeláas k'áat óolal.

Inciso junab: J-Yuum J-Gréegorio Káanton in Aj Áantaj, lik'ul bejla'e' ku p'áataj u junab Aj K'ulel utia'al u kanantik u ts'áaj tuukul ti' maayao'ob, utia'al u páajtal u t'aan ichilo'ob, ts'íib, múuch'ubáo'ob utia'al u tokubáo'ob ti juntúul aj k'uxtaanbal _eetel utia'al u náajalto'ob le ba'ax u biilal tio'ol le loob tu k'aamo'ob. Tuláakle ba'ax ku meente le yuum Aj K'ulel unaj u bisik in joron ts'íib ti' ma'alob paakat.

Jo'op'éel: Kin a'almaj t'aanik tuláakle ts'oono'ob tokab ti' le máasewalo'ob téek bíin u suutko'obti'ob. Wáa ku yaantal junp'éel ikin chi', yéetel mina'an le ts'oono', unaj u ma'alob bóotik ti', tuméen ku ts'áabal u éejenil utia'al u yaantal ti'ob tio'ol u kaxto'ob u ki' u waajo'ob.

Le ch'ench'enki táan u taamkunskubáa kali'ikil chinik'iin tun ts'o'oko. J-Céecilioe' yéetel u máaskab tu k'aax nak' yéetu ts'oon tu k'ab tu ya'alaj ti' u aj-áantaj:

—J-Áatanacio bíin in ka'aj ti' junp'éel múuch'tsikbal, nika'aj suut ajal kaab —tuukulnaji, ka tu la'achaj u no'och x-ma' ts'iik —.Chan k'aas k'oja'an in watan, leo'ola kin wa'alikteech a kalantik lik'ul a kúuchil ti' aj kanan bej yáanal le kúul che' wa je'etu'ux a tuuklik asab ma'alob utia'al ma' cha'ik u naats'ubáa je'e máaxake', ba'alche' wa pixan u táak u loobilte.

—J-Áatanacio tu mixba'alkunsaj le ba'ax tu yu'ubaj:

—¿Máaxo'ob yaan u biino'ob te' tsikbalo', in nakon?

—Tuméen yaanteech in alab óol, J-Áatanacio, ma' u beyta in wa'alikteech máaxo'ob bíin u yaantalo'ob, báax bíin k-tsikbal, mix tu'ux yaan k-múuch'ubáa: tuméen nakoneen k'abéet u yaantalteen ya'ab kux óol.

—Sa'as si'ipileen, in nakon.

—Je'ka' yaan in k'áatik teech áantaj utia'al ts'íibtik ts'e'ets'ek ju'uno'ob jach k'a'ana'an. Ah, bik a tu'ubs yéetel a kuxtal bíin a bo'oybesik u jets' óol in xunáan..

—Táanile bíin in kíimi, in nakon.

J-Céecilio samk'aj u naat'maj u éek'pose'en xiibil tsíimin:

"J-Áatanacio aj na'at, j ma'-sajaki', j suuknáal, ti' leti' je'e u páajtal in k'uben je'eba'ax meyaj kex sen talam."

Ma'ili' junp'íit ti' chúumuk áak'ab J-Áatanacio táan u chan ki' nen óoltik u wíinklil ti' X-Róosa, ka tu yu'ubaj u chan je'a le joolnaaj.

—Ko'oten, Chan J-Táacho, meen uts tuméen tin elel tin juun.

J-Áatanacio lik'ul ts'o'ok u máan k'iino'ob tu nen óoltaj u yilik jela'an u paakat ti' J-Céecilioe', la'aten tu yu'ubaj junp'éel chan k'i'inam tu nak', tu yilaj u piim éek'joch'een ti'u bak'paach, ka tu naats'ubaj te' naajo'.

Jach u k'ajóoltubáo'ob. U ya'ab yojelil ti' J-Áatanacio yéetel u táaktalil ti' X-Róosa ichil junp'éel xexbail yéetel uláak' xexbail k'ucho'ob tak poot áak'ab.

Ichnaaj, J-Róosa tun ki' weenel tu k'áan yéetel junp'éel sak che'ej k'aas-utsil, le bank'áak'o' ku chan sáaskuntik u yich. J-Áatanacio yáanal le p'uja' tun kanat le bejo' yéetel u paakat ti' soots' tun xak'altik u bo'oyo'ob ti píik'ij Tun chan k'aas kikilankal, ka tu suutubaj tojil tu tuupa'an yáalkab ti' juntúul tsíimin. Chúumuk lat'ab k'iin je'ka', J-Céecilioe' éemi ti'u éek'pose'en tsíimin.

—Luk'esu xek ti'e tsíimino' ts'áaj u yo'och ja' yéetel ix'im, jun súutuke' ka p'áat chan chokoj le k'íino' ka yisínsik jach ma'alob. Bíin in ka'aj weene ták chúumuk k'iin, wáa yaan je'eba'axake' ka aajeseen.

—Je'ebix kan a wa'ake', in nakon.

Ti' úukp'éel ti' sáastal kali'ikil tun weene J-Céecilioe', yéetel u ki'imak óolal X-Róosa tun ch'eenebtik u yuk'ik J-Áatanacio junp'éel luuch chokoj sakan yéetel u monkaab.

Óoxp'éel k'iino'ob je'ka', J-Róosa tun báaytik ka'achi u xikin utia'al u ki' cha'ant u tuupo'ob ti' k'an táak'in u k'uben J-Céecilioe' tu taasaj J-Áatanacio lik'ul Saki'. Yéetel u ki'imak óolal jo'op' u piit u nook' ti' J-Áatanacioe':

"... Utia'al J-Céecilioe' tuláakal je'e u páajtal, ba'ale' lela' tu jaajil jach juntúul toon tsíimin."

U molayo'ob jolkano'ob ti' J-Céecilioe', je'ka' tu t'oonkíinso'ob le k'atuno'ob yúukatekos ti' Chulutan, Temax, Tikuch, yéetel Pixoy, táan u je'elelo'ob ti' Dzitnup utia'al u meentik u ch'alba tia'al bíin u machko'ob Saki'

—¡Toop le ba'ala',ol bey ts'oop le kíino' ich luuk', u ya'abil pa'at ku si-'iskunskeen !

—Kali'ikil k-biin kanant bej, ko'ox wu'uyik u na'ato'ob ti' J-Pláacido Tuus.

J-Pláacido juntúul chan wíinik bey wenak, ka kóoji tu meentaj junp'éel chíin jo-'ol, chan sak che'ejnaji ka tu yu'ubaj le awat che'ejo'ob, yéetel kex kaabal u baakel yéet u xulub paakat tu káajsu t'ooxik wáask'oopo'ob tu no'oje' yéetu ts'íike' utia'al u ts'áaj u wóolo'ob tuláaklo'ob.

—Na'ate, na'ate paaleen: ku yáalkab, ku báab, ku xiik'nal, ku pirinsuut, ku m-otsubáa, ku saats'ubáa; yéetel chéen pool yéetel nej.

—¡Le ch'ilib ku waak'a te' ka'anlo'!

—Ma', ma' leti'.

—¡U taata t'eel !

—Mix leti'. ¡Neetse'ex, leti'e kaano'!... Na'ate, na'ate, aj na'at: Junp'éel jool uti-a'al okol, ka'ap'éel jool utia'al a jóok'ol Ti junp'éel jool kin oksinbáa, yéetel ti' ka'ap'éel kin jóok'ol.

—¡Le ts'oono'!

—Chowak xikin.

—¡Le áaktune'!

—¡Xiib, beye'ex mejen paalale'ex ! ¿Ma' ta wile'ex, leti'e chowak eexo'?

Yéetel ich u kúuchil le nakono', J-Céecilioe' táan u ya'alik ti' J-Áatanacio Plore-s:

—Le Nojoch Jalach ti' ts'uulo'ob chuup u jo'ol ti' k'áan ti' amo'ob yéetel máas-o'ob. Ts'o'ok u nookoyta u tuukul, tuméen tu ya'almaj t'aanaj tuláakle xiibo'ob ti' wáak lajunp'éel ja'abo'ob tak óoxk'aal p'éel ja'abo'ob yaan u yoklo'ob te' molay k'atuno'ob; tuméen ma' chúuka'an u ts'oono'ob tun lap'o'ob tak u nu'ukulo'ob ti' koolnáalo'ob.

J-Áatanacio tu p'áat u yil ts'e'ets'ek ju'uno'ob, utia'al u chukbesik.

—Jets' a wóol in yuum, in nakon. Lelo' jaaj, ba'ale' k-ojelt le k'atuno'ob yúu-katecos jo'olajunp'éel miles, yéetel yaan lajunp'éel miles ti' máasewalo'ob tun léets'ko'ob u k'ab ti'e ts'uulo'ob tio'ol junp'éel sak che'ej yéetel jun xeet' ti' chuchul waaj.

—Jaaj, ¿Ba'anten jach tuuklik, to'one' ka'a k'aal p'éel miles ti' jolkano'ob?

—Kalantabáa, yuum, ya'ab báatabo'ob ti' Káanpech ts'o'ok u ya'aliko'ob jach-jets'el u éejenil tio'ol le jo'olpoopilo'ob yúukatecos, yéetel tu ya'alo'ob le kéen u a'almaj t'aanko'obe' je'e bíin u xu'ulsiko'ob k-molay ti' lak'iin.

—Teaki' yaankto'on jo'olajunp'éel miles ti' jolkano'ob utia'al ch'a'b Saki'.

—Ts'o'ok k-ojelt xane' ti' jáal k'áabnab ti' Síisal tu yéemsajo'ob ka'ap'éel miles ti' ts'oono'ob, ka'ayeej máaskabo'ob yéetel sabak taasab lik'ul ti' Kuba.

—Jach ma'alo'ob —tu chan muuts' u yich—, yaan jáanpaytikti'ob utia'al u yaa-ntalto'on túunben ts'oono'ob.

Tak ka ts'áabi' u a'almaj t'aan utia'al u biinbal.

—¡Ma'alob, in nakon J-Céecilio !¡Ko'one'ex ts'áaik junp'éel jak'óol ti' yuum J-Áagustín León yéetel u k'atuno'ob !

—Bíin k-suutik Saki' ti' junp'éel peten x-ma' bejo'ob utia'al okol yéetel utia'al j-óok'ol.

Bakakix ma' tuláakal náajal, tuméen juntúul aj bisaj t'aanilo'ob k'uch yéetu ts-íimin ka síit' éemi.

—¡Nakon, J-Céecilioe'!¡Ti' Ebtun tu ts'áanchabto'on, yéetel láaj k-sa'ataj le ts-íimino'ob, le wakaxo'ob yéetel u tsíimin ti' kuuch.

J-Áatanacio tu jáanpaytaj u t'aan ti' J-Céecilioe':

—Mixba'al yaanti'. Kex tun tuukliko'ob ts'o'ok u t'oonkinsko'on chéen ts'o'ok u tuupo'ob junp'éel wáaway ti' báalam, tuméen le nojoch kaajo'ob yaan u lúubul k-k'abo'ob tak ka tia'alinte' Káanpech yéetel Jo'…xeen utia'al u ts'áabal a wo'och.

Le aj bisaj t'aanilo'ob tu tojil le peten che' tu'ux yaan le janalbe'eno'ob, máan tu ts'eel ti' junp'éel kúuchil ti' áantaj, tu'ux tu yu'ubaj:

—J-Tráanquilino, ¿ba'anten táan kikiláankil?

—Leti'e cha'anil kin taasik ichileen, J-Éespiridión, tuméen kex in jatlomo'ob ma' yutstalchajo'ob jach tu beel, le ts'oona tin jáanpaytaj ti' juntúul k'atun ti' Chan Ts-'ono'ot túunben, yéetel kin kíimi utia'al in kíimsik le kíimi tin wayak'taj o'niak

—¿Ta wayak'taj Yuum Kíimil?

—Jaaj, tin wilaj tu chuun in k'áan tun néet'ik u táan kojo'ob, ka tu yilajeen lik'ul u taam u jool u yicho'ob.

—¿Tu tojil a jo'ol?

—Ma', tin wooko'ob.

—Mix a lep' a wóol, wáa ti'aan ka'achi tu tséel a jo'ol, jela'an k'aay lelo'.

—Niib óolal —ka tu ts'áaj ts'íik u yich —, la'aten le tunk'ulo'ob, le usbe'en paax yéetel le mejen sakatano'ob bey nojoch k'i'ixo'ob ku jóok'esik teen x-ma' sajakil, ma' bey ku yúuchuj ti'e ts'uulo'ob tuméen le kéen yu'ubo'ob u yáakam le soko' ku kikiláankilo'ob je'ebix táan u chi'ibal u toono' tio'ol le síiniko'ob.

Ba'ale u nojochil ti'e aj kanan k'oja'ano'ob tu k'eeyajo'ob:

—¿Ma' ta wu'uye'ex le us paax? ¡Te' t'o'olo'ob... Éespiridión Kime', ¿a k'áat a p'áataj utia'al a chu'uchik u jatlomo'ob ti'e k'oja'ano'ob?

—¡Tin biiin ! ¡Tin biiin!

Kali'ikil tun pa'atik u t'aan u báatabi, waach' u tuukul:

"... Tuméen le tséek' ti'aan tu yook J-Tráanquilino, u k'áat ya'al... ¡Ts'o'ok u k-uuchkeen kisin ! ¡Jets'el bíin in suut kíimi bejla'e' tuméen in k'áan k'aaxa'an láaylie' yéetel le suumo'., Ki'ichpam Ko'olebil, Yuum kíimil p'áat tu tséel in jo'ol!

—¡Ko'ox Saki', tu'ux yaanto'on jolkano'ob ich pa'ob!

—Ti' ts'ono'ot Saki' yaan jun láap' ti' aj ma' sajakilo'ob.

—Uláaklo'ob tun biin ti' nojol

Kali'ikil u molay jolkano'ob ti' J-Céecilio, tun taalo'ob ti' yaanal tu'ux, táan u m-úuch'ubáo'ob aktáan ti' Saki', le nojoch báatab J-Páastor Gamboa yéetel u jobon ts-'oono'ob yéetel quinientos k'atuno'ob tu je'a junp'éel chan bej ich u pa'ob ti' aj líik'saj kaajo'ob. U waak'o'ob le jobon ts'oono'ob, u waak' sabak, u juum u yóol ts'oon sa'ata'an yéetel u ayo'ob ti' yaaj yéetel sajak láaylie' biino'ob tu paach le noj kaaj ti' Saki', púuts' ichil u juum máanal jo'ok'aal p'éel peten che'ob tuul yéetu kuucho'ob, yéetel u táaj ok'ol ti'e paalalo'ob, yéetel u yaajil ti'e jatlomano'ob tuláakal junp'éel xa'ak' juum.

Kali'ikil, ich le x-tokoy noj kaaj le iik'o' ku jáanpaytik u xuxuch ni' ti'e kúul ch-e'o'ob yéetel le peek'o'ob kex tun jéesbal táan u kaxtiko'ob u yuumo'ob ich le juut pa-k'i naajo'ob.

Lat'ab k'iino'ob je'ka', J-Céecilioe' yéetel junp'éel koots' kiblaj ok aj ts'oye saj ich Saki'. Le aj líik'saj kaajo'ob je'ka' yooklo'ob tuláakal ku biino'ob yéetel ku suuto'ob x-ma' bejo'ob yéetel le yooxoj ku waats' u muuk' yooko'ob bey junp'éel ja'il yiits tun léets'ik ka'achi u wíinklilo'ob, la'aten le k'áak'e' tun tóokik u kuchteel ti' Síisal.

Te' súutuke' tu yu'ubaj junp'éel yawat:

—¡Le mejen xulub ts'awayak tu t'aabaj u peten che' ti' sabak yéetel u yóol t-s'oono'ob!

Le waak'o' tu lúubsaj junk'aal túul wíiniko'ob, uláak' p'áat taak'al ti' junp'éel pak' yéetel u yich tun yéets' u jak' óol; yéetel le yáakamo'ob i'ix u yawto'ob biino'ob tu paach le buuts'o' yéetel u book sabak tun sinubáa ka'achi tatalak.

—¡Xe'exe'et'ab in muuk' ooko'ob! ¡Áantene'ex!

—¡Óotsil X-Áangustia, kíim u yaal ich u nak'!

Óoxp'éel k'iino'ob je'ka', ti' Éespita le aj majan naajo'ob ti' Saki' tun yok'olo'ob ka'achi u muk' yaaj.

—¡Saki'ililo'on! Chéen tuméen tu ch'a' óotsil Ki'ichkelem Yuun tu tóoksajo'on tu k'ab le máasewalo'ob. Nojbe'enil ti' Jaajal Yuum tuméen tu ts'o'oksaj k-muk' yaaj.

Yéetel ich le aj majan naajilo'ob u túunben tsikbalo'ob ku biino'ob ti' junp'éel kúuchil tak uláak' kúuchil:

—¿Ta wu'uyaj ix kit? Teaki' le aj k'atuno'ob ti'e molay "Jalk'abil" tu p'áato'ob x-an Éespita.

¡J-sajlu'umo'ob, táan u p'áato'on tu k'ab máasewalo'ob kali'ikil tun puts'lo'ob tu tojil Káanpech!

—Ka u sa'as si'ipileen Ki'ichkelem Yuum, ba'alina u maak'iko'ob toop.

Kali'ikil ich Saki' u molay ti' xikino'ob yéetel yicho'ob tu chi' ti' u j-soob J-Raimundo tun ya'alik:

—Nakon, tuláakle kaajo'ob ku bak' paachtiko'on ts'o'ok u p'áatalo'ob x-ma' kaajnáalilo'ob tuméen le máako'ob ts'o'ok u biino'ob Jo' wa Káanpech; yéetel kin ts'ik a wojelt Tizimin yéetel Ka'alotmúul k-tia'alo'on, bey xan Chemax yéetel u Yáalkab ja' ti' Áayino'ob.

—Ma'alob —tu núukaj J-Céecilioe'—, bíin k-péeks tu tojil Izamal. Kéen u yilik-o'on te'elo', u joonaajo'ob Jo'e' bíin u jéenel tu juun bey laab suup'…¿Ba'ax ts'áaj ojeltbil yaan yóok'ol Káanpech?

—J-Jóosé María Barrera yéetel uláak' ka'atúul báatabo'ob, tu jo'ol óoxp'él m-olayo'ob máanal mil wíiniko'ob amal junp'éeli' tu t'aabo'ob k'áak' ti' ch'ujuk sak'ab yéetel tu macho'ob Iturbide. Le nojoch báatab yúukateco J-Cíirilo Baqueiro ma' tu páajtu jo'osik ti' tu pa'ob k-baatsilo'on ti' Chéen Báalam; yéetel ka tu yu'ubaj ts'o'ok u t'oonkinsa'al jóok' yéetu k'atuno'ob tu tojil Dzibalch'e'en, ba'ale' le kéen k'uchlo'ob ma' tu yilo'ob mix juntúul pixan: ts'o'ok u láaj biino'ob Káanpech. Ti' luk'o'ob ka biino'ob X-Kupil, je'ka' Jo'op'éel ch'e'en, ba'ale láaylie' x-tokoy kaajo'ob.

J-Céecilioe' tu káajsu báaxal t'aano'ob, je'ebix suuka'an ti':

"Sak'ab, k'áak', sabak: le sak'ab sabak utia'al k'áak', le sak'ab utia'al u uk'ja' ti'e moson, ku pirinsut moson ti' k'áak' yéetel sabak utia'al uk'ja' ti' Yuum Kíimil"

U ts'o'ok ts'áaj ojeltbil ti' wináali ku ya'alik: Ti' Tzuktuk, kali'ikil le báatabi yúuk-atekotun nays u yóolo'ob yéetel buul ti' mejen ju'uno'ob i'ix u mejen báatabo'ob yéetel le chéen k'atuno'ob tun xíinbalo'ob ka'achi ich kaaj, le aj líik'saj kaajo'ob tu banban ch'áakajo'ob yéetu máaskabo'ob, ka tu macho'ob tuláakle tsoono'ob; yéetel ts'e'ets'ek mejen báatabo'ob púuts'o'ob u naat'majo'ob u tsíimino'ob x-ma' xeko'ob. Ba'ale' ti' Jo'op'éel ch'e'en, J-Páantaleon Báarrera tu ja'asaj u yóol ti'e aj líik'saj kaajo'ob ka tu kíimsaj úuktúul k'aalo'ob yéetel lajun túul maaya jolkano'ob, tu bisaj waxakp'éel k'aalo'ob yéetel lajunp'éet ts'oono'ob, jo'op'éel máabeno'ob ti' yóol ts'oono'ob yéetel junp'éel wóolis máaben ti sabak.

Juntúul aj xikin u'ul yáalkab:

—¡Yuum, tin taasik chokoj tsikbalo'ob ti' Tsukakaab!

J-Céecilio, ma' tu líik'saj u yich ti'e ju'uno', ka tu ya'alaj:

—Chaanbéel a t'aan, tuméen yaanteen séeba'anil, ¿masima' J-Áatanacio?

—Beyo', yuum, ka u t'aan chaanbéel, tuméen k'abéet k-ojelt séebankil.

—Yuum K'iin J-Káanuto Vela, tu k'aaba' yuum J-Míiguel Báarbachano, bey ooch kaan tu láaj ch'uulaj

yéet u túub J-Jáacinto Pat tak ka tu luuk'aj, beyo' in
yuum, tu beetaj u joronts'íibtaj junp'éel ju'un u k'aaba'
"Le k'aax t'aano'ob ti' Tzukakaab.

—¿Ba'ax ku ya'alik le ju'uno'?

—Lik'ul bejla'e' mixmáak bíin u bo'ol patan. Tio'ole
okja' yéetel le ts'o'okol beelo' yaan bóotik chéen junp'íit.
Ku jets' t'aan je'e u beytaj kool k'áax je'el tu'uxake' yéetel
mixba'al yaan k-bo'ol. Yuum J-Míiguel Báarbachano
bíin u ka'aj u meent u me-yaj ti' Nojoch Jalach tak ka
kíimik. J-Jáacinto Paat bíin u ka'aj meent u meyaj ti'
Nojo-ch Jalach ti' tuláakle maayao'obo'. Je'el máaxake'
je'e u páajtal u meentik u wiix kisin.

—Ma'alob, je'e u páajtal a biin —yéetel u k'uuxil
chíika'an tu yich, tu suutubaj — J-Ráaimundo.

—A'alteen, in yuum.

—¡Yaan k-k'aaskunsik u báaxal ti' le aj k'uubilaj J-
Jáacinto Pat!

Junp'éel chan k'aax k'iino'ob je'ka', J-Ráaimundo
aktáan J-Céecilio tu ya'alaj ti':

—In nakon, je'ebix ta a'almaj t'aanaj k'uchen Peto
yéetel asab mil quinientos jolkano'ob. Te'elo' tin k'áataj
ti' J-Jáacinto Pat tuláakle ba'alo'ob tu k'aamaj tu k'ab le
ts'uulo'obo', yéete tun kikilankil ka'achi ka tu k'uubaj
teen junp'éel xóolte' yéet u k'ab ti' ta' uj, le ju'un
joronts'íibta'an yéetel junp'éel chowak nook' ku ya'alik
ka'achi "Nojoch Jalach ti' Yúukatan". Tu táan u molay
jolkano'ob tin xe'exe'et'aj tuláakal, ka tin wa'alaj ti': in

nakon J-Céecilio Chi' yéetel u ya'abil ti'e báatabo'ob ma' k-ts'áaik k-éejenil utia'al le k'aax t'aan, tuméen le noj ba'ate'el yaan u baykunaj. Utia'al in ts'o'oksik tin wa'alaj: le máaxo'ob ku k'uubkubáo'ob wa u beet k'aax t'aan yéetel le yúukatecos, aj síis óolo'ob yéetel k'uxtaanbalo'ob ti' to'on tak ka kíimko'ob.

J-Míiguel Báarbachano, yéetel u ki'imakil u yóol tu yilaj u k'uchul le ayik'alo'ob tu ya'alaj ka xi'ik ilbil yéetel u séebanilo'. Ti' ma' u séen tuuklike', ka' tu xektubáa, tu jach paakto'ob yo'osal u yilik wa ma' ki'imak u yóolo'ob tuméen ts'o'oka'an u chunk-'íintal, yéetel u ma'asil u kaal tu káajsaj:

__Wíinike'ex, bejla' waxak lajun ti' u wináalil abril ti' u ja'abil 1848 jach ki'imak in wóol lik in k'aamke'ex way tu kúuchil in meyaje' páajtalil meent, tia'al in wa'alikte'ex yóosal le talam k'iino'ob ku yila'a' tu lu'umil Yuúkatan te' ichil u ba'ate'el le wíinko'ob yéetel ba'alche'o'ob. K-lu'uma' táan u xu'ulsa'a' u yóol tuméen u máaskab máasewalo'ob ts'o'oka'an u kíinsko'ob yéetel u óotsikinsko'ob bey ka' xet' u lu'umil Yúukatan, je'ex ka tuuklike'exe', ta'aitak u xu'upul u táak'iin tia'al k-meyaj te' kaaja', la'aten tín meentaj a k'uchle'ex waye' tia'al k-k'áate'ex áantaj ti' u nojchil u la'a lu'umil.

__Táan k-na'atik le ba'ax ku yúuchla', la'atene', yuum jo'ol póopil, táan k-a'akeech tuláakal ba'ax k-ojle', u páajtalil k-k'aaxt'aan yéetel k-chíinpolale' ta wéetel yéetel u lu'umil Yucatán yaan, la'atene' jets' óol utia'al k-beet chéen le ba'ax ken a wa'ale'.

229

__Jach beyo', J-Péedro Réejil Éestrada yéetel J-Joáaquín Gáarcía Rejón, sé-ebkunte'ex yaan a bine'ex Kuba, tia'al a bine'ex tu lu'umil Habana yo'osal a wilke'ex u páajtalil k-máansik Yúukatan ichil u lu'umil España wa ka kaxke'ex u páajtalile', taase'ex le bukaj k'atuno'obe' tia'al u machko'ob le kaajo'oba', wa ma'atan u páajtale', k'áate'ex táak'iin a majante'ex ti' a bo'otke'ex k'atuno'ob ka taako'ob ba'ate'el tik óosal.

__Yéetel in chíinpolal, yuum jo'ol póopoil, ¿kux tun wáa mix ba'a tak kaxtaj?

__ Jach ma'alob le ka k'áatika', J-Joáaquín. Je'elo' wáa beyo' k'a'ana'an a bin tu lu'umil Méexico tia'al a k'áatik uláak' áantaj tia'al Yucatán. Jach kanánte'ex ba'ax ken a wa'ale'ex chéen a k'áate'ex le áantajilo', a'ale'exe' taak a ka' suut te' p'áatal ichil u lu'umil Méexico. Wáa ka je'elsa'ale'ex tuméen u k'atunil Estados Unidos chéen k'uuchke'ex Véeracruze', e'ese'ex ti'ob máaxe'ex yéetel ba'ax ka bin a meente'ex.

__Yaan k-meentik le ba'ax ka wa'aka'.

__¿Chéen lelo' yuum J-Réegil?

__Ma', jo'ol poopil J-Míiguel Báarbachano Táarrazo.

__Ma'alo', bey kin pa'atiko', bey k'a'ana'an tu lu'umil Yúukatan, ma' tubsike'ex tuláakal le ba'ax k-beetka' tan k-beetik yo'osal u yutsil le lu'uma' tuméen ma' k-k'áat a tuukle' bix u p'áatal u lu'umil neetso'obe'.

J-Jáacinto Pat, ka ts'o'ok u ja'ajata'a tuméen J-Ráaimundo u ju'unil u k-'aaxt'aanil Tzucacabe' yéetel tu'ux ku ts'aaba jo'ol póopil maayao'obe', yéetel u óotsilil u paakat p'áat mix u t'aan.

"… Tu jaajil jach núunen, le sak máako'obo' u k'áateno'ob yóosal in k'atuno'ob, wáa mina'ano'obe' mix ba'alen. La'atene' k'a'ana'an in ch'a' paachtik le ba'ate'ela' yo'osal maayao'ob tak ti' k'uchul Jo'. Beyo' in ka'a náajaltik u chíinpolal J-Céecilio yéetel uláak' le nojcho'obo'.

Ka' suunaj tu yóole', tu ch'a' u yíik' ka ts'o'oke' ka tu paaktaj u yéet máano-'obo'.

__¡Yaan k-bak'ik Ticul yóosal ma' u yokol mix máaki'. Yáaxe', yaan k-machik P'ustuunich, Sacalu'um yéetel le mejen kaajo'ob yaan tu bak' paacho'! ¡mix máak kun a'alik wa sajak J-Jáacinto Pat!

Ka' máan lajun tsilk'íino'obe' oko'ob ichil kooto'obo', ka' kúumo'ob lox bey xuuxo'obe'.

__¡Te' tu k'ab le k'áaxa' jach ma'alo'ob k-ts'akti'ob!

__¡Bey, ma' u yilo'ob wáa ti'aano'on tak tu le' le xa'ano'!

231

"... Chilikeen te' lu'umo' kin meentik u balk'ajal le tuunich yéetel in wook ti' ma' u tsáayal teen le ts'oono', kéen ts'o'oke' kin motskinbáa, kin suut bey kaane', kéen ts'o'oke' kin ts'oon...¡jach beyo' chan pelana' chan k'atun, ilawil bix úuchik in jojolts'oonkeech!"

Yéetel mix junp'éel sipit ti' u ts'oono'obe', junp'éel molay jolkano'ob tu káajsaj u biin u jilankilo'ob méen táan u kanánta'alo'ob tuméen le yaano'ob tu paach le pak' ka'acho'. Yaane' k'ucho'ob yéetel u yawtil, yaane' táan u waak' ku ts'oono'ob, yéetel nukuch xák'abo'ob ku máansko'ob le ku biin u jilankilo'ob ka'acho'. Le ku jilankilo'ob ka'acho' wa'alajo'ob, tu much'uba'ob yéetel le uláak'o'. Le k'atuno'ob puts'o'obo' kíimsa'abo'ob tuméen le yaano'ob tu paach le kooto', Ma'alo' jóok'ik tuláakal, te' ich le kaajo' yéetel yaanchaji junp'éel wa ka'ap'éel áalkab ba'ate'el ich u bejo'ob kaaj.

_¡ U yóoxtúul kin túuchtik iknal Aj Pu'uche'!

-¡Ts'áae'ex k'áak' tu joonaaj le k'ujnaajo'!¡Ku jóok'lo'ob wa ku p'áatlo'ob píibi x-leech!

-¡Nojoch J-Jáacinto, k-tia'al Sacalu'um! Chéen ba'alo'ob mix ba'al u biilal p-'áati'.

Che'ejnaje Jacinto yéetel u ki'imakil u yóol.

__¡Teaki' yóok'ol Tikul! ¡Le ma' kíimo'o te'elo' yaan u sa'atal u yóolo'ob tuméen u sajkilo'ob!

Ti' u bin u yáak'a'abtale', J-Jáacinto tu suutubaj:

__¿Ba'ax ku beetik le xko'olelo'ob waya'?

__Bey u ts'aamu nook'o'ob ti tálbilo'ob tuméen le k'atuno'obo'.

__Se'ekunsaba'ex yo'osal chéen kayak k-máano'one tak laklil junpuli'.

Chéen ch'enxiknil yaan ka'ach ichil le noj kaajo', pa'ataba. La'atene' ku yu-'uba'al le t'aano'ob yéetel le che'ejo'obo'.

Ka ts'o'ok u kíinsal le máako'ob yaano'ob te' jool ka'acho', páachaj u yoklo'ob te' kaajo'. Ka oko'obe' bey síinik úuchik u bak'iko'ob le kaajo' yo'osal u k'aalko'ob u k'íiwik, yéetel juum le ts'oono'obo' le síis nak'o'obo' táan u chéen a'ak ba'ax tu bailo'ob ka'ach:

__Jaaj, mi jach nuktak in wiimo'ob, u'uyej, le jach sak u jo'olo' tu xe'ep'a in p-uk'ita'.

__Mi jaaj, ti' ma' wa'ak wa bixe', le téeno' tu k'áatu yu'ub tu'ux bin yaaneen k-a'ach, tuméen tin máansaj k'íin yaanal tu'ux.

__ Ba'anten man majkachi'ex, tuméen teene' ts'aabteen junp'éel senkech ki'iki' ts'u'uts'.

Bey ts'oka'an a p'áatle'ex ka'ach tuméen le báaxal t'aane', tu tséel junp'éel jolnaaj tu méek'ubáo'ob yéetel u k'aayil bey u yo'otil; J-Jáacinto Paate' chéen tu la'achaj u pool:

"¡Xiibe'ex, chéen wa máax u yojel ba'ax u peluna'il ta ts'u'uts'e'ex, ilawil bix u síit' u yóol le ts'oono'obo', leti'obe' bey mix ba'ale'!"

Tu yoksubáa uláak máak:

___¡Nojoch, le ka tun u biino'ob ya'ab ku lúublo'ob tuméen kala'ano'bi', ts'o'oke' táan u tata'ache'etalo'ob tuméen le ba'alche'obo' wa ma' tuméen uláak' máako'obo', ku ya'alale' J_Céetina bin káalkunto'ob ti' u p'áatlo'ob u sajlu'um keepilo'ob.

Laili' teaki' ka'acho, k'uch junp'éel ts'aaj ojelt ti' J-Céecilioe':

___Nakon, J-Bóonifacio Novelo, J-Míiguel Huchín yéetel u láak'o'obo' ts'u yo-klo'ob ti' Izamal.

___In wojel, tu kanp'éel tu'uk'i ts'o'ok u bin to'on utsil ti' mi lajun k'aal kaajo'ob, tak Bacalar. Ts'u máan jo'o lajun katuno'ob ts'o'ok ka'aten k-machik lik lu'uma'... ¡Tak Jo' k-bin túun wale', chéen ts'o'okke' tak Káanpech!...Bejla'e', bey mix máak jach táaj talam yaan ti' k-ba'ate'ele', ko'one'ex tséentik k-pixan, yaan Tek'omilo'ob ts'in k'aamik, ti' Tixcacalcupul, tak Xookeenilo'ob___ka tu suutubaj tu joonaaj tu naajil u meyaj___Máanene'ex taalakale'ex.

___Nakon J-Céecilio Chi', in chíinpolal yéetel tu k'aaba' yuum J-Créescencio P-oot táan in taasikteech u payalte'il ti u noj k'íinilo'b u Santiago Apostoli' Tixcacalcupul. Yaan u yaantal xa'an, makan yéetel u yóok'ostaj u pool k'éek'en.

___Yéetel chíinpolal ti' in nojoch J-Bóonifacio Novelo táan in taasikteech u pay-alte'il ka xi'ikeech Xookeen.

___A'ale'ex ti'obe' yaan in biin ta kaajle'exo' ti' le janal yéetel le uk'lo'.

Máan k'iin, tu kaajil Tecoh, ma' náach ti' jo', u'uya'ab
múukult'aano'ob:

___Táan in chan cho'oik le ba'ala' yo'osal u ts'oon
je'ex k'abéete'.

___¿Ba'axten ku yokol le nojcho'ob te' naajik'uj?

___Tuméen ti'aan le Nakon, J-Céecilio Chi', yaan
ti'ob múuch'táambal.

Te' ichil le naajo' u'uya'ab u t'aan J-Céecilio:

___Láak'e'ex, te'ex u yaal in k'ab, in wich, in xikín, in
ts'oono'ob, yéetel in má-askab ku kaxtik jalk'abil. Naats'
yaano'on Jo', "tu'ux ku síijil le ka'ano'", je'ex u ya'ak le
nukuch máako'obo', ba'ale' ti' yaan le k'aaso' yéetel u
táak'in le ayik'alo'obo'. K-'a'ana'an k-ojeltik wáa yaan k-
lúk'sik, wáa yaan k-suut k-naajil ti' k-ilik bix ko'on mee-
ntik, chan jc'elel, ts'aakik k-yaajil, yéetel k-utsil tuuklik
ba'ax ko'on beetej. Ilawile'exe' wáa yaan k-muuk' ti' le
ba'ate'elo', k'a'ana'an k-kanik paybe'entik kaajo'ob, lelo'
mixmáak ku kanik ti' junp'éel k'iini'...Ko'one'ex u'uyik
ba'ax yaan a wa'ale'ex.

___¡Ko'one'ex ts'o'oksik u peluna' ba'ala', ko'one'ex
yóok'ol Jo'!

_____ Bey, ¡ko'onex ka'a líik'sik le úuchben Ich Ka'an Síijo', yo'osal u p'áatal u c-húumuk kaaj ti' Ma'ya'abe'!

_____P'eekill yéetel u muuk'il ma' uts u nookoykunsik k-tuukuli', ¡le máako'oba' tak u bin u méek' u yatano'ob yéetel u paalao'ob!

_____Ba'ax k'a'ana'an in wa'ake' le muucho'obo' táan u k'aayko'ob ja'…Le kú-unche'obo' táan u pa'atiko'ob le nal ma' k-pak'o'. Bey xane', le yuumtsilo'obo' táan u pa'atiko'ob k-ajkúuntik le x-a'asa'o' yéetel le a'analo'.

_____Wáa ka xi'iko'on Jo'e', ¿máax kun je'elsik le ba'ate'elo'? ¿Máax ilik le utsilo'? Je'ebix ku yúuchu tin sam jo'ol kali'ikil tun léets' kaab ku kíimsa'al, bey je'e u yúuchul to'on náaysaj óolo'on yéetel janal, káaltal, kíims yéetel ookol.

_____Jaaj, le aj ch'eene'obo' ti' Sisal, Río Lagartos, yéetel Dzilam ts'o'oka'an u yojeltiko'ob yaan u ts'áabal áantal ti'e jo'ilo'ob tuméen Káampech, México yéetel Ku-ba.. ¿To'one', tu'ux kun k'uchul le but'bil ts'oono', jobon ts'oon wa janalbe'eno'ob?

_____K'a'ana'an a wojeltike'exe' ma' te' k'áax yaano'ono', te' tu'ux mix máak u t-sa'ayal tak éetelo,. Jach náach yaan Béelice ti' ka xi'iko'on maan ti' le ts'oono'ob yéetel sabak, ts'o'oke' táan u xu'upul le xi'imo'.

_____¡Teene' in wojel Jo'e' k'aaskuna'an tuméen le kastlan wíinko'ob yéetel u paalalo'ob, la'atene' ma'atan u páajtal u p'áatal u chúumuk u lu'umil ma'ya'ab. In wa'ake' ko'one'ex kaxtik uláak' kúuchil, suju'uy, bíin u

e'esikto'on Ki'ichkelem Yuum tu'ux k-beetik u k'ulnaaj
Kili'ich K'atab Che' yéetel k-kaajil to'on yéeytajo'on

-¡Ko'one'ex suut te' lak'iino' yéetel te' nojolo', tu'ux
p'áat u ki'ki' t'aan ti' Yuum K'áaxo', Cháak, yéetel u
Yuumilo'ob le Iik'o'!

Beyo', yéetel éejenil ti' tuláaklo'ob utia'al ma' u
biino'ob Jo'e', J-Céecilioe', ku biin táanile', yéetel J-
Áatanasio Flores tu tséele', je'ex suuka'anile', ichil le
x-tosja'o', yéetel chíinlil u jo'ole', ka tu p'áat u bisa'al
tio'ole chaanbéel juumo'ob ti' áak'ab:

"…Ku ya'ala'ale' mina'an mak'óol péek' wáa tun
suut tu naajo', tuméen ts'o'oka'an k-xíinbal ka'ap'éel
k'iino'ob yéetel áak'abo'ob mix k-muts'ik k-icho'on.
Tu lets'bal le eek'o'ob kin wilik u paakat in paalalo'ob
tuméen le lu'umo' tan u bookankil je'ex junp'éel chan
lool táantik u k'axal ja' yo'ole', je'ex u yúunbal le k'áano'
u ki' oot'ele'… Yéetel u ki'imakil u yóol le x-t'uut'o'obo'
bíin u áanteno'ob tc' in joochc nalo', tc' jobon chc'o',
te' ts'ono'oto', wa yáanal junp'éel chaltun bíin in ta'ak
in ts'oona' yo'osal u chan jomlu yóol yéetel tu tséel kun
weenel in p'uja'anil. Chéen wa jayp'éel k'iin, tuméen
mix máak u beyta u xa'akik le ba'ax ku ye'esik le
sáastuno'. ¡Mix máak u páajta u xootik u xiik' le k'íino'!
Le k'íino' juntúul nojoch kaan ti' nenus ti'aano'on
yóok'ol u paach;te' chik'íino' ti'aan u sa'atal áak'abil
úuchili', te' lak'íino' ti'aan u sáasilil pa'atalil, tuméen
mix máak ts'o'oka'an u yil u tsáab, mix máak ts'o'oka'an

u yil u yicho'ob" –Ts'o'ok beya'-: ya'ax taamil ti' u chek ok ti'e áak'abo', tu áak'abil le pe'echak; ya'ax taamil ku t'óochpajal u p'ix ich ti' in jaayab ti' in k'uuxil.

Le máako'ob u yéetmáan J-Céecilioe' yéetel u jo'olpoopilo'ob k'i'itpajo'ob ti' m-ejen múuch'o'ob, je'ex u bin u bino'obe' tu ch'a'ob jejelás bejo'ob. Ti' junp'éel ti' leti-'obe' tun je'elel le aj ba'ate'elo'ob kéen u yawat ti' juntúul aj kanan bej tu meentaj u tuupko'ob le ban k'áak'o'ob ka tu yilajo'ob ichil le áak'abilo' u jóok'ol jun túul aj naat' tsíimin táan u bin u jirich kóoltik junp'éel ba'alo' chéen ti' u pool le xeko'.

_ Aj Nojoch tin chuke máaka' táan u máan te'elo'.

_Ma'alob, ma'alob, ¿bix a k'aaba'?

_Váalentín Canché.

_Ma'alob', ¿bix ta wilaj u ba'ate'elil Pomuch?

_¡Jach ma'alob ti' to'on, jach k'aas ti' leti'ob! Chéen ba'ale' ka jóosa'abo'on te' pa'o', jach ma'alob tin wilaj ti' leti'ob yéetel jach k'aas ti' to'on...

_¡U yuumilech nuunkep, yaan ba'ax yóosal ka k'aaba'tik J-Réefugio Chimal, ma' Va-lentin Canché! Pomuche' chéen Yuum u yoojel wáa yaan, chéen ba'ale' tu ba'ate'elil Ticum, tu'ux táakpajeech p'isi' táan a ta'akabae' ka ta p'áataj, chéen táan a máan a sensen ta'akabáa kali'ikil u yóol le ts'oono' tun kaxtik k-k'i'ik'e'. Yáaxe', lajun k'aal jaats'o'ob ken a k'aame'.

Náach te'elo', ka'atúul u nuunil u jolkano'ob J-Céecilio Chi', táan u tsikbalo'ob ka'achi:

_Ma'alob', a'alteen junpuli' wáa yaan k-p'áatik le ba'ala' wa yaan k-ch'a' paachtik bino'on yéetel J-Jáacinto Pat ti'aan Tabi'e', yéetel J-Bóonifacio Novelo ti'aan Majas wa yéetel J-Véenancio Pec tak Noj Ya'axche'.

_Ma', j-yaach' ni', teeche' yaan a taal tin paach tak Chan Ch'e'en, tu'ux yaan J-Céecilio Chi', u jach nojochil u jo'olpoopilo'ob le maayao'obo'.

Chéen ba'ale' te' bejo' yaan a náaysik in wóol yéetel u tsikbalil u ba'ate'elil Mopilá.

Ti'ano'on tun ka'ach ichil u k'abo'ob jun kúul piiche' ka' máan jun múuch' aj k'atun wíiniko'ob ku biino'ob táanil tu' láo'obo', ka túun tik p'áataj u máan u jach ya'abilo'obo', ka túun tik topajo'ob meetaj u mak' ku ta'o'ob... Yaan ichilo'one' tu ya'alo'obe' to'one' kili'ich aj-xiiknáal wíiniko'ob...', tuméen mix máak ilik k-ts'oono'on yaaniko'on tu k'abe' ka'ankach che'obo'...

Ichil u bin u tsikbalo'obe' ka tu yilajo'obe' ta'aytak u k'uchlo'ob Chan ch'e'en. Jach ki'imak u yóolo'obe' ka' oko'ob te' chan kaajo'. Yaaniko'ob tu k'íiwikile kaajo' tu yilajo'ob u k'ulnaaj, jach ki'imaklaj u yóolo'ob tuméen te'elo jach jets'elnak tuláaka, mina'an ba'ate'eili'.

Ichil le naaj k'ujo' ti'aan ka'ach J-Áatanacio Flores tu táan le kili'ich k'atab ch-e'o'.

-...lik'ul te'elo' yaan a taal a p'is óolte kuxa'ano'obo' yéetel le kíimeno'obo'. Kin woks-aj óoltik le kili'ich pixano', le kili'ich naaj k'uj, le kili'icho'obo', le sa'asa' k'eebano', u ka'aput kuxtal le wíinklo' yéetel le kuxtal mina'an u xuulo'...

Ka' ts'o'oke' ka bin kutaj. Ka'a tu jóosa' k'úuts tu x-sáabukan, ka'a tu túubu k-'ab tia'al u meetik junp'éel chamal u ts'u'uts'e'. kali'ikil tun ts'u'uts'ik u chamal ka júup tuukul.

"¿Ba'ax tun wal ku meetik X-Róosae'?"

Ka k'a'aj ti' tun jun p'éel téen kach ka tu yoklaj ti J-Céecilio jun p'éel k'uben t'aan u ts'íitmaj ti' X-Róosa:

Teeche' iik'eech, teene' k'áak'een,
teeche' lu'umeech, teene' cháakeen,
teene' báalameen, teeche' ujeech,
teene' ts'unu'uneen, teeche' nikte'eech.
nojol ta tuuche'
kin week ya'abkach lagabo'obi'
yóok'ol a nak' ti' chul.

Le ka'atúul máako'ob ts'o'ok tun u k'uchlo'ob te' Chan Ch'e'no' ja'ak'u yóolo'ob ka'a tu yilajo'ob le máak ku ts'u'uts' chamalo'.

-¡J-Áatanacio bakáan! Jach tu jaajil bakáan ma'ach u ts'o'okol u utsil k'ajóolta'aj le wíiniko'obo', u chéen a'ake' leti'e' mantats' táan u t'aan yéetel yuumtsil...

-Ba'ale' jach uts u yokóoltik le taak'in te' J-Céecilio tuméen leeti' líisik.

-¡Maak a chi', tak wa jaj, tuméen je'e u meetik a kíinsa'ale'!

J-Áatanacioe' layli' u k'a'asik le t'aano'ob u ts'íitmaj J-Céecilio.

Ya'ax sáasil yoot'el ti' ajal kaab, ajal kaab ta woot'el, ya'ax sáasil táak u weenel tun ajal ta wóot'el, in woot'el ku t'aabik a ya'ax sáasil weenel

Bey wa t'aanbi' úuchil u meetik, X-Róosae', naats' te'elo' ki'imak u yóol táan u yu'ubik le t'aano'ob ts'íibta'an ti' tuméen J-Céecilio.

-In tsáab ti' k'áak' ich u omankal ti' luuch, ku xixtik ti' nenus u chi' a nikte'.

-¡In J-Céecilio, mix bik'iin bíin in p'áat in yaabitkeech! Kex ti' teene' jach mina'anteech k'iin.

J-Áatanacioe', kex yáanal l u paakat le ka'atúul aj its'atilo'ob, tu tuuklaj:

"Pa'atik in bin in wilae' le ts'oono'obo' bey ma' k'uchke J-Céecilio".

Ok ichil le naaj tu'ux ts'áaba'an le ba'alobo'.

"Pa'atik in wéensik u máaskaba' tia'al in chan ja'ik… bey, lela' leti' utia'al J-Céecilioe', ¿Jay túul máako'ob ts'oka'an u p'áayal wal yéetele'?

Tu yáam le koloxche'obo', tu yilaj.

"…je'e' ku taalo', …junnm, te' paach joonaaja'…

U lets'bal le k'íino' tu meentaj u ts'o'okol:

¡Je'el ba'ax ka kaxtika' nojoch nakon!

Le ch'áako' tu k'úupaj u jo'ol, J-Atanacio yéetel u k'i'ik'il tu yiche' tu tuuklaj táan u jóok'ok úuktúul kaano'ob ti' k'i'ik'el tu kaal ti' J-Céecilioe'. Junp'éel yawat tu jajaats'ubaj ich le chan kaajo':

_¡Kíinsabe jaalacho', kíinsa'ab J-Céecilio Chi'!

_¡Ku ya'alale'peel u na' J-Atanacio Flores meentej!

_¡Ko'one'ex kaxtej!

Ka tu yóoto'ob u je'ob le joolo', tu yu'ubo' u yawat juntúul máak:

_¡Mun cha'akubáa! ¡Yo'osal tuméen buut'ul le ts'oono' ts'o'ok u kíinsik úuktúul xiibo-'ob.

_¡Chuka'an méen kísin!

Uláak'e, tun bin u jéenik le máako'ob ka'acho:

_Tu tuchteen in yuum J-Venancio Pec, tuméen tik u'uyaj u waak'al le ts'oono'obo' tak Noj Ya'ache'; chen ich jun súutuk ken in suut tu yóol u jeta'an mejen kísna'...¡Aj ts'oone'ex, jojolts'onte'ex u meenxulbo'!

Lúub J-Áatanacio yéetel u jojoolts'oonil. Ka jáanpaytab le joonaajo' sáakpile-'enchajo'ob yéetel u p'uja'anilo'ob, tsaranaje máaskabo'ob leku ch'áach'áakto'ob le kíimeno'.

_¡Le ch'oom kun jantik le máaka', kíimen ch'oom!

U léets'bal le tajche'ob bey táan u bin u je'ek le lu'umo' ku juum bey kin pek t-uméen le máako'obo' ichil u yo'olil yéetel u yáwtil ku biino'ob te' sak bejo'; xaxaj che-k', ich aak'o'ob yéetel k'i'ixo'ob ku na'akal le payalchi'ob tak te' ka'ano', bey k-'uchiko'ob Piich kaaj; yéetel bix tu ya'alaj jun téenakij J-Céecilioe':

Le ch'íich'obo' u chi' kíimil
le ch'íich'obo' kíimil mina'an u chi',
le ch'íich'obo' ik'o'
u chi' le ik'o' leti'e' ch'íich'obo'.

Tu k'ulnaaj Piich kaaj' táan ka'ach u ts'o'okol junp'éel
payalchi' yéetel táan u káajal uláak'. Táan ka'ach u k'áata'al
sa'asal si'ipil, ti' u yokol te' ka'ano', yéetel nojb-e'enil,
tuméen tuláaklo'ob táak ka'ach u naats'ubáo'ob utia'al u
yiliko'ob yéetel u baaytiko'ob u wíinklil ti' J-Céecilioe'.
Tu táankab te' k'ulnaaj táan u yu'uba'al le k'aayo'ob,
yéetel asab te'elo' ka-'atúul maaya jolkano'ob ku chan
tsikbalo'ob ka'achi:
_Yaan ka'ach u sáasilil tu yich, tu sakche'ej, tu
mamaykij chichil ti' u ya'almaj t-'aano'ob.
_Le wiix kisin ma'atán u jets'kin wóol, chéen ku
ya'abkunsik u yaaj in puksi'ik'al.
¡Mix máak je'e bix J-Céecilioe'!
_Bejla'ke' bíin u yaantal ich u léenbal K'an K'iin, tu
ki'book le nalo', ich le ja'o', ich u neek' le wayak'…
_¡To'on le pa'tuun, mix máak bíin juutej!
__Jets' a wóol suku'un, wíinklale' chéen wíinklal, le
pixano' u yaanal ba'a. Yaan xiib-o'ob kéen kíimlo'ob ku
jach nojochta'al u kuxtal, lik'ul bejlake' tuláaklo'on J-
Céecilio Chi'.
Ti' uláak' k'iin yila'ab X-Róosa ch'úuyukbaj ti'
junkúul k'áax. Juntúul le máako-'ob kaxto' tu ya'alaj:

X-Tab, u Ix K'uj le máako'ob ku jich' ku kaalo' tun pa'atik ka-'acho', la'aten le x-nook'olo'ob táan u ki' ki' tséentikubáo'ob yéetel u wíinklil ti' Ix-k'ubilaj.

Tu k'íinil le Janal Pixano', J-Jóose Máaria Báarrera ok te' k'ulnaaj. Xolokbáa a-ktáan ti' le kili'ich K'atab Ch'e' yaan Piich Kaaj, ok ti' junp'éel ts'áabilaj ki'imak óoil x-ma' yóok'ol kaabi' min bey je'ex úuchík u yu'ubkubáa J-Céecilioe' ka bin Máani'e'.

"Teen le K'atab Kúul Che', K'atab Tuunich, u K'atab Palenque yéetel Xooken. Ya'axeen je'ebix le ya'axche'o', je'ex u le' le nalo', le ya'ax k'u'uk'umel yéetel le ya'ax tuun.. In k'áat ka wóojeltej u wíinklal in yaakum paalil J-Céecilio ts'o'oka'an u suutul lu'umil, íits yéetel owox ku yáalkab yóok'ol le k'áanabo', ich le iik' ku jeek', ich u pe-'echak' ja'o', ich u bo'oy ti' péeksul, ichil le sáastuno'…

Teen le K'atab Kúul Che', u múusiik' ti Maaya'abil, k'ajlay ka'a kaaxtab yéetel ts'am k'éewel tu yoot'el yaajil yéetel alab óolil.

Ti'aaneen je'tu'uxiake' yéetel táan in xíinbal tu tojil le kanp'éel ti'itso'ob, utia'al kin múuch'kinbáa tu'ux Ya'ax Imix Che' ku joolik le Xibalba …Tu k'iinile' tin t'aanaj J-Céecilioe', bejla'e' ku lúublin t'aan ta wóok'ol, beyo', ts'o'ok in yéeytikeech utia'al a ch'áakik le yáax kúul che', yéetel a wuk'ik le yáax luuch ja' te' tu'ux kun meentbil in k'ulnaajilo' "Báalam Naaj", "Wet'a'an Naaj".

J-Jóose Máaria Báarrera, ichil u lo'ot'ol yéetu k'íilka', junjunp'íitile biin jóok'ok te' saat óol. Yéetel u chi'e' tuul ti' yóom wa'alaji, tu ts'íibtaj u yich, ka jóok' tu joonaaj ti'e k'ulnaaj, ichilé p'áat u sáasilil k'uyen ch'eneknakil, tuméen te' táankabo' ku je'ebe junp'éel léets'bal ti ee'joch'e'enil ti' junp'éel bíin u yúuchul ma' ts'o'oka'an, junp'éel je' ka' ti' le Noj Ba'ate'el ku ya'ako'ob ts'uulo'ob: "Guierra ti' Castas".

Tu ka'atéen tu tséel u noj éetaile' tu yu'ubaj:

____J-Jóose Máaria, a oksaj óolal bíin u péeksik u le'e k'áaxo'obo'.

____Bey, suku'un J-Máanuel Nahuat, to'on yéeytabo'on tuméen Ki'ichkelem Y-uum tia'al k-beet Báalam Naaj yéetel Noj Kaaj Kili'ich K'atab Che' lik'ul tu'ux kon ch-'a'a paachtej le ba'ate'ela'.

Cecilio Chi'

Novela histórica

1

El papá de Cecilio, después de caminar horas y horas sin rumbo fijo en las cercanías de su choza, luego de observar mucho, y de pensar mucho más, agotado, en cuclillas y cabizbajo, concluyó:

"Negro es el color del silencio. El eco del mundo se despeña en los desfiladeros, y aunque la llovizna ya se va, no asoma ni una diminuta estrella... Sí, la noche camina con dificultad, sin ojos para mirar su sendero.¿Por qué estoy intranquilo? Precioso Señor, mi sangre se está entumiendo con el llanto-ladrido de estos endemoniados perros. Quién sabe qué es lo que ven, a lo mejor, o a lo peor, es algo que ha venido a llevarse quién sabe a quién... Ahora el silencio se enrosca sobre el mundo como una serpiente negra, porque la aurora le arranca la piel."

El campesino engordó su ansiedad en el sol que con lentitud iba entre un tumulto de sonidos y colores. Danzaba el canto de las aves y la hoguera humeante con su olor a tortilla tostada. De pronto, de la choza emergió el tan esperado grito infantil, fresco, lozano, pero también primigenia muestra de insurrección, briosa y apremiante que desordenó el pensamiento del hombre, quien al instante miró la ceniza que la noche anterior puso en torno a la vivienda.

—¡Cierto! ¡Son huellas de un jaguar! No vino para hacer daño, sino para entregar su fuerza y aliento a mi hijo recién nacido. Claro, cuidará a mi hombrecito donde esté y en cualquier momento para que nunca le hagan daño. Sólo necesito un nombre para disfrazar su tona, así nadie perturbará su destino... Sí, le pondré Cecilio... Ajá, que cante hasta su muerte, y después de ella para convertirse en la boca de sus antepasados; de su garganta saldrán elogios, discursos, oraciones pidiéndole a los Dioses mucho bien para distribuirlo por igual a todos los mayas: cantará a los Señores del Monte implorando agua virgen, agua nueva para la Santa Gracia: el maíz.

2

Diez años antes, en la finca de una de las familias más ricas de Yucatán desde días atrás todo era absoluto silencio, la servidumbre era reconvenida por cualquier nimiedad y los peones latigados con mayor esmero por causar el menor ruido. La espera parecía acedarse con el norte decembrino que invadió todo con su gris frío y desganado, pues el médico cada tres horas visitaba la casa grande en la que permanecía una hora, pensativo y presuroso abordaba el carricoche para ir en busca de algún medicamento, y con la misma prisa retornaba regañando aquí o disponiendo allá.

A media noche las docenas de peones y sirvientes se miraron con una especie de alarma al oír el llanto infantil.

—Más vale viejo por conocido, que nuevo por conocer —decían las murmuraciones refiriéndose a los patrones y a la amenaza representada por otro de su casta recién llegado al mundo.

En la recámara de Margarita, quien al saberse llamada Margot estiraba el cuello un poco más, el ambiente antes tenso se había cuajado en miradas de satisfacción cansada. El feliz padre miró al pequeño muy bien abrigado, pero aún tiritante. Omiso a la lenta adaptación del recién nacido con su entorno, lo separó de la madre para alzarlo a la altura del rostro.

–¡Hijo mío!... Sí, señor, ha nacido el que llevará muy alto la gloria de esta familia. Se llamará Miguel, y será el protegido predilecto de Miguel Arcángel, que con su espada flamígera arrojó a Luzbel al infierno... Que envuelvan a mi niño con pañales de seda traídos de Campeche, no quiero ver cerca de él ninguna colcha de algodón de ésas que tejen las indias piojosas, ese lienzo burdo sólo es bueno para sudadero de mi caballo o para cubrir la piel tosca de los hijos de la indiada, pues no hay gran diferencia porque ambos son bestias. He mandado traer una cuna de cedro rojo y acojinada con la mejor tela que el ebanista número uno de Mérida ha confeccionado exclusivamente para mi hijo.

Miró un instante a Margot postrada en el lecho. Giró el rostro observando detenidamente a los presentes y achicó la vista ante la sirvienta más anciana.

–Gertrudis, consígueme una nodriza.

–Lo que usted mande, patrón.

Al mirar la extrañeza en las ayudantes de cámara, entre preocupado y sonriente, dijo:

–La madre al parirlo suficiente esfuerzo y sacrificio ha hecho, y como sus senos son para mí, que traigan una india limpia para que amamante a mi retoño.

–Se llama Cenobia Chi' –se apresuró Gertrudis–. Tiene senos grandes y rebosantes de leche...

–¿Su edad?

–Sólo tiene dieciocho años, es muy aseada y cariñosa.

Cenobia de inmediato fue traída. El patrón, valorándola, caminó en torno a ella. Hizo que se lavara los pechos dos veces, y por fin exclamó:

–Con cuánta glotonería mama el angelito, hasta parece que se detiene su respiración al escurrirle la leche por la barbilla; sí, esta nodriza la tiene en abundancia por su alimento de atole caliente endulzado con miel silvestre.

3

Cecilio cumplió cuatro meses de edad. En el interior de su casa, sobre una mesa pusieron tres cajetes con semillas molidas de calabaza, huevo sancochado y chaya. Su padrino lo tomó en brazos, lo sentó a horcajadas en su cadera y rodeó la mesa trece veces por la derecha. Mientras caminaba ponía en la boca de Cecilio un poco de cada alimento, después la madrina lo sentó de la misma manera y también caminó trece vueltas, sólo que a la izquierda, para desatar lo que primero había amarrado el padrino. Enseguida, el padrino abrazó de nuevo a Cecilio, le tomó la mano y puso el índice de éste en el gatillo de una escopeta. Después del clic con que simularon un disparo, el niño sonrió, escapándosele el asombro por los ojos; para terminar, entregó al chiquillo un calabazo, una coa, un códice maya escrito en papel de copó.

—Con el arma cazarás venado, jabalí, pavo montés u otro animal silvestre. El calabazo y esta coa son para trabajar en la selva, porque necesitas ganarte el sustento. Amarás nuestra tierra, el agua, y el sol. El códice es la anciana palabra de nuestro linaje, al leerlo, desearás entender por qué nuestros antepasados eran tan sabios. Aunque no lo veas, nada permanece quieto: el goteo del agua horada la piedra; la serpiente de cascabel canta a la vida cambiando de piel; el puma entierra sus pasos en el atardecer; el mar ruge cuando azota el dorso del arrecife; el relámpago desgarra el vientre de la nube.

Para celebrar el jets'mek' comieron tortilla con pepita molida y bebieron atole agrio. El padrino sacó una botella de aguardiente y entre plática y canción brindaron hasta la media noche en que los padrinos debían retornar a su comunidad.

4

—¡Patroncita Margot!

—Ay, Gertrudis, no empieces con tus achaques ahora que vamos a bañar a Miguelito; demasiado hago al soportar esa maldecida vejez que te ha convertido en una buena para nada.

—Es que Torcuato se vino a matacaballo desde Tzucacab para avisarnos que al señor don Elías lo tumbó el caballo en Kankabchén...

—¡Mi papá! —con mirada indecisa, pensó—: "Le he dicho y recontradicho que venda ese maldito rancho que de ribete está a cuarenta kilómetros de Tzucacab; a ver, de por sí hay pocos médicos en esta tierra de indios y alimañas, y si de casualidad encontramos uno que realmente valga la pena, a lo mejor ni se anima a ir a verlo, porque hasta para eso se ponen sus moños" —puso las manos en jarras sobre la cintura, y dispuso—: Que le den algo de tragar a Torcuato. Felipa, manda un propio para avisar al señor que salimos de inmediato. Tú, Cenobia, me pagas con tu vida cualquier descuido con el niño.

—¿Me lo va a dejar, señora?

—No te lo dejo, mensa, te lo encargo porque no aguantará el viaje... Y tú, Gertrudis, me haces el favor de no usar un nosotros cuando traigan alguna razón para la gente decente, igualada.

Los servidores de la hacienda desde hacía tiempo deseaban conocer el futuro de Miguelito, para saber a qué atenerse, así que después de la partida de los patrones, Gertrudis y algunos sirvientes de mucha confianza recomendaron a Cenobia que llevara al niño ante una curandera de la comunidad más próxima.

Cenobia, escoltada desde lejos por un indio, con el niño muy bien disimulado como envoltorio llegó a la casucha.

—Buenas, buenas —repitió a media voz con la intención de pasar desapercibida para los vecinos.

Una anciana desdentada abrió la puerta de varejones.

—Buenos días, doña Esperanza.

—Pasa, hija, esta es tu casa. Siéntate, le pondré copal al incensario y encenderé las velas al Santo.

Un olor a dioses mezclado con ruda y albahaca se extendió en el ámbito del jacal forrado con zacate y embarro. Esperanza al ver en Cenobia un signo de preocupación, murmuró:

—Mi hermano el Chilam Ambal hace tres días que en sueño me anunció tu visita: eres la nodriza del patroncito.

—Sí, y he venido a que me saque mi suerte y la de Miguelito.

—Bien, tú eres Cenobia Chi', hay muchos de tu sangre en el Oriente y cerca de Tihosuco. Tienes dos hijos, pero llegarás a la docena; y necesitas participar en la ceremonia del K'ay Nicte', para que le des a tu marido agua de flor de mayo bañada en tu cuerpo durante nueve noches, porque él quiere abandonarte: coquetea con otra mujer mientras tú trabajas.

—¿Haría hoy la sanación de mi destino?

—No, será el viernes de la próxima semana. Por ahora, con este maíz te leeré la suerte de ese niño blanco que alimentas con tu sangre. Fíjate muy bien en cada tirada cómo quedan los granos —dentro de un diminuto lek sonajeó los cuatro granos, los dejó caer y rodaron sobre la mesita hasta quedarse quietos. Pensativa, con demasiado detenimiento los observó por uno y otro lado—. El grano amarillo y el rojo quedaron muy juntos, el blanco quedó en el centro y bastante lejos del morado. Vamos a ver: el amarillo representa mucha riqueza, el rojo bastante sangre, el blanco tiene varias lecturas: el sosquil y las canas del anciano, y por último, el morado es la muerte. Esto quiere decir que el niño vivirá muchos años y tendrá un poder inmenso sobre esta tierra... No me está permitido decirte más.

En la casa grande las miradas inquirían sobre el designio de Miguel, a lo que Cenobia se limitó a decir:

—Nos irá peor que como estamos.

5

Cecilio como sus compañeros aprendió muchos juegos, porque la vida juega con los niños y los niños juegan a la vida. Para Cecilio, no obstante el esparcimiento, en su interior los Dioses de sus antepasados luchaban cuerpo a cuerpo con el Cristo impuesto por los blancos.

El sacristán, como todos los sábados, sobre su caballo entró a Tepich por el camino a Tihosuco. Jinete y bestia parecían haber sido creados el uno para el otro, ya que el asma del tipo escuálido también sacudía a su jamelgo.

Mientras el sonido de la campana rompía el sopor de la tarde llamando a los niños a la doctrina, el sacristán daba idea de esconder sus pupilas opacas bajo el ala del sombrero de jipi.

Reunidos en el atrio de la iglesia, la instrucción dio inicio:

—Para ahuyentar a la idolatría, diremos en coro el Padre nuestro.

—Padre nuestro que estás en los cielos/ don Lucio está seco por el ayuno/ sea tu nombre, vénganos tu reino/ la oración y el incienso le hicieron cabeza de chango/ el pan nuestro de cada día, dánoslo hoy, y perdona a don Lucio por estar tan feo —rezaba Cecilio.

—A ver, Cecilio, ¿cuántos son los mandamientos de la Ley de Dios?

—Yo pienso que son muchos.

—No te pedí que me dijeras si son muchos o pocos, ¡dime cuántos son!

— Parece que son diez.

—El que duda, peca, pero, bueno, ¿qué dice el quinto mandamiento?

—No matarás.

—¡Muy bien! ¿Y el sexto?

—No fornicarás... Oiga, ¿y qué es eso?

—Engendrar... Pero eso no lo pueden entender, porque es un pecado terrible. Cuando sean grandes lo sabrán. No deben olvidar que quien cometa ese pecado, Dios lo mandará derechito al infierno.

Cecilio achicó la mirada, su pensamiento corría chamuscado del infierno al credo de sus mayores.

—Y... ¿y usted ha fornicado?

—En el nombre del Padre, del Hijo y del Espíritu Santo, amén, el catecismo ha terminado, vayan con la paz del Señor.

Cecilio, de regreso a su casa, con las ideas hechas maraña posó los ojos más allá de las nubes:

"... Sí, el infierno debe ser un hoyanco rebosante de mucho fuego y calor, porque es el dominio del diablo y sus parientes; debe ser como la milpa de don Rach cuando quemó alrededor de la gruta... Ajá, pero con dos o tres aguaceros, se apagará toda la lumbre y ya no reinará más don Satanás" —el viento girante barría las hojas secas y arrojaba puñados de tierra caliente—... "Pero ¿qué será eso de polvo eres y en polvo te convertirás?"

6

El ramaje de un zapote que no fue derribado durante la construcción de la casa, por encontrarse en la parte posterior era el barco que a toda vela iba rumbo al destino que el pirata desde hacía mucho tiempo había trazado en su imaginación. Del aparejo pendían las jarcias dispuestas para el abordaje y en un mar esmeralda y bastante picado por el frenético movimiento de la tripulación, al fin llegó la orden.

—¡A ellos, que no quede uno solo con vida!

Miguel se deslizó por una soga. A medio metro del suelo, con el sable del abuelo Elías a la cintura empezó a balancearse y apenas se le entendían las palabras debido al cuchillo entre los dientes.

—¡Soy Barba Roja! ¡He venido por ustedes, porque necesito más negros que en América se harán blancos!

Meciéndose ya con más vuelo asestó la patada al pecho del niño indígena amarrado al tronco del árbol. Los compañeros del cautivo enarbolaron sus pedazos de vara como espadas.

—¡Vamos, valientes, que no se lleve nuestra sangre!

A lo que Miguel exigió:

—¡Eh, los de arriba! ¿Es que dejarán solo a su capitán?

No obtuvo respuesta y viéndose rodeado dejó la soga. Diez enemigos eran demasiados, así que echó mano al sable y empezó a repartir tajos a diestra y siniestra. Una vara lo hizo estirarse de puntillas por haberle picado el ano, al volverse furioso recibió otro estoque en la costilla, las lágrimas estaban por brotarle, cuando se oyó el grito:

—¡Miguelito! ¿Qué te hacen esos aprovechados?

—¡Nada, abuelo, ahora los pongo en paz!

Al momento la tripulación descendió por las jarcias, y sin remilgos, propios y contrarios intimidados por el ojo avizor de don Elías empezaron a fingirse heridos o definitivamente muertos.

Miguel, entre eufórico y decepcionado, los vio retirarse sacudiéndose la ropa de manta cruda.

—¡José! ¡Martín! ¡Vengan! Díganle a los demás que ahora sí les daré la oportunidad de ganar.

—Y si los convencemos ¿a qué jugaremos?

—A indios y españoles.

—¡Pelana'!

—Entonces no jugamos.

—Maricones, han perdido y seguirán perdiendo siempre.

7

La claridad con desgano se extendía en el horizonte. El gallo viejo se esponjó. Sacudió las alas y su canto picoteó el sueño hambriento de los habitantes de Tepich.

—¡Cecilio! ¡Ya se hizo tarde, vamos a leñar!

—¡Hablas mucho Dino! Yo hace rato que te estoy esperando, llevaré mi honda por si se deja alguna perdiz o chachalaca.

—Vamos, pues.

En la falda del cerro comenzaron a cortar leña.

—Yo hago rajas del jabín, es muy bueno para el fogón y ni echa humo.

Cecilio, sudoroso y ensimismado en su permanente lucha interna que él mismo no definía, trabajaba sin descanso.

—¡Cecilio, apúrate, muchacho, yo ya amarré mi leña!

Los gritos daban tumbos entre los troncos de los árboles, apagándose poco a poco absorbidos por los basamentos de una pirámide itzá que envejecía a mitad del promontorio; y se escuchaba el canto de la cigarra extendiéndose hacia la tarde.

Otra vez restalló el grito:

—¡Cecilio! ¿Dónde estás?... ¡Ya vamos!

La cantería de las escalinatas, los frisos, los dinteles, todo parecía murmurar algo y de nuevo el gemido de la cigarra temblaba sobre el vaho ardiente de k'an k'iin, el sol maduro de abril que a cuchilladas enrojecía al cielo.

No hubo respuesta. Dino cargó su leña y comenzó a caminar. Un dolorcillo abdominal como una descarga le alfileró la médula de los huesos, y acabó en desbocada carrera.

En su casa, tiró su leña y tartamudeando, entró a la cocina:

— Mamá, Cecilio se perdió, y... y... voy a decirle a su familia.

Entre tanto, Cecilio, en el vientre de la tierra caminaba detrás de un hombre bajo, vestido de manta y con sombrero de huano. Cecilio no veía, sólo avanzaba como muñeco sin ánimo, con el corazón amordazado.

Cincuenta y dos mecates caminaron por los dominios del murciélago. En la gruta goteaban las estalactitas desde el techo, las raíces de los árboles se urdían colgantes hacia las sartenejas perforadas por el tiempo y la terquedad del agua, hasta que llegaron a un templo enano construido con cantera viva. Entraron por la puerta de media braza de altura. En el interior, el hombre tronó los dedos en la frente de Cecilio, quien abrió los ojos lentamente, sorprendido, preguntó:

–¿Dónde estoy? ¿Quién es usted, pequeño señor? ¿Cómo llegué aquí?

El rostro mofletudo se iluminó, la mirada le brilló semejante a la de la ardilla, de un salto coronó una piedra igualándose a la estatura de Cecilio, un mohín de su boquita atigrada precedió a otro vistazo hacia su interlocutor, y dijo:

–No es bueno que preguntes tanto. Te explicaré sólo lo necesario: según mi jerarquía soy encantador de jaguares, el jaguar es el señor de la noche, amo de las entrañas de la tierra, es el sol que se hunde en el poniente para caminar en la umbría nocturna.

Cecilio, pálido de escalofrío con mano sudorosa refrenaba el temblor de su mandíbula. Descubrió un felino rojo pintado en la pared. El hombrecillo clavó la mirada en la figura, ésta, al momento empezó a hincharse, a moverse, hasta desprenderse de la roca. Miró a ambos, asentó las garras en un apoyo invisible, y saltó. Ya en el suelo, agachó la cabeza, dio unos pasos vacilantes y terminó echándose a los pies del Encantador. Lamía las alpargatas de su creador, cuando éste dijo:

– ¡Mi bebé! ¡Mi gatito!... Quiero que hagas que tiemble la tierra, pero sólo un poco.

Un rugido a medias hizo caer algunas piedrecillas de la cúpula. El Encantador no pareció muy complacido, entonces el animal infló el torso, se paró en dos patas y su rugir cimbró la caverna con estrépito que restallaba entre los laberintos, alejándose hacia los cuatro rumbos de la tierra para asomar hacia otra realidad. El jaguar encontró la aprobación en los ojos del Encantador, movió la cola y regresó a la pared entrando a su silueta.

Como si nada hubiera sucedido, el hombre diminuto retomó la palabra:

—En el tiempo que estés conmigo aprenderás que es muy necesario que conozcas a todos los Dioses y Señores del Monte, para que los respetes y alimentes con tu oración y tus ofrendas; cuando tumbes los árboles, durante la quema, al sembrar, cuando dobles las cañas, y después de la cosecha, les darás un presente... Así hacen los verdaderos hombres mayas. ¡No lo olvides! —se quitó el sombrero, con el índice de la mano izquierda como eje lo hizo girar con la derecha hasta que la velocidad le desapareció el dedo; entonces, prosiguió—: Los Dioses hicieron todas las cosas con agua, tierra, fuego y viento. El origen de la vida es el agua: su lenguaje es el movimiento; fluye el agua, y sus hijos: saliva, lágrimas, sudor, orina, sangre, leche, menstruación, semen: en los vegetales, la savia; y como regalo especial, la miel engendrada en las flores. Los Dioses Creadores hicieron a todo ser vivo, por eso es necesario que conozcamos todo para saber qué utilidad podemos darle. Entre los animales, especialmente debes conocer muy bien al Sol Jaguar y al Rey Serpiente. Cómo viven, cómo se alimentan, cómo pelean, y qué augurios traen.

—Gran señor ¿por qué es necesario que conozcamos a la serpiente de cascabel?

Porque ella es antigua deidad de nuestro linaje. Nuestros antepasados la llamaban K'uk'u'um kaan...

—¿Qué es eso?

—Serpiente Emplumada. La verás esculpida en Chichen Itzá, Uxmal, Chicaná, Tulum, y otras ciudades dormidas. Ella es la dimensión del tiempo, el movimiento de éste, virilidad, fecundación, agua de la vida.

—¿Son iguales todas las víboras de cascabel?

—No, aquí en el Mayab, nuestra tierra, existen cuatro: roja, negra, blanca, y la amarilla. Es también medida del tiempo, porque cuando pasa un año, muestra un nuevo crótalo en el tronco de su cola.

—¿Por qué símbolo del movimiento?

—Porque se endereza, culebrea, se lanza, se tuerce, se enrosca, corre, nada, incluso, hay algunas que saben volar.

—¿Nada más?

—Es agua de la vida, porque hay una serpiente de nubes que nos regala la lluvia para la milpa; porque el río, el arroyo, son una gran serpiente que culebrea emplumada de espuma. Porque la lluvia une al cielo con la tierra y con el inframundo, realizando la cópula de los trece cielos, la superficie, y los nueve inframundos hasta el Xibalbá, donde radica Aj Pu'uch el Señor de la Muerte.

—Maestro, aunque no eres anciano ni tienes cabello blanco, sabes muchas cosas ¿cómo las aprendiste?

—Pequeño, para aprender necesitas observar muy bien la selva, la cordillera, la sabana, el pantano, el río, el cenote, el mar, la isla... el vientre de la tierra, el cielo. Necesitas también preguntar, preguntar, y preguntar, porque todavía no ha nacido el que lo conozca todo, ya que la sabiduría es infinita. Muchas cosas puedes aprender si ves trabajar a un carbonero, a un pescador, a un sabio o a un poeta, pues cada uno tiene su saber. Llegará el día en que podrás conversar con las constelaciones, con el renuevo de los árboles, con la hormiga, el mar, el viento, las aves. El conocimiento se obtiene con los sentidos, con el entendimiento, con el hacer, y con la revelación.

—¿Revelación?

— Es la lectura que hacen los sabios, los doctos, y el sacerdote agrario en la piedra de la claridad, en la quietud del agua, en la lengua del fuego, en el vuelo del pájaro, en la entraña de un animal, o en los sueños.

— ¿Y cómo puedo hacer para soñar mucho?

—Eso depende sólo de ti... hay quien sueña diario, quien lo hace en duermevela con los ojos abiertos como el venado, yo puedo soñar aunque esté despierto, pero no importa.

—Mi mamá soñó muchas ánimas que venían del cielo formadas en fila, ¿qué quiere decir?

–Las santas ánimas están pidiendo una oración. Pero también debes conocer a los vivos. En nuestra tierra sólo hay ts'uulo'ob y mayas. Los ts'uulo'ob, aunque son perezosos, son ricos: su hambre no tiene límite, es infinito su deseo, su ambición. Nosotros recibimos esta tierra de nuestros antepasados, y aunque somos trabajadores, detrás de la puerta de cada hogar el Señor de la Muerte espera la carcoma del hambre y la enfermedad.

8

Sin una pizca de viento, el reciente aguacero dejó al atardecer rojizo sazonando a otro de los más severos bochornos de finales de julio. Margot, tarareando La Polonesa al podar las plantas de su jardín, desde hacía horas había dejado ir la imaginación hacia la fastuosidad de las recepciones oficiales a que su familia había sido invitada por el gobierno de Cuba. Por ello no escuchó el grito de Miguel, ni su desesperación al sacar el pie de entre unas piedras que se lo oprimían. Sólo fue descubierto hasta que pasó tambaleándose frente a ella.

—¡Miguelito! ¡Hijo! ¿Qué tienes?

La respuesta fue ininteligible y al momento se desplomó.

—¡Gertrudis! ¡Rápido, un médico, un médico!

Dos peones apresurados por las injurias desesperadas de Margot introdujeron a Miguel en su recámara.

Cuando el doctor llegó ya unas finísimas perlas sanguinolentas asomaban en los poros. El enfermo fue materialmente obligado a ingerir una buena porción de láudano para mitigar los dolores en todo el cuerpo, especialmente en la hinchazón del pie que parecía

277

próximo a reventar. Los acertijos médicos convertidos en compresas y fomentos no daban razón de ser, pues el fraseo entrecortado de Miguel a momentos se iba a contar infinidad de piezas de oro o hacia el llanto originado en el rechazo y abuso de sus compañeros de juego, para retornar cargado de vocablos mayas entre los que sobresalía una Cruz parlante.

—Señora, por Dios, ¿qué le pasó? —inquirió el doctor al frotarlo con linimento— Necesito saberlo para adecuar el tratamiento que debo darle.

—Ya le dije que nada más lo vi pasar como borracho.

—Ave María, eso no me ayuda en nada, usted necesita haber visto algo, un bicho volador o rastrero... ¡Rastrero! ¡Eso es, lo mordió un ciempiés o una serpiente! —de inmediato corrió la silla hacia la piecera de la cama. Auscultó detenidamente la hinchazón y de su maletín extrajo un bisturí.

—¡Eso sí que no, doctor, usted no mancillará la delicada piel de mi niño!

—Es necesario, señora, compréndalo, por favor.

—De ninguna manera, hasta que el señor de esta casa dé explícitamente su autorización.

—Mientras el patrón llega, nuestro niño ya se murió. Marguita, el médico sabe muy bien su cuento, déjelo que lo atienda.

—¡Te me callas el hocico, Gertrudis! ¡Ay, sí, nuestro niño, igualada, como si supieras tanto! ¡Ah, y la próxima vez que me llames de ese modo, te cacheteo!... ¿Crees que no me he dado cuenta de que con tu famoso Marguito quieres decirme Amargada? Diós mío, ¿qué he hecho para que me castigues de esa manera?

Se fue a llorar a su recámara. El doctor tras un signo de resignación sólo empezó a chupar las dos incisiones en la piel ya amoratada, correspondido por los gritos dolorosos que se iban hasta más allá del tiradero donde quemaban el bagazo de henequén.

El padre de Miguel irrumpió en la habitación con grandes y sonoras zancadas.

—¿Qué necesita, doctor? ¿Qué quiere que haga?

—Nos urge un milagro, el veneno está por llegar al corazón y al cerebro.

El padre de Miguel empezó a descubrir un barullo silencioso convertido en miradas, unas de temor, otras de burla, y unas cuantas de resignación.

—¿Qué demonios se traen ustedes?

—Patrón, con todo respeto —el caballerango inclinó más la cabeza—, es que la curandera Esperanza pide el permiso de usted para ver al niño Miguel.

El hombre, interrogante, volvió el rostro hacia el doctor. Éste levantó los hombros acompañando el gesto con un signo facial de "me lavo las manos" y alzó la mano con el índice hacia arriba, pero fue interrumpido.

—Que pase.

Los mestizos miraron a Esperanza con respeto y admiración, menos el médico, quien con la vista repartida entre los ojos de ella y la hinchazón no pudo reprimir una sonrisa burlona; el patrón no dejaba en paz su mirada que iba de la mujer al piso.

—Las que estén embarazadas que se vayan de inmediato —dispuso Esperanza al extraer unos yerbajos de su sabucán.

Por atender el trajín de la curandera nadie descubrió a Cenobia, quien de retirada miró un par de veces de los ojos del patrón a la bragueta de éste.

El asco esperanzado hizo que el patrón tragara saliva al volverse hacia Margot, quien, tapándose la boca, con ojos demasiado abiertos por la incredulidad no acababa de aceptar la masticación de la contrayerba que Esperanza daba de boca a boca a Miguel. El médico con un aire de suficiencia extendió sus trebejos y ungüentos en una mesita aledaña, esperando una emergencia, y los ajenos a la familia acabaron por retirarse, menos Esperanza, a quien el patrón exigió que se quedara junto al enfermo.

Ya muy avanzada la mañana Miguel dejó de sangrar por la piel y su respiración se medio acompasó.

El patrón, con evidente cansancio, pero ya más tranquilo, preguntó:

—A ver, mujer, ¿qué le pasó a mi hijo?

—Lo picó la wolpoch.

—Bueno... ¿Y qué me dices de lo de las embarazadas?

–Según nuestras creencias, la fertilidad de Kukulkán no puede estar cerca de la fertilidad de Adán y Eva, que es lo de tu credo, y por muchos remedios que le den a tu crío, la no conjunción de estas fertilidaes podría matarlo.

–¿Quién te dijo que vinieras? Debo pagarle este servicio...

–Mi hermano Chilam Ambal, tu dinero no le interesa, porque está muerto.

–Bien, tú sí estás viva y podrás decirme cuánto he de pagarte por la salvación de mi hijo.

–Nada, es parte de la deuda que algún día ustedes le pagarán a mi raza.

9

Cecilio al fin había conocido su tona en la gruta del Encantador. Después de aquella experiencia, el sol parado en su hora prohibida del cenit, ese instante en que los pies del hombre comen al hombre su propia sombra, Cecilio apareció en el solar de su casa. Su madre, temerosa por los vientos que esconden su ponzoña en la falsa quietud del medio día, llorando incrédula se acercó con cautela, para decir:

–¡Cecilio! ¡Mi niño!… Durante tres días revolvimos el monte, la sabana, cenotes y grutas, hasta el lindero de otros pueblos. Por último, con resignación pedimos a los Dioses que te dejaran estar entre ellos, porque la víbora te había mordido, una bestia te mató, o un ser maligno te llevó… ¡Gracias a los preciosos Dioses estás aquí!

Cecilio, de pie, con la cabeza caída hacia adelante sólo perdía su mirada en el suelo como sordomudo.

–Seguro que tienes hambre, ven, pequeño, sacaré tu comida.

Ocupó un banquillo, no se interesó por el alimento, y sólo bebió unos tragos de agua.

Su padre regresó del trabajo a las tres de la tarde. Intentó hacerle plática, pero Cecilio, con mirada muerta, permaneció callado.

—No dejaré a mi hijo así, ahora vuelvo, mujer, voy por su padrino Bernardo para que le asiente el espíritu.

Su padrino, entre plegarias de exorcismo lo santiguó, le lavó la cabeza con hojas de olor, y acabó por acostarlo en hamaca. Las tres velas que dejó en un altar para la Santa Cruz Maya, obedientes a la orden recibida, con flamas serpenteantes y convulsas insistían en arrancar a Cecilio del mal viento.

Al tercer día despertó, al cuarto recuperó el habla y de inmediato inició un monólogo:

—El Señor del Monte me dio a comer pan de ofrenda, sopa de rezos, y bebí sangre de maíz... Ahora sé que la terquedad del sol va más allá de la sequía, de la época de lluvia, la descolorida caída del otoño, o del frío, porque como todo principio muere, aún en el recuerdo, Yuun K'iin es la resurrección cada amanecer... Así seré, así será Cecilio Chi'.

10

Los grillos todavía prendidos a la aurora vieron encenderse las luces de la casona. De la entrada principal salieron dos indios medio encorvados y agarrados de la mano, pues transportaban a Miguel, quien no quería ser ni rosado por la ropa de sus cargadores. Don Elías, gustoso porque su nieto había superado la enfermedad, y él mismo la caída del caballo, decidió llevarlo de paseo aprovechando un viaje de negocios. Su destino era Tzucacab, distante 40 leguas. A bordo de la esmaltada y brillante carroza color negro, Miguel se reacomodó en el asiento aterciopelado y en franca huída al amanecer corrió la cortina de seda.

—Abuelo, ciento sesenta kilómetros por recorrer es demasiado.

—Hijo, mejor piénsalo en leguas, te sale más barato. Anda duerme un poco para que se te haga menos pesado el viaje —acabó de arroparle los pies con una manta, y asomó por la ventanilla—. ¡Eh, tú, ladino de porquería, fíjate por dónde guías el coche! ¡Donde despiertes a mi nieto, verás cómo te arreglo!

A media mañana, el dormitar de los pasajeros fue interrumpido al detenerse la carroza.

—¿Qué demonios pasa allá afuera?

—Es un hombre cargado con un costal de mazorcas, patrón; parece enfermo, porque su andar culebrea hasta medio camino.

—¡Maldita sea! ¡Todos son iguales, nada más se preocupan por ellos mismos! —descendió del carro y cerró con un portazo—. ¡Igualado mierdero! ¿No sabes que el camino es para la gente decente? ¡A ti te corresponde ir por la vereda de la orilla!

Al medio volverse el indio andrajoso y resoplante le cruzó el rostro con dos fuetazos.

—Perdóneme, patrón, es que no he comido desde ayer —intentó una sonrisa—; fue por no dejar este maíz que no cupo en el último carromato... De todas maneras son para la troje de usted, señor.

—¡Qué troje ni qué tus orejas, hazte a un lado!

Dándose ligeros golpecillos con el fuete en la palma de la mano apretó la quijada y rechinó los dientes durante una hora. El vaivén del vehículo se alteró ligeramente, el abuelo sacó la cabeza para echar un par de maldiciones contra el conductor, escupió a través de la ventanilla, y con un rostro de omnipotencia miró a Miguel.

—Hijo, nosotros abandonamos España para venir a cristianizar y civilizar a estos indios malagradecidos. Todo Yucatán y sus macehuales nos pertenecen por derecho de conquista, por ser los más fuertes. Al ver que no había oro, Dios nos dio a entender que la riqueza es la fuerza de trabajo del maya y que a nosotros nos corresponde organizar y dirigir el trabajo del indio, así como administrar y repartir las ganancias... Sí, señor, por derecho nacimos para mandar, para pensar y prosperar, porque ellos ni siquiera pensamiento tienen.

Ya de tarde se encontraron con un grupo de indios que retornaban de su labor en el campo. Al cruzar la carroza frente a ellos hicieron como que agachaban la cabeza para no ver a los ocupantes.

—¡Sinvergüenzas! —gritó Miguel al escupir el sombrero raído de uno.

—Así es, hijo, nunca tengas compasión de ellos, porque el indio nace mintiendo, vive robando, y muere desconfiando. Jamás les tengas confianza y no olvides estas palabras sabias: indio, pájaro y conejo, en mi casa no lo dejo. Es nuestra obligación hacer que estos miserables vivan y mueran con el temor a Dios nuestro Señor, y con el mismo temor a nosotros los españoles que en la tierra somos sus legítimos y únicos señores... Hay que azotar con energía al indio, porque sus orejas y su memoria están en su lomo y en sus nalgas.

Al obscurecer llegaron a una posta. Acabando de apearse, Miguel lo primero que hizo fue estirarse con un brinquito para abofetear al caballerango. El indio, sorprendido, evitó el golpe y alzó la vista hacia el abuelo.

—¡Agáchate para que te pegue!

El hombre obedeció para recibir dos manotazos de Miguel. Abuelo y nieto, sonrientes, se internaron en la hostería.

—Felicidades, hijo, así es como se debe hacer, pues tú serás el máximo resplandor de mi estirpe por la nobleza de su abolengo y por la estrella rutilante del nuestro blasón de familia. Tu palabra será como el verbo divino, como el canto de ruiseñor que hasta a los sordos deja boquiabiertos. Hijo mío, tendrás poder, riqueza, gloria, fama, majestad.

11

Cecilio, sin estar seguro si dormía, oyó crujir el maizal parido por la tierra quemada. Al amarrarse el cordel de su alpargata escuchó a un enano corcovado:

—La del copete come lumbre, orina sangre y defeca huesos, porque está muy cerca el tiempo del apilamiento de calaveras.

Sólo dijo eso y desapareció por un sendero. Cecilio no se preocupó al no entender lo del copete, pero sí sabía que la zorra cuando es vieja y desdentada se ve en la necesidad de comer saltamontes, éstos queman la lengua con los líquidos de su anatomía; los espinos de las patas la hacen orinar rojo por el desgarre interno que los espinos de las patas le provocan; y defeca, a veces enteras, algunas partes que no logró digerir. Como lo de las calaveras no le dijo nada prosiguió desyerbando la parcela. A esa imagen se sobrepuso la de unos guerreros de piedra que surgían de pilastras y estelas de Chichen Itzá, para decir con voz quebradiza:

—Nosotros pelearemos a tu lado. ¡Las balas no pueden matarnos porque somos la profecía que se cumple! Aún pétreos, empezaron a transformarse en esqueletos quitándose la máscara de jade, para luego arrancarse los sudarios hasta convertirse sólo en viento–. Estamos contigo más allá de la cal de los huesos en creciente, y del Sol-guacamaya al cenit ahogándose en su sangre; ¡en plenilunio con el jaguar bebiendo el orgasmo de la noche! ¡Jaguar lucero, siempre adelante como hormigas de lluvia, como tábanos de fuego!¡Jaguar estrella, serás la vanguardia!

La sucesión onírica sufrió un giro: entre la neblina el Lucero Avispa atisbaba a las pirámides y templos, las calzadas y juegos de pelota dormían el sueño de los Katunes, porque el color de las siluetas azul plomo, azul madrugada, caía sobre la laguna y el embarcadero, contra el cual golpeaba un cayuco. Cecilio, entre las raíces de un manglar espiaba los movimientos de un hombre demasiado alto, delgado y flexible como una caña brava, quien, después de subir un costal en la embarcación, se inclinó para asir el remo. En el espejo del agua descubrió a Cecilio. Se irguió, y gritó:

–¿Eres un saraguato? ¿Por qué te escondes para mirarme?

Cecilio se detuvo a cinco pasos.

–¿Eres un Wa Paach?

–No, el Wa Paach es un gigante de la selva, más flaco que yo, de espalda muy amplia, y cuando se sienta en la rama de un árbol sus pies llegan al suelo.

–¿Es cierto que es el protector de los caminantes?

–Sí. Y por lo que toca a mí, soy simplemente Chemo.

–¿Y tu familia? ¿Tienes hijos?

–No, y no pierdo la esperanza, aunque quién sabe, por qué las mujeres le temen a mi estatura.

–¿A dónde vas?

–A dar un paseo; si quieres, puedes ir.

Navegaron por la laguna, de donde entraron a un canal azul galvanizado. A media mañana el sol los deslumbraba y la brisa de oriente poco a poco les impregnó el cuerpo con un olor a sal.

–¿Por qué tanta prisa, Wa Paach?

–No me llames así –por su talla le fue difícil encorvarse hacia Cecilio para echarle una sonrisa infantil, transparente–, dime Chemo, por favor– adivinó la inquietud de Cecilio por la hora en que regresarían y retomó su pose adulta–. No te preocupes por el tiempo, él es la huella del hombre, lo demás, no existe– el cayuco hizo proa hacia el semicírculo con que el canal rodeaba parcialmente un petén, y Chemo al pasear muy lento la mirada en su entorno, explicó–: Se le llama isla porque es un manchón de selva entre esta inmensidad de chaparral salitroso; y porque entre los árboles siempre se encuentra un cenote o un ojo de agua– dejó de explicar, porque, de súbito, apareció el mar entre bramidos de tumultuoso oleaje. Chemo se enderezó con una sonrisota y apuntó hacia la inmensidad–... Porque el viento es el amo del mar algún día navegaré las islas de luz en el cielo, por eso espero con paciencia el sobresalto de mi noche, para naufragar en un cascabel luminoso de Tsáab Kaan o en la Estrella polar.

Mientras Chemo se carcajeaba, el cayuco, azotado por olas de tres metros, montó la joroba del oleaje para caer y volver a subir.

—¡No tengas miedo, yo tampoco sé nadar!... Mira aquella construcción antigua —Cecilio no contestó, porque, bien agarrado a la borda, sentía que vomitaba hasta el alma, pero Chemo continuó—: Es un puesto de vigilancia, ahí alguien enciende una fogata para orientar a los que se han perdido.

El sol se zambullía en el horizonte cuando el cayuco, después de librar un collar de arrecifes, encalló en la arena. Con las piernas entumidas desembarcaron.

—Espérame un momento —dijo Chemo, dispuesto a bucear porque llevaba un arpón en la mano.

—Mentiroso ¡dijiste que no sabías nadar!

—Bueno, es que de algún modo debía darte valor... Y tú, ¿sabes?

—Un poco, en la laguna y en los cenotes.

—Ah, entonces espérame.

Cecilio durante una hora deambuló por la playa. A su regreso encontró a Chemo cocinando un mero de tres kilos en una hoguera. Durante la comida, Cecilio vio sobre las raíces de mangle a muchos pájaros con cola de horqueta, plumaje obscuro y pecho blanquecino.

—Son rabihorcados, vuelan muy rápido, cuando no encuentran alimento graznan desesperados antes de suicidarse.

Todavía tuvieron tiempo de sumergirse en un cementerio de barcos. En un galeón español encontraron espadas, arcabuces y cañones hinchados por la herrumbre, arcones tapizados de verdín y algas. Como la visibilidad ya era nula, salieron, y se acostaron bajo un cocotero, y los tumbos del oleaje y el calor los adormecieron.

A media noche, sobre la débil danza de las olas iniciaron el retorno. Cecilio llevaba un caracol que recorría con la mirada y el pensamiento, lo asentó en el fondo del cayuco, y dijo:

—Aunque tu remo es demasiado grande, quiero ayudarte para que descanses...

—No, eres mi invitado.

Dos horas después Chemo descubrió la luminaria que los orientó, sin interrumpir la boga, en la obscuridad miró hacia donde se oían los ronquidos de Cecilio.

El sol lamía la cara de Cecilio, pero como no despertaba sólo se oía un Ch'ilib tselek, Ch'ilib tselek, Ch'eelele', ch'eelele', como si ch'eel, la urraca solitaria, desde una rama dijera ¡Pantorrilla flaca! ¡Pantorrilla flaca! ¡Yo soy el Güero! ¡Yo soy el Güero! Cecilio por fin bostezó, se restregó los ojos, y con sorpresa se descubrió solo en el atracadero. Sintió que algo traía en la mano, al abrirla su asombro fue mayor, porque el reflejo dorado de un par de doblones lo encandiló momentáneamente. Pensativo miró y volvió a mirar hacia la fuerza intemporal del Dios de la selva, que parecía cantar en la hilaza colgante de los árboles.

–¡Gracias, Chemo! ¡Que los Dioses algún día me permitan volver a tu cayuco encantado!

12

Una parvada de loros en retorno a su nidal sobrevoló al calesín tirado por un caballo anquirredondo de muy mal ver, que cruzó allá por el arco de la entrada de la hacienda. El conductor del cochecito por fín alcanzó a ver la casona de la pudiente familia ubicada en el centro de la propiedad de ochenta hectáreas, cuya fisonomía de sascab y piedra estucada con cal había adquirido el tono rojizo del atardecer.

Después de las demoras ocasionadas por un hato de ganado, una carreta cargada de grano, indios con atados de pencas en mecapal, con un suspiro de satisfacción comprobó que el trajín de la servidumbre y de la peonada ocupada en la industria del henequén no alteraba el canto de la paloma azul, de los cardenales o de los pájaros carpinteros.

El hombre de traje negro algo deteriorado, barbilampiño y de evidente ascendencia autóctona sintió espontáneo desagrado hacia la india que lo anunció con Margot, quien con un tono de voz frío y autoritario lo miró sin verlo:

—Bienvenido, señor De la Vega, veo que es puntual, agradeciéndole este gesto tan caro en estos días, ahora mismo vendrá mi hijo –incapaz para evitar su pose de costumbre, con las manos en jarras se volvió hacia la india–: Trae a Miguelito –giró el rostro hacia Demóstenes, con los dedos entrecruzados a la altura del pecho dio unos pasitos frente a él para observarlo mejor, la india llegó con el niño, y Margot concluyó–: Bien, lo que sigue es cosa de hombres, disculpen que me retire.

–Buenas tardes, maestro.

–Buenas tardes, señorito. Con la deferencia que usted me merece por su abolengo y noble cuna, me permito hacer la presentación formal: Mi nombre es Demóstenes De la Vega. De ahora en adelante seré su preceptor de retórica y trabajaré para hacer de usted un orador de palabra bella, sustanciosa y elocuente.

–Gracias, maestro, yo soy Miguel. ¿Vendrá todos los días?

–No, joven, las sesiones serán los lunes, miércoles y viernes, de cuatro a seis de la tarde, sin contar los días de guardar –se encaminó hacia un escritorio confeccionado con madera de ciricote ricamente esculpido al estilo rococó, y trocó el sumiso tono de voz por el de su investidura–: Debo iniciar precisando que la oratoria es un arte, una ciencia y una técnica.

–¿Y necesito estudiar mucho?

–Eso depende del tipo de retórica que desee dominar. Existe la oratoria sacra y la profana, esta última puede ser política, festiva y hasta funeraria.

—A mí —interrumpió para frotarse la palma de las manos al ensayar una voz de hombre maduro—... sinceramente me gusta hablar en público sobre política.

—Bien, para ser orador político, además de una sólida cultura general deberá usted conocer filosofía, historia universal y los discursos de los oradores más preclaros como Demóstenes, cuyo nombre me honro en llevar, Cicerón, Virgilio, Séneca, Robespierre, Dantón, Marat, y otros.

Miguel, nervioso, se tronó los dedos.

—¿Y voy a practicar?

—Incuestionablemente, hay que probar la validez de la teoría con la práctica.

—¿Cómo debo hacer un discurso?

—No hay que desesperarse, todo debe seguir una secuencia bien meditada y un ritmo conveniente. Por un trote que canse, más vale paso que dure. Comencemos con ejercicios de pronunciación para emitir bien los fonemas de las vocales y palabras con sonidos que se le dificulten.

—Tiene usted razón, siempre se me ha dificultado pronunciar la erre y la g.

—Cuento con algunos ejercicios especiales que haremos en su oportunidad.

—Sí, pero yo quiero hacer un discurso.

—Nuevamente me aboco a su paciencia. La alocución comienza con un exhordio, sigue el planteamiento del problema y su análisis, y por último las conclusiones o recomendaciones.

—Bueno, bueno, ¿y por dónde puedo comenzar?

—Enterándose de todas las cosas importantes que suceden en Yucatán: cuál es su producción, qué mercaderías importa o exporta, cuántos habitantes tiene y cómo viven, quiénes tienen el poder y la riqueza, cómo y dónde se hace política y los que la hacen. No desespere, día tras día hay que aprender, este aprendizaje se realiza a lo largo de la vida.

Miguel medio bostezó al mirar el reloj de pared. Aunque no habían cubierto el horario establecido, con un signo de cansancio determinó:

—Maestro, el tiempo se nos fue como agua.

—Cierto. Con su permiso me retiro, pues debo atender otra clase a cinco leguas de aquí.

—Tenga cuidado, ya está muy obscuro.

—Descuide, estos caminos los conozco desde pequeño.

—¿Y cómo no los vas a conocer? Aunque te vistas de cultura por dentro y por fuera con ese trajecillo que ya te queda chico, no dejas de ser un pata rajada como los que aquí se hacen tarugos con el henequén.

13

Cecilio, casi adolescente, decidió emprender aquella especie de manda hecha no sabía a quién ni a dónde, debido a que desde pequeño oía de su abuelo infinidad de relatos que Cecilio sabía ya de memoria. Uno de ellos siempre iniciaba con aquello de que los tiranos a dentelladas acaban por destrozar la libertad; como los Cocom, que después de veinte katuno'ob de oprimir a Chichén Itzá y Uxmal como casa reinante de Mayapán "Pendón de los Mayas", cayeron el ocho Ajau. La furia de la insurrección acaudillada por Aj Xuupa'an Xíiw, demolió su muralla y redujo a cal y tizne la ciudad, salvándose sólo un Cocom.

Al paso del tiempo, el sobreviviente fundó Tibolón "lugar de los nueve". Los Xíiwo'ob abandonaron Uxmal, y repoblaron Máani', que quiere decir: "Todo pasó, todo acabó". Los Itzá'ob levantaron su nuevo hogar en la isla de Tayasal, en el Petén guatemalteco. Pero en los siguientes Katuno'ob, sobre el Mayab cayeron nubes de langosta, peste, huracanes, sequías.

La mente de Cecilio se detuvo en el wináal K'an k'iin, cacicazgo de Máani', donde las rocas crujían y reventaban en lascas; el agua de las sartenejas y pantanos se convirtió en lodo, y después en polvo; los cenotes hirvieron como apastes, el pájaro ts'iiw, de carbón se transformó en brasa; y los armadillos, sin lograr salir de sus cuevas, se horneaban en su carapacho. Sólo en el cenote X-Kaba Ch'e'en sobrevivía el agua fresca, fieramente custodiada por Ix Ts'u'ut "La Tacaña".

Una madre, debilitada por la sed, se acercó al cenote y suplicó un poco de agua:

—Te daré una jícara, a cambio del más tierno de tus hijos.

La mujer, atormentada por el llanto de sus doce pequeños, con la vista fantasmal se volvió hacia su prole de ojos hundidos y labios resecos. Todos se defendieron argumentando infinidad de razones, hasta que, poco a poco, giraron la cabeza para señalar al menor que, urgido, quería mamar en los pechos vacíos y flácidos.

Ix Ts'u'ut tomó en brazos al bebé, y desapareció por un pasadizo de la caverna. Minutos después, regresó con la mitad de un cocoyol rebosante de agua, y mostrando el diminuto recipiente con desplante, dijo:

—Esta es mi jícara, si no la quieres, déjala.

Cada día Ix Ts'u'ut recibía más niños de pecho, que se convertían en manjar para X-Ki'ichpam, la enorme serpiente de escamas rojiverdes y aletas de sábalo. El poder de la hechicera se incrementaba por el trueque del agua, al grado de preocupar al gobernante de la comarca, quien mandó llamar a un J-men. El sacerdote sin rodeos se dirigió al cenote disfrazado de mujer con su hijo a horcajadas en la cadera. La hechicera lo escuchó, y aceptó el cambio al arrojar a la criatura hacia X-Ki'ichpam, que expandió los belfos y rechinó los dientes al nadar con lentitud hacia el bebé. Cuando lanzó la tarascada, el bebé se escurrió como anguila, resultando ser un enano de la región de Xel-ha. Ki'ichpam, con tremendos saltos de enojo se golpeó contra la bóveda del cenote, y a coletazos desprendía estalactitas que luego trituraba a mordizcos. Por fin, maltrecha, y extenuada fondeó en agua poco profunda. El enano subió a una saliente de la cueva y palanqueó un peñasco que matemáticamente cayó sobre la cabeza de X-Ki'ipam. La hechicera, al mirar el agua ensangrentada y las trizas de su mascota entre el derrumbe, lloró con tanta nostalgia, que en un día se arrugó lo que no había envejecido en muchas décadas.

Como la hechicera consideró que si bebía era tanto como volver a matar a X-Ki'ipam, murió de sed. Entonces, el J-men ofició una ceremonia de Ch'a cháac, que trajo un aguacero que detuvo la agonía de Máani'.

Años después, ahí mismo, en Máani', Tutul Xiíw jalach wíinik, amo de Kuxa'an Suum, la soga viviente, cuando quería reencontrar sus orígenes, decía:

—Soguita, llévame a Uxmal, la ciudad de mis antepasados.

La reata, desde la cima de un montículo se alargaba en línea recta cortando el horizonte; entonces el jalach wíinik subía, y sus pies se deslizaban a gran velocidad. De esta manera tenía el don de acortar la distancia y de alargar el tiempo.

Cuando Tutul Xiíw murió, la soga fue reencontrada en X-Kaba ch'e'en, la cueva cenote que había sido de la hechicera. Nadie se atrevía a tocarla, hasta que un forastero, sordo a la advertencia, comenzó a jalar la cuerda, que, aunque ya habían salido muchos metros, seguía creciendo. Bañado en sudor la cortó para manipularla con más facilidad, pero de cada corte fluía sangre como si fuera una arteria. A punto de enloquecer, para librarse de lo que parecía una maldición quiso regresar la soga al cenote, pero fue inútil, porque seguía creciendo como bejuco vibrátil. Por último, la cuerda se le enroscó y le trituró los huesos. Con extraños bufidos la reata recobró el sosiego y su longitud, acomodándose en su sitio. Nadie sabe cómo ni cuándo desapareció de ahí, para, a pedazos, transformarse en los caminos que recorren Yucatán, porque la agenda de Aj Pu'uch ordena que de ellos mane la sangre ocasionalmente.

Cecilio volvió a recordar al abuelo, quien siempre sentenciaba: "No hay plaga, sequía o ciclón que haya causado tanto daño al indio como el español."

Por mandato de Diego de Landa, Provincial de la orden de franciscanos, en Máani' se llevó a cabo un auto de fe para combatir la idolatría indígena. En la plaza fue levantado un cadalso y cerca una hoguera. Después de leer la sentencia, los prisioneros fueron entregados a Diego Quijada, autoridad de la colonia, quién dio la señal de la ejecución. A algunos condenados se les quemó la espalda con cera hirviendo, con tenazas les arrancaron tendones y piel; otros atormentados sangraron por los ojos, oídos, y boca; a la minoría, con un gran embudo los hicieron tragar agua de sal hasta reventar; los que intentaron huir fueron abatidos por los arcabuceros. Una pira gigantesca consumió los cuerpos, miles de figurillas de barro, veintisiete códices, altares, dinteles, jambas y estelas. Ante el asombro general irrumpió Nachi Cocom, caudillo de Sotuta, con los puños crispados:

—No podrán quemar mis palabras, ni hacer ceniza nuestra memoria. Pronto cosecharán las púas que han sembrado —y desapareció como un fantasma.

14

Miguel, en cumplimiento a una de las más persistentes recomendaciones del abuelo Elías, se dedicó por entero a los estudios. Así, sobre la neblina del amanecer aún flotaban las últimas campanadas llamando a misa de seis en la Catedral. Miguel, desde el vano de la puerta de cedro y rosetones de hierro forjado apremió a don Jacobo, pues ya todos los monitores se habían reunido en la Dirección del plantel.

–Gracias, Miguel, nada más permíteme volver a su lugar este tratado de enseñanza y en seguida nos vamos.

En una salita donde se encontraba el archivo escolar, don Jacobo De Alva en torno a una mesa ovalada inició la instrucción de los alumnos más aventajados del grupo.

–Jovencitos, ustedes tienen una gran responsabilidad para con la sociedad meridense. Este compromiso les exige colaborar con lo mejor de su talento y voluntad para la educación de sus condiscípulos –con un movimiento de ida y vuelta se ajustó la corbata de franjas diagonales y con voz de oráculo continuó–: No olviden que ser monitor de la Escuela Lancasteriana de la muy noble y muy leal ciudad de Mérida es un honor codiciado por muchos... A ver, joven Prudencio, usted alzó la mano primero, ¿qué dudas tiene?

—Señor preceptor, como debemos enseñar a nuestros compañeros todo lo relativo a la excelencia de la lectura, escritura, aritmética, y doctrina cristiana ¿por qué no dejamos que las madrecitas y el sacristán se hagan cargo de la enseñanza religiosa los sábados?

—Sí, así debiera ser —aprobó Cerafín—. El tiempo de que disponemos es demasiado breve, ya que trabajamos de siete a diez y de dieciséis a dieciocho horas...

—¡Dios nos libre de semejantes pensamientos! El amor a Dios, como dice el primer mandamiento, es por sobre todas las cosas. ¡Primero está Dios nuestro Señor y el excelentísimo señor obispo que bendice nuestra labor cotidiana... ¡Mucho cuidado, la sabiduría sin la fe cristiana irremediablemente nos precipita hacia la soberbia que es un gravísimo pecado capital! ¿Hay alguna duda sobre lo que enseñaremos hoy y siempre a esos pequeñísimos grupos que se encuentran a nuestro cargo por la gracia de Dios?

—Ninguna, señor preceptor —respondieron a una voz, siguieron a don Jacobo hacia el aula magna donde, organizados en grupos de doce niños, esperaban más de cien alumnos.

Don Jacobo subió a una tarima desde donde podía cubrir visualmente a todos los asistentes. Cogió una campanilla y la agitó tres veces, como respuesta todos se pusieron de pie.

—¡Buenos días, maestro!

—Buenos días, siéntense.

Volvió a sonar la campanilla para que Miguel, el primer monitor, iniciara la lectura. Los del grupo de éste, siguiendo con la vista los renglones de su propio libro, pretendían reforzar la sintaxis con las pausas dictadas por la puntuación y el énfasis expresivo de acuerdo a la construcción de cada palabra. La campanilla y un enérgico ademán de don Jacobo alertaron a Miguel, uno de sus alumnos con la boca abierta seguía el vuelo de una libélula. Miguel dispuso que el distraído durante el recreo rezara un rosario con todo y letanía.

Con ésta y otras dinámicas, ocho meses después se realizó la ceremonia de clausura ante la presencia de autoridades eclesiásticas, educativas, civiles y militares.

—Miguel —llamó el preceptor, quien al tener ante sí a Miguel le colgó la presea al cuello—. Por su excelente calificación en todas las asignaturas, medalla de oro con inscripción: Al mérito, en el reverso: Sociedad Lancasteriana.

El último nombrado fue Atanacio Flores, quien recibió medalla de latón con iniciales: S. L. (Sociedad Lancasteriana). En tanto, dos ancianas encopetadas y con el colorete deslavado por el sudor, cuchicheaban:

—¡Óyelo bien, Cleofas, ese tal Atanacio no es más que un zopilote pálido, porque no es legítimo blanco; raza de atrevidos, como si yo no supiera que es hijo de una tal HuChin.

—Ay sí, Margot, es inexplicable cómo los hijos de la lujuria indígena pueden asistir a la misma escuela de nuestros angelitos que son muy limpios de sangre.

—Debe ser porque ya se acerca el Juicio Final.

15

Los recuerdos son atado de caña a veces dulce, a veces amargosa, y siempre se lleva a cuestas sin importar el rumbo para donde uno vaya, sobre todo cuando se trata de andanzas sin derrotero específico, similar al de Cecilio que una tarde volvió a verse interrumpiendo el chapeo del solar, una vez más se admiró los músculos del antebrazo, cerró con fuerza el puño y contrajo el ángulo de su extremidad para comprobar el desarrollo del bíceps.

"Ya soy hombre. Por eso mamá hizo mi primer calzoncillo de manta para que no se me transparente la vergüenza."

Con el dorso de la mano se limpió el sudor del naciente bigotillo. Separó las piernas, se agachó, y alzó una enorme piedra. Con la mirada en derredor como buscando la ovación de los guajolotes caminó varios metros y la tiró contra la albarrada. De improviso la imagen y voz del Encantador de jaguares como una reverberancia se le fue configurando:

"... Dice el Chilam Balam de Chumayel: Toda luna, todo año, todo día, todo viento camina y pasa también.

Así como también toda sangre llega al lugar de su quietud, como llega a su poder y a su trono."

Cecilio de inmediato cayó en trance místico:

"Entonces cada gota de agua tiene un cristal distinto y cada hoja un cantar diferente, porque el gavilán vuela, se sumerge el lagarto en el río, corre el venado. Pero hay otro movimiento escondido en la sangre que da pensamiento al maya y también en la resina que aromatiza sus principios... Cierto que el hombre pone la semilla en la mujer, la sangre de ambos se recrea hasta que el niño nace a la muerte, sin embargo brota la sonrisa a la vida, después el habla, más tarde la carrera tras la codorniz, sin darse cuenta se hace hombre, envejece, y es entonces cuando alumbra el espejo de su palabra; por eso me veo en el abuelo:

—"Hijo, ¿por qué comiste mucha hoja seca?"

—"¿Por qué hoja seca, nojoch taata?"

—"Porque templas al sol tu sabiduría" —sonrió malicioso, le miró la garganta, y concluyó—, "y por la rasposa y aguda incertidumbre con que ensayas la voz del hombre."

Días después, Cecilio, en la selva, antes de iniciar el trabajo, se arrodilló:

— Preciosos Yuum tsilo'ob, como ya soy milpero, ante este altar les entrego la bebida sagrada... Señores de los Vientos, Señores del Agua, Señores de la Tierra, les pertenece porque la hice con agua virgen para que refresquen su ánimo. Les suplico me cuiden cuando esté tumbado este monte, para que no me corte con el hacha o machete, para que no me muerda alguna víbora, para que no caiga sobre mí algún madero.

Con la ropa húmeda de sudor y resina prosiguió su lucha contra los gigantescos árboles; la ardilla saltó sobre el ramaje caído y corrió en busca de refugio; el colibrí dejó languidecer la miel en el cáliz de la flor.

Ya en casa, el crepúsculo le rebulló nuevas emociones:

—¿Qué me sucede? —discreto, miró las mozas que acarreaban agua con sus cántaros—. Cuando las olfateo mis ojos se atragantan con sus senos que tiemblan al ritmo de sus pies desnudos, hasta suspiro con hondura la tibia cadera debajo del fustán mojado.

Rosa regresaba con la soga del pozo y la cubeta en la mano. La sonrisa pronunció los hoyuelos de sus mejillas:

— ¡Cecilio, ayúdame!

Y la respuesta de Cecilio fue enrojecer e inclinar la cabeza.

Muchas tardes después, Rosa con la batea entre dos árboles lavaba su ropa. Cecilio, sigiloso, se acercó y la abrazó por la espalda. Con una mano le tapó la boca, con la otra los ojos y con voz fingida susurró:

—Todavía no ha llegado el momento de conocerme. Hoy, cuando anochezca, tiraré dos piedritas en el huano de tu casa para que salgas. Ahora, cuando te deje libre, cuenta hasta diez y abre los ojos.

No obstante que Cecilio de inmediato desapareció bajo el resuello del viento, Rosa tardó en abrir los ojos. Su rostro transfigurado seguía escuchando las palabras al revivir la presión de los brazos de Cecilio. Por fin recuperó el aplomo y con una sonrisa coqueta murmuró:

—Hijo del diablo, pareces jaguar. Si así eres de día, ¿cómo serás en la noche? No importa que hayas escondido tu llegada, tu voz y tu partida, mi cuerpo ya aprendió a conocerte.

A Cecilio le temblaban las piernas cuando llegó a la casa. Hizo la señal convenida y esperó. Al fin la blanca vestimenta de Rosa aclaró tenuemente la madrugada. La neblina selvática difuminó las siluetas, la frialdad del ambiente urgió al calor de los cuerpos, los ritmos se fundieron en un tiempo detenido.

La lechuza con enfado reclamó algo al amanecer, porque Rosa buscaba su moño entre la vegetación.

Al día siguiente, Cecilio a media jornada desleía su pozole en la milpa.

—Rosita de mi alma, me hiciste agonizar como a un Dios; morir así es llegar hasta la sombra de la Ceiba Madre por la calzada de los espejos, por el camino donde se escarba el camote de pezones negros, por el laberinto del maíz que incendia la sangre, y por el desfiladero donde se escancia el atole en la jícara...

16

En los cuartuchos destinados a la servidumbre y la peonada, Gertrudis y Cenobia silenciosas se quedaron mirando una a la otra, giraron el rostro hacia el murmullo proveniente del otro lado de la casona, y concluyeron:

—Mi tía Petronila dijo que cuando el tecolote canta, el indio muere. Doña Gertrudis, había de ver cómo se me enchinaba el cuero y me la pasaba a reza y reza durante las nueve noches que el xooch' xooch' del pajarraco ése rondó por la casa principal de la hacienda.

—Ya lo ves, Cenobia, para Aj Pu´uch no hay diferencia entre blancos, indios o negros, ricos o pelados, como nos llaman, y menos entre bonitos o feos.

—Cierto, la carroza de don Elías era muy veloz, pero fue más rápida la muerte.

—Pues aunque me suden las manos y aplauda con las rodillas de miedo quiero acercarme a la capilla de la hacienda para ver qué tanto hacen y cómo le rezan a ese viejo que era un verdadero diablo con los indios.

—¿Y si nos pescan espiando?

—Nos hacemos las desmayadas, al fin que doña Amargura sabe que me embota el olor a incienso y a flores...

—A mí me da coraje ver la cara de hipócrita con que la familia está haciendo cálculos sobre la herencia.

—Oí que un tal notario atestimoniará no sé qué cosas después de la última novena.

—Así ha de ser y ya imagino el pleito que se va a armar debido a su ambición, porque no maniatan la codicia ni ante el Cristo dorado que le pusieron en el cabezal del cajón tan lujoso donde lo van a enterrar.

—En verdad, esa caja parece un alhajero gigante, hasta la tarugada esa que llaman laqueado encandila con la luz de los candelabros de bronce...

—Vaya manera de gastar si el viejo está tan chuchul que ni los gusanos podrán meterle el diente, bueno, es un decir.

—Pues un mejor decir es que el obispo mañana le hará una misa de cuerpo presente en la Santa Catedral.

—Ahí sí que nos fregamos, los indios nunca hemos entrado ni entraremos a esa iglesiota que nada más es para los blancos.

—Claro, sólo podemos rezar en Santiago o Chuburná que es donde Dios atiende a los jodidos.

—Oiga nomás qué gritería de las chechonas.

—Esos como rebuznos y sollozos que terminan en sonada de mocos no son de los parientes del difunto.

—Vaya, ¿y quién más chillaría de esa manera si no es de la familia?

—Son unas fulanas pagadas, les llaman algo así como panaderas.

–Mejor les había de decir mocopayasas.

–Ya volvieron a rezar, ándale, vamos a ver.

–Ni las entiendo, porque apenas mal masco el castellano, en cambio usted ya sabe hablar como los ts´ules, porque tiene más de treinta años de x-k´oos.

Cuando se acercaron por un flanco de la capillita, escucharon una voz recia que avanzó sobre el silencio sahumado:

–Ha llegado el momento en que el hijo del hombre va a entrar a la gloria. En verdad os digo que "si el grano de trigo no cae en tierra y no muere, queda solo, pero si cae en tierra y muere, da mucho fruto"... Señor, tu amantísimo hijo Elías, el venerable hacendado, ejemplo de trabajo y bondad, magnánimo protector de los naturales de esta miserable región, ha concluído su etapa terrenal en este valle de lágrimas, separándose de nosotros para comenzar a vivir la vida eterna. Tengamos fortaleza para soportar el dolor resguardándonos en la fortaleza de la fe, ya que la muerte no es el final, sino el comienzo de una nueva vida, en vez de tinebla es luz resplandeciente, tampoco es derrota sino condición para la victoria final en la resurección.

–Mejor vámonos, doña Gertrudis, no sea que luego quieran hacerlo santo y tengamos que rezarle diario antes de dormir, o por último, doña Amarga nos dé nuestra chinga como aquella vez que la víbora picó al niño Miguel.

—Bueno, pero me gustaría saber de qué se murió el viejo Elías.

—Ay, doña, se me hace que los años los trae encima nomás a lo menso, ¿no ve que lo mató la prisa?

—Ahora resulta que no fue del mulazo que se dio al volcarse la carroza.

—Claro que sí, pero era la apuración que traía por conocer a la mentada novia del niño Miguel.

—Ah.

17

... Yucalpetén/ Yucalpetén/ vibra el tunk'ul y el sakatán,/ y al ronco eco del caracol/ tensan los arcos en Mayapán —cantaba Cecilio por el anciano sak bej, Camino santo.

Abrevando libertad, se detuvo un momento a pensar en la red energética y divina del Mayab, anudada en Chichen Itzá, Balankanché, Uxmal, Loltun, Izamal, X-Takunbin xuna'an, Ka'a laak' mu'ul, Bekan, Ts'iba'an che', Tulum y Cobá.

"Son muchos lugares, pero los conoceré poco a poco."

Se volvió para mirar el camino andado que con una curva quedaba oculto por el breñal. Una especie de remordimiento por haber cantado en el idioma del opresor le hizo reiniciar la melodía:

—Yukalpetén/ Yucalpetén/ ku kíilba tunk'ulo'/ i'ix sakatan/ ich mas-kal eets' ti'e soko'/ ku t'iino'ob u chululo'ob ti' Mayapan...

Continuó la marcha hacia un destino cuya ruta bosquejaba día con día, y la manta cruda de su ropa reverberaba en la monocromía de la calcita.

En uno de tantos pueblos diseminados en la península concluyó que, aún siendo mayas, muchos trabajaban en las haciendas de los señores, en el cultivo del henequén; y otros vivían en las grandes ciudades, como servidumbre.

En el norte de la gran llanura de Yucalpetén, alrededor de la ciudad de Mérida, los arbustos entre pedregales y pequeñas manchas de tierra roja rasguñaban la nitidez del viento manso, mientras hundían la raíz en la parca humedad del lajerío; y de súbito, un cardenal como astilla de fuego sediento de sombra voló hacia la rama.

Cecilio, escondido tras una albarrada que imaginó apilamiento de cráneos fósiles de peones, tendió la mirada por el henequenal. Pero como éste era coto solamente para los nacidos en la hacienda, nada más le quedó el anonimato de su peregrinar, y, espiando todo, musitó:

"... Sí, los peones empiezan el jornal como fantasmas entre la neblina del amanecer. Al medio día la cólera del sol los tuesta, pero no interrumpen el corte de pencas con su machete corvo. Después de quitarles las espinas, las tiran para completar el atado de cincuenta hojas, que luego cargan hasta la vera del camino. Sus harapos son sudor y polvo, sangran en los pies, manos y espalda; y a veces levantan un calabazo para beber su amargura."

El sol, apenado, huyó hacia el horizonte. Un peón, indiferente vio el vuelo a ras del tapacamino, que con los ojos incendió el negro cotón del ambiente. Cecilio, encorvándose para no ser visto, dejó su escondite.

—Eh, hermano, vengo de muy lejos, ¿tendrás algo para comer?

—Yo también sé del hambre, aunque me traiga problemas, ven conmigo, por el atajo evitaremos la mirada de los soplones del ts'uul.

En la choza comieron tortillas calientes con chile de molcajete. Cecilio, después de un gran trago de agua de pozo, quiso agradecer las atenciones, pero su anfitrión interrumpió:

—Dices que vienes de una zona maicera, eso debe ser lindo porque se da todo el amor a la tierra cuando se cultiva; en cambio, nuestro trabajo es en terreno ajeno, y no termina con el corte de pencas, porque nos turnamos para desfibrar, a veces nos mandan al secadero o al corcheo de sosquil; también hacemos sogas, costales, bolsas, hamacas o mecapales, y todavía hay qué deshijar al henequén para sembrar nuevos planteles, presentarse a las fajinas de mantenimiento de la hacienda, y, en especial, para trabajar en la huerta.

—Entonces están atados al henequén, a la cuenta grande, a los azotes, porque el aguardiente y la miseria ya les arrastró el orgullo hasta más allá de los nietos de sus bisnietos. ¿Sabes? Quiero que conozcas mi pueblo, se llama Tepich.

—No puedo... Nací en la hacienda, y no tengo permiso de conocer otro lugar.

Cecilio quedó en silencio. El peón para justificar su resignación a escondidas lo llevó por una vereda que bajaba hacia el secadero de sosquil. Lograron infiltrarse hasta muy cerca de la plazoleta de la casa principal, donde un hombre apenas rozaba el suelo con los pies, debido a las manos atadas en la punta de un poste. Como los golpes de la fusta reventaban la piel del dorso y pringaba la sangre, Cecilio con la mandíbula tensa y los puños fuertemente cerrados preguntó:

—¿Por qué lo azotan?

—Porque llegó tarde al corte de pencas.

Terminada la flagelación, el peón fue desatado. A punto de derrumbarse se arrodilló y besó la mano de su verdugo, quien en el acto gritó:

—¡Para que no olvide que el henequén es el oro verde del amo, que le unten naranja agria y sal en el espinazo!

Cecilio miró al suelo, y con la espina del odio clavada en el pensamiento, decidió irse de ahí esa misma noche:

"Por eso el indio como el henequén vive de la frugalidad; y si se requieren veinte años para que aparezca el varejón que preludia su muerte, yo necesito menos tiempo para liberar a mi gente."

18

Miguel pasó todo el día en el campo supervisando el corte de pencas de henequén y su transporte, puso especial esmero en el deshijado y en la resiembra, sin embargo, su mayor afán era hacia los peones agotados en quienes siempre veía algún signo de apatía. Estaba por obscurecer cuando bajó ágilmente de su caballo blanco pura sangre, de inmediato un mestizo tomó la rienda y condujo al animal hacia el potrero para pasearlo hasta que se enfriara. Ya en la caballeriza le dio agua fresca de la pileta de piedra labrada y en tanto el cuadrúpedo forrajeaba el hombre lo desensilló, le quitó el sudadero y empezó a cepillarlo.

Miguel con rápidos y largos pasos traspuso el amplio corredor de la casa principal de la hacienda.

—Por qué tanta prisa, mi amor, ¿es que ya ni de tu madre te acuerdas?

—Perdón, mi Margot consentida, estoy un poco cansado...

—¿Te hicieron enojar los indios, verdad?

—Son unos imbéciles.

—Si supieran el favor que les hacemos soportándolos... Bueno, a otra cosa, mi besito, por favor.

Le rechinó los labios en la mejilla con la intensidad de siempre y de nuevo la alzó en vilo por la cintura hasta arrancarle la carcajada que era el permanente ungüento para todo malestar.

En su habitación se sentó en la hamaca de hilera blanca con franjas rojas. Atosigado por el bochorno veraniego se mecía para refrescarse, cuando una indígena de catorce años atravesó la recámara con mudos pasos de sus pies descalzos para no hacer ruido. Acentó en el piso de duela una palangana con agua tibia y empezó a desatar las agujetas de los botines, cuyos pies pendían por un lado de la hamaca. Al quitarle los calcetines, empequeñeció la voz:

—Señorito, esperaré un momento para que sus pies se refresquen antes de jabonarlos y enjuagarlos.

—Bien, Ventura.

Transcurridos cinco minutos, la suavidad de los delgados dedos procedieron a la labor que por su delicadeza era todo un ritual. Miguel disfrutaba el agua tibia y el contacto de las manos en los talones y tobillos, al reacomodarse en el lecho, fascinado descubrió los senos primaverales. Sin miramientos empezó a juguetear los pezones con la yema de los dedos, el estremecimiento de la joven acabó de asomar por las mejillas sonrojadas.

—Ay —truncó un suspiro—, señorito Miguel, con su permiso me retiro para llevar la palangana.

Sin mayor esfuerzo la levantó y se la echó sobre sí.

–¡No, señorito, usted no debe...

–Sí debo y puedo... no hables fuerte.

El tacto masculino sólo encontró aridez entre aquella pequeña porción de escaso vello, hubo de ayudarse humedeciendo sus dedos con saliva y aún así Ventura no supo qué hacer, pues el brillo de sus ojos rasgados de pupilas demasiado negras buscó una respuesta en su cabalgadura humana. La aromática mezcla sabor a macho y residuos de agua de colonia acrecentaron el errático y accidentado pedazo de cielo que demasiado pronto la llevó a un gemido doloroso y placentero. Media docena de tropicones después una lumbrada vigorosa le iluminó la entraña.

–¡Continúe, señorito! ¡Sígale, por favor!

–¡Lárgate ya!

19

Cecilio, otra vez de camino, se estremeció:

"Yaxkopoil, Temozón, Makuiché, Wayal kéej, Tsununkaan, ésas y muChisimas haciendas son como tábanos gigantes que chupan la sangre y médula de los indios. Aunque somos los dueños originales de esta tierra, los blancos se enriquecen con nuestro sudor y angustia. Pero a esa gran fuerza se le puede vencer con otra igual o superior, si se cuenta con la rienda que le dé dirección y medida justa."

Al pie de la Sierra baja, única cordillera de la península, Cecilio atravesó plantíos de tabaco y de achiote engañando al hambre con su canto:

Le aj-pich'o'   El clarinero
ku yichkíil ye'etel siinan k'aay baña de arpegios
u sujuy nej   la cauda núbil
ti'e sayabil.   del manantial.

Entre huanales de Muna y de Ticul llegó a Máani'. En la iglesia, rezó ante un Cristo de estatura baja y braquicéfalo por el cráneo tan redondo como el de los mayas. Lo que más llamó la atención de Cecilio fue que la imagen llevaba morral de henequén y alpargatas sujetas con cuerda de sosquil.

—Señor, no eres como el que me enseñaban en el catecismo, más bien te pareces a mi gente crucificada —dubitativo, giró el rostro hacia otras imágenes y, temeroso, dijo—... ¿Quién, y por qué te pusieron aquí?

Las distancias recorridas bajo el calor implacable, el ayuno, la sed, el descanso en vigilia a la intemperie, lo precipitaron en un vahído y un sopor en que los linderos de la realidad y de la alucinación se borraron por completo, pero alcanzó a oír:

—Hijo mío, hace trescientos años fui crucificado aquí por los españoles, para hacerme cómplice de su infamia; pero mi cuerpo fue esculpido por manos nativas, por eso mi esencia es maya, las espinas de mi corona se multiplican con el sufrimiento de ustedes en cada henequenal, mi cruz es cada atado de caña en la zafra.

Cecilio, recuperando su estado de conciencia, dijo:

—Señor ¿hasta cuándo llegará el fin de nuestra tribulación?

—El borde de la jícara nos dice cuál es la cantidad de agua que puede llevar... Sí, con mi muerte hice libre a la humanidad, pero a ustedes los encadenaron, por eso a los mayas les corresponde reencontrar la huella perdida.

Con el peso de la verdad a cuestas abandonó el templo. Por el camino de X- Kaba ch'e'en encontró a una mujer con su cántaro.

—Buen día, abuela ¿puedes regalarme un poco de agua?

Le dio de beber. Mientras tanto, entre sorprendida y dudosa, con ojos cansados y llenos de carnosidad lo recorrió de arriba a abajo.

Vienes del oriente para tocar la tierra de nuestros ancestros; conocer el lugar de la Soga Sangrante; el X-Kaba ch'e'en; buscas el atrio donde los códices se hicieron ceniza en manos de Landa; y a conocer al Cristo maya. La tierra de tus ancestros eres tú mismo; la Soga Sangrante es el cordón umbilical que le cortan a cada niño; el X-Kaba ch'e'en es el agua de la vida; lo de los códices es el deterioro de nuestra lengua madre; y al Cristo maya lo has escuchado, porque te esperaba para hablarte... Ahora estás aquí cumpliendo la profecía de mi lejana abuela, y con su voz te advierto:

—Cecilio Chi', el cielo amarillento que se ha visto nueve días en Máani' es lluvia caliente que nos dejará sin cosecha, pero eso no es gran daño comparado con su augurio.

—¿Cuál es el mensaje encubierto?

—Que se acerca la época del apilamiento de cráneos, porque el gavilán negro y la garza pelearán a muerte con lenguas de fuego, y porque la sangre de ellos estremecerá las cuatro entrañas del Mayab.

Cecilio se sorprendió al recordar que durante su niñez soñó a un enano revelándole un secreto por medio del apilamiento de cráneos.

—¿Yo lo veré?

—Ay, Gavilán-jaguar, si supieras...

—Gracias por el agua, yo voy de regreso a mi pueblo, y a usted que nuestro Cristo la cuide.

Atravesó P'enkuyut para llegar a Tekax. Ahí, en la serranía, y rumbo a Mérida, los cascos de las bestias chispeaban en las piedras sueltas del camino, jalaban una carreta sobrecargada de azúcar, piloncillo, melados y ron. Echó un último vistazo hacia el bajío por donde se fue el cargamento, y continuó su camino

En una hacienda cercana a Peto, los trapiches hechos con jabín molían caña de día y de noche. El guarapo hacía gárgaras hirviendo en las calderas, un dulzor embriagante se extendía en los alrededores, y Cecilio fijó su atención en un trabajador demasiado viejo. Durante la plática, el anciano resumió sus convicciones:

—Y a falta de padre, el tío Melesio enterró mi ombligo en un cañaveral, por eso aquí soy sapo en su charca... Sí, he trabajado en Valladolid, Tizimín, Espita, Holpechén, Tekax, ¿cómo no voy a conocer el oficio de cañero?

—Y... ¿será que me den empleo?

—La siembra y la desyerba se paga a un real por jornada. Pero como estamos en plena zafra, hay demasiada gente.

El hombre explicó que debían esmerarse en la faena para que no les ganara la temporada de lluvia, no obstante a la conversación dedicada a enaltecer los gajes del oficio, Cecilio se distrajo mirando a los hombres que descansaban en sus hamacas. Entre tanto, al rasgueo de una guitarra poco a poco se le fue arrimando una voz:

Canta la paloma azul
porque ya se oculta el sol,
con un machetazo más
termino el corte de hoy.

Remoja el rico su pan
en chocolate caliente,
endulzado con azúcar
de este cañaveral.

Y yo pregunto mil veces
al hacendado y a Dios,
por qué si es dulce la caña
es tan amarga pa' mí.

De pronto, por encima del canto se escucharon injurias procedentes de afuera. Dos hombres machete en mano tasajeaban la penumbra al quererse matar. Los brincos y flexibles giros libraban el filo mortal, hasta que el agotamiento de uno fue presa de la mano certera que le azotó con el plano del machete, arrancándole a la espalda y brazos un sonido de cuero destemplado. El vencedor al ver derrumbado a su rival que echaba sus últimas maldiciones, se retiró.

Muy temprano, como ninguno de los pendencieros apareció, Cecilio, aunque fuera domingo, fue contratado, así que su primera y única obligación por ese día era oír misa, como todos.

En el atrio, esperando a los novios, los cortadores de caña hacían comentarios en voz baja, dentro, las mujeres con el rosario en la mano simulaban rezar.

Por fin llegaron el patrón y su capataz, que ocuparon los dos únicos reclinatorios colocados a la derecha y muy cerca del cura. Los novios fueron conducidos hasta los escalones que daban al altar, para hincarse en el piso de piedra. Antes de la epístola, como los desposados eran indios, el cura dijo que si alguien sabía de algún impedimento para la unión de los dos hijos de Dios que hablara o callara para siempre; muy de prisa les dijo sus obligaciones, y con la misma celeridad bendijo la santa unión. Durante el Evangelio juntó las manos, miró al techo en busca de Dios, muy despacio regresó los ojos hacia la feligresía, e inició con un susurro que poco a poco fue subiendo de tono:

—"Bienaventurados los pobres de espíritu, pues de ellos es el reino de los cielos"... "Los que lloran, porque serán consolados"... "Los humildes, pues heredarán la tierra".

Complacido, miró al patrón. Éste asintió levemente y el sacerdote continuó:

–Hermanos en Cristo, en el mundo muchos no tienen un pan para llevarse a la boca y un vaso de agua para mitigar su sed… Demos gracias al Señor porque ustedes son afortunados al tener un trabajo. Que Dios todo poderoso y eterno derrame sus bendiciones sobre los santos sacerdotes que predican su verdad, y también sobre el propietario del cañaveral que como buen padre les da el sustento, los protege, y los conduce por el verdadero camino del cristianismo, amén. Cecilio a duras penas contuvo su mal talante.

Durante la salida de la iglesia miró de soslayo al patrón buscándole algo de divino. Al concluir que la única diferencia era el color de piel y la abundancia de vello, prefirió prestar atención a los comentarios de los trabajadores:

–¡Qué bueno que hubo casorio!

–¡Seguro! ¡Habrá tacos de relleno negro y ron hasta para quedar lelos!

–Ahí va Cornelio, se ve muy feliz

–¿Por qué su mujer no va con él?

–Como es costumbre, la recién casada pasará dos semanas en la casa principal, para que el amo o su hijo mayor la aconsejen y le enseñen sus obligaciones.

–Con razón todos los ahijados del patrón tienen su misma pinta.

—Claro, por eso te pareces tanto al abuelo del amo.

—¡Vete al demonio!

A la semana, Cecilio bajo un sol que derramaba cuarenta grados de bochorno se veía como crucificado en el enorme tercio de caña que llevaba rumbo al trapiche. Al ver el enojo del patrón, aflojó el paso.

—¡Dile al carretero que ya atrasó su salida!

El capataz ni contestó, por salir corriendo a cumplir la orden.

—¿Quién subió a ese indio mugroso sobre la carga?

—Los cortadores —respondió el carretero compungido— porque lo mordió una barba amarilla.

—¡No podemos demorar el viaje sobrecargando la carreta o buscando un yerbatero! ¡Bájenlo de inmediato!

—Y que se haga la voluntad de Dios —intervino el hacendado con la fusta en la mano—, porque no deben olvidar que por sobre todas las cosas primero está el azúcar y el ron con que les doy de comer. ¡Muévete, y no pares hasta llegar a Peto! —miró al vehículo que trasponía el arco de la entrada principal, y frunció el entrecejo—... Fidelino, me vas buscando otro carretero porque éste acabará dándole azúcar a escondidas a toda la indiada; así que cuando regrese me lo mandas de inmediato a cortar caña.

Cecilio y otro peón cargaron al moribundo para llevarlo a la galera donde dormían hacinados.

Después del entierro, Cecilio con la esperanza de recibir su sueldo esperó hasta que cobró el último trabajador. Con la desazón a cuestas decidió preguntar por qué no lo habían llamado. El patrón, sin mirarlo siquiera abrió la libreta y señaló el nombre de Cecilio Chi'.

—De acuerdo a las arrobas de caña que cortaste alcanzas quince reales; pero tres que te di, tres que están apuntados aquí, y tres que me debes, son nueve; y como no debes ir a malgastar los seis restantes en otro lugar, alcanzas tres kilos de frijol y una garrafa de ron.

El despojo le quedó a Cecilio más que claro, por eso, de prisa dejó la Villa de Peto rumbo a Ichmu'ul.

El croar responsivo de los sapos asaltó los confines de la selva. Cecilio imaginó a los enanos ayudantes del Dios Cháak, quienes montados en sus tortugas allá en lo alto se fustigaban con sus antorchas y guajes, hasta que un machetazo de fuego rompiera el vientre de la nube. Así, Cecilio bajo el aguacero se medio cubrió con hojas de palma al mantener el equilibrio por los traspiés y resbalones entre la noche. El agua ya era un corriental que desnudó cientos de afiladas rocas, cuando el fogonazo de un rayo derribó un cedro que casi lo aplasta.

—Bendito Cristo de Máani' ¿cuántas cruces están dormidas en la madera de este gigante?... ¡Sí, Dios mío, pero cuando brota el odio, la tranquilidad se torna huidiza!

20

—Cenobia.

—Diga, doña Margot.

—Estás embarazada.

—No sé, señora

—¡Ah, vaya! ¿Y esa panza?

—¿Cuál?

—¡India endemoniada! ¡No cabe duda de que ustedes son unos genios para hacerse tarugos!... Gertrudis.

—Mande usted.

—Ay, sí, mande usted, ¿qué tanto orejeas tras la puerta? Te importa demasiado nuestro asunto ¿verdad? Anda, metiche, estoy esperando otra de tus ladinas boberías.

—¿Sabe quién sí está bien panzona?

—Tú.

—Por favor, señora, no se burle de mi esterilidad.

—Oh, perdón, ¿entonces será tu abuela?

—Es Buenaventura.

—¿Qué? ¡Imposible, el señor no puede haberse metido también con la mocosa esa!

—Con el debido respeto, patrona, lo que Cenobia tiene es inflamación de la matriz...

—Claro, como tienes tantos hijos, te has vuelto una erudita en la materia.

—Si quiere correrme, hágalo, yo nada más quiero ayudarla a que no cometa una injusticia con esa muchacha, porque doña Esperanza ya la está tratando.

—Si quiere correrme; te vales de que el señor no sé qué diantres te ve, pues nunca permite que te eche de esta casa como mereces, sí, Gertrudis, de las puritas greñas... Aaah ¿no será que el señor también te rompió el cántaro?

—Señora, yo...

—Cierra el hocico, Cenobia, y lárgate de inmediato a tus quehaceres.

—Tú, Gertrudis, abre esa jeta arrugada y platícame sobre esa cusca como es debido.

—Señora, con toda la discreción y formalidad le informo que Buenaventura sí está embarazada, y antes de que el apellido de esta honorable familia empiece a andar de boca en boca...

—Basta, ninguna palabra sobre el particular a nadie de esta casa y menos a las ajenas; lo demás corre por mi cuenta —"Si no fuera por mi marido, primero está el desarrollo de mi hijito que está aprendiendo a ser hombre... Sí, a su abuelo le hubiera dado un soponcio de orgullo al saber que su nieto ya es un potrillo hecho y derecho"—. Gertrudis.

—Dígame, señora.

—Dormiré la siesta, a ver si ahora sí puedes hacerme la caridad de que nadie me moleste.

—Como usted mande, patroncita Margot.

—Ya déjate de salamerías y ve que esas mañosas no pierdan el tiempo en chacoteos.

"Sí, doña amargadita, como tú mandes, vieja mula... También cerraré muy bien esta puerta de la sala, para que cuando empieces con tu jaqueca yo pueda hacer como que no escucho nada, nadita de nada.

—Doña Gertrudis...

—¡Ay, mamacita! Jodida Cenobia, me espantaste.

—Muchas gracias por haberme salvado de ésta, pero ¿qué haré cuando la enfermedad empiece a marchitarme de tanto pataleo por dentro?

—Te casaré aunque sea con un perro para que la Amargada se la crea. Ya ves, mensa, después de que le leyeron la suerte a Miguelito te dije que regresaras a casa de doña Esperanza para que con su poder no te quitaran al marido, pero me saliste con que tu Amador era un indio a carta cabal y que ay, papacito chulo... Anda, ve por ahí a ver en qué te ocupas —"Buenaventura todavía está muchacha, en la juventud si no hay inteligencia es más fácil poner en práctica las ocurrencias, o las nalgas, pero sale uno del paso"— Buenaventura.

—Mande usted.

—Ven, hija, vamos a dar una vuelta por el corredor.

—¿A cuenta de qué?

—A cuenta de que ahora mismo te irás de esta casa antes de que te rompan el hocico y te echen a patadas.

—¿A mí?

—Yo no traigo en la panza a uno de los patrones... ¿Quién fue el que te hizo el favor?

—Eso ya no tiene importancia.

—Pues si es así, buena aventurada te diste.

—También Cenobia está encinta, así que ya no caminaré sola hasta mi pueblo, el de ella aunque esté más lejos a lo mejor es por el mismo rumbo.

—Cenobia se queda. Ay de ti si abres la boca, porque ella tiene treinta y cuatro años y la vida le sería más difícil fuera de esta finca, sin contar que su hijo por ser de la edad del señorito es su juguete preferido, también lo será de la Amargada para desquitarse de las puterías de los hombres de esta casa.

"... Está por anochecer, todavía no asoma ninguna estrella y el camino ya casi no se distingue, como dijo doña Gertrudis, debí llamarme Aventura, porque de Buena ya no tengo ni la cucaracha. Ave María, si no hubiera encontrado a este arriero hablantín, rete chula que me iba a ver con la jeta floreada de tanto caer y levantarme para reencontrar la ruta..."

—Como te decía, niña, mi querida recua muy bien que sabe de memoria el camino a Cantamayec; y así me verás siempre, llevando y trayendo mercancía para los comerciantes de Sotuta...

"¿Y yo me la pasaré llevando y trayendo chamacos k'aas ts'uul o medio blancos, como dice mi gente? No, pero tampoco iré a que mi padre me de una "limpia" con la soga mojada, así que veré a qué atarantado enredo para hacerle la lucha diciéndole que su hijo abueleó y por eso salió clarito de color.

21

Ya en Tepich, Cecilio bostezó al estirarse en la hamaca, porque un par de zanates a picotazos perseguían al último rayo del sol. La agresividad de las aves le hizo recordar, cuando, meses antes, un jinete a galope tendido entró en el poblado. Se detuvo en seco, y gritó:

—¡Mi capitán Santiago Imán se encuentra en Chemax al frente de numeroso ejército! ¡Avanza hacia Valladolid! ¡Promete que al triunfo de la causa ningún indio pagará obvenciones! ¡Se bajará la contribución personal y todos tendremos tierras de cultivo!... ¡Únete a las filas del libertador de los mayas! ¡Viva don Santiago Imán, aunque sea ts'uul!

De esquina en esquina repitió su arenga hasta salir del pueblo.

Muchos jóvenes sedientos de aventura y de botín partieron sin demora hacia Chemax, entre ellos iba Cecilio con el corazón puesto en otro compromiso. Al pasar por los poblados y caseríos, entre gritos blandían sus machetes promoviendo la rebelión. Las turbas crecían en número y euforia.

—¡Somos muchos! ¡Nadie nos detendrá!

—¡No tengamos miedo! ¡Un indio vale por diez blancos!

La insurrección penetró a Valladolid por el barrio de Sisal. Como manadas de jabalíes, la gente se adueñaba de las calles gruñendo o gritando:

—¡Viva don Santiago Imán!

—¡Mueran los bebedores de chocolate!

—¡Abajo la contribución personal!

No obstante las nutridas descargas de fusilería provenientes de las barricadas improvisadas por los soldados, los alaridos rebeldes retumbaban en la cantera de la iglesia y cimbraban las mansiones de la aristocracia vallisoletana. De la comandancia de la guarnición militar, el capitán Araos partió al mando de sesenta soldados, pero en unas cuantas calles ya eran menos de la mitad por los que se escurrían entre la gente, sin embargo, algunos fueron descubiertos por el capitán:

—¡El miedo no anda en burro! ¡Toma, Judas! —vociferó dejando ir el sablazo que degolló a un desertor.

El cuerpo continuó caminando hasta que se desplomó bañado en sangre. Araos descubrió a otro de sus hombres tratando de escalar la barda de un baldío, con un disparo le sacó los sesos por la frente. Se volvió y apuntó el arma hacia otro que tras unos huacales tomateros con mucha alharaca disparaba al aire en lo que desvestía a un rebelde moribundo. Una sonrisa idiota invadió al soldado por haber sido descubierto su intento de desersión, soltó el rifle, su rostro empezó a blanquearse, con las manos extendidas hacia delante hizo ademán de detener la bala del oficial, y el disparo se confundió con una nutrida descarga rebelde que desde un balcón acabó con la ira de Araos. No obstante, entre avance y retroceso de ambas fuerzas el olor acre de la pólvora se confundía con el de las quemazones; los heridos que lograban ponerse en pie veían junto a una ventana a un militar hecho bola que borboteante hablaba a la vida entre espasmos; a un mestizo a quien los balazos le habían borrado las facciones confundiéndoselas con el cerebro; a una joven casadera a la que su curiosidad la dejó de pie en la puerta del balcón con un disparo exactamente en el pezón izquierdo; o un niño degollado por la rueda de una carreta a la que sus caballos enloquecidos arrastraron hasta caer muertos de cansancio. Hasta las tres de la tarde por fin cayó Valladolid en manos del Ejército Libertador del Oriente y las fuerzas de la guarnición se sumaron a los rebeldes.

Tres días después, el comandante Santiago Imán llegó como emperador cargado en litera por los indios. La muchedumbre lo recibió con júbilo, porque dio a conocer un documento que avivó el entusiasmo:

—¡No más impuestos para hombres ni mujeres!

Y las afirmaciones se generalizaron:

—¡Así es! ¡Los indios con edad de catorce a sesenta años, sólo daremos un real mensual!

–¿Porqué tenemos qué pagar algo que no debemos?

–Mejor seguimos la guerra para no mantener a los curas, esas garrapatas que nos chupan la sangre.

–¡A ellos los mueve la avaricia y la soberbia de Satanás! ¿Dónde está la pobreza y la humildad de Jesucristo?

–Sí, el cura de Tihosuco, don José Antonio Mais, cada vez que recibe noticias de alguna derrota de nosotros hace repicar las campanas y echa cohetes de gusto

–¡Claro, sus manos se convierten en tentáculos para cubrir el tesoro de nuestras limosnas!

–¡Tres cosas son difíciles para el avaro: pagar, dormir, y cagar!

22

En el barrio de Santiago, dos jóvenes coincidieron en una esquina.

—¿A dónde vas, Honorato?

—A la Universidad Literaria; estudio Derecho civil.

—Vaya ¿y quién es el catedrático responsable?

—El ilustre don Domingo López de Somosa.

—Sin tantos honores yo nada más lo llamaría don lunes, por los comentarios de que sus disertaciones hacen dormir al alumnado.

—Será uno que otro desvelado; los responsables atendemos y aprendemos.

¿Y para qué estudias Derecho, si todos los abogados son rete chuecos?

—Es mi vocación —con los dedos hizo un ademán de dinero—, y porque en Yucatán hasta el momento no hay otra opción para estudiar un nivel superior, a no ser que uno quiera irse a México, La Habana, Guatemala u otro lugar.

—Cierto, aunque también dicen que pronto se establecerá la cátedra de Medicina y Cirugía Práctica.

Ya verás, los que se gradúen acabarán con la clientela de los yerberos y hechiceros.

—¡Jamás sucederá, porque cada quien con su cada cual! Los médicos nos atenderán a las gentes de razón, porque tenemos con qué pagar; los yerberos y adivinos seguirán pegados a la indiada miserable que como animales se curan con cualquier brebaje preparado con chichibé o caca de colibrí.

—¡Indios no, indios no! ¡Indias siií! Para qué más que la verdad, hay algunas que trabajan de gatas, pero son de Angora, y aunque las tengan refundidas en las haciendas henequeras o cañeras están como para volverse caníbal sin tenedor.

—Y sin ningún compromiso con ellas ni con su familia, por eso ya hay tanto K´aas Ts´uul, jodidos mestizos, los seguiremos aumentando en Yucatán.

—Claro, cuando el hambre aprieta no hay mal pan; hasta la X-táabay está buenísima, aunque Feliciano por poco no sobrevive para contarlo.

—¿Cómo está eso?

—Una noche Feliciano venía de casa de los Barbachano, donde en compañía de Miguel hizo unas tareas sobre Derecho. Al pasar cerca de la añosa ceiba miró al árbol parcialmente iluminado por la luna llena. Escuchó un pist, pist, apenas perceptible, al volverse descubrió a una bellísima india que coquetamente se peinaba la larga cabellera de color azabache, mientras la blancura de su huipil se hinchaba al ritmo de sus senos erectos, jugosos.

−"¡Vén, acércate, toca mi piel, manoseame toda que te voy a enseñar a amar!"

Los sentidos desataron en Feliciano al célibe semental que llevaba dentro. Al abrazarla ella se esfumó para de inmediato reaparecer a la derecha del enamorado. Los enardecidos intentos masculinos eran correspondidos por un sonriente y sensual tanteo ora de manos, ora de boca, que él inexplicablemente aceptaba después de las reapariciones por la izquierda, por detrás, más lejos, más cerca, pues el ambiente cada vez se veía más impregnado de un intenso aroma sexual. El preámbulo concluyó cuando logró abrazarla y succionarle un beso como dulce pulpa de anona. En el claro obscuro del césped los cuerpos unidos en un solo instinto aseveraron que nadie puede medir el tiempo del placer con la luna arriba, abajo, a la deriva, luna a suspiros que se lo lleva todo.

−"¿Cuándo te volveré a ver?" −murmuró Feliciano abotonándose la bragueta.

−"Hasta la próxima luna llena... Si vivimos."

Abrió los brazos en cruz para bostezar a gusto y la mujer al momento desapareció.

Después, la familia se alarmó al descubrir que Feliciano era presa de inesperada fiebre.

−So oy a man te a man tí si mo...

—El médico familiar al reconocerlo simple y llanamente determinó que se trataba de una gonorrea a punto de convertirse en sífilis, combinada con un extraño estado depresivo.

Cuando al fin superó la crisis nos relató el suceso, y desde entonces Miguel le llama el machete de la X-táabay.

—Empieza a anochecer; observa el cielo, es luna llena.

—Sí, mejor nos vamos, no vaya a ser que por una buena deslechada quedemos condenados a usar Permanganato de por vida.

23

Mil ochocientos cuarenta y dos arrastraba negros presentimientos sobre la República de Yucatán en declarado conflicto con México. Cecilio reconocía que parte de su experiencia la obtuvo con Manuel Antonio Ay en una de sus campañas cuando inicialmente sólo se oían reclamos y lamentos:

—Hace dieciocho días que salimos de Valladolid y ya tengo el trasero todo magullado, ¿todavía está muy lejos Campeche?

—Faltan veinte leguas que Dios mediante recorreremos mañana y pasado mañana.

Las lamentaciones fueron deshechas por los lugartenientes de Manuel Antonio Ay:

—¡Alto!

—¡Por hoy, hasta aquí llegamos!

—¡Que descarguen a las bestias! ¡Ora, ramoneros, a buscar forraje y agua!

Los forrajeros durante la búsqueda notaron que la vegetación espinosa empezaba a ser suplantada por uveros y mangles creciendo en la ciénaga y sobre las dunas.

—El viento apesta a calcetín de payaso.

—Es agua estancada, estamos cerca del mar.

— ¡Mira esas garzas! ¡Qué blancura!

—No tanto como la del huipil de mi mujer que sabe a hamaca y huele a besos.

—¿Qué es aquella construcción larga?

—Baluartes, a Campeche le dicen la ciudad de las murallas.

—¿Quién las hizo?

—Nuestros abuelos, bajo el látigo español.

Al día siguiente, aclarando la mañana se escuchó un grito:

—¡Alto ahí! ¿Quién vive?

—Soy Manuel Antonio Ay, de Chichimilá. Traigo carga para el teniente coronel Gamboa, y veinte hombres que quieren luchar contra los waches.

El soldado dio parte a un superior, y éste envió las novedades a la comandancia. Durante la espera, las dudas afloraron entre la gente de Manuel Antonio Ay:

—Oye, ¿cómo son los waches?

—Son los soldados mexicanos, lo de waaches es por el uniforme que les aplana la espalda, y son a los que en breve combatirá el Teniente coronel Gamboa, por eso venimos a reforzarlo.

—Waaches, waaches... ¿Sabes? Se me hace que les dicen así por la mochila que parece enraizada a su lomo.

—Quién sabe.

–Bueno, lo que sea, pero he oído decir que todos somos mexicanos...

–Lo único que sé es que soy maya; y que este pleito es porque los yucatecos se separaron de México.

El guardia por fin les concedió el pase:

–Don Manuel Antonio, mi teniente coronel Gamboa le espera.

Manuel Antonio Ay durante la conversación con el teniente coronel se enteró de que el ejército mexicano atacante ya había ocupado Isla del Carmen, Ceiba Playa, Champotón, y se acercaba por tierra y por agua, pues al mando de cuatro generales venían cinco mil hombres con veinte piezas de artillería de diferente calibre, más tres barcos de vapor, un bergantín y dos embarcaciones capturadas en Isla del Carmen.

En los torreones, los vigías oteaban el horizonte hasta más allá de una corbeta, un bergantín y cuatro cañoneras que sobre la calma chicha patrullaban en espera de los mexicanos. Los artilleros apostados en los baluartes y a lo largo de la fortaleza palmeaban el lomo de los cañones y sonreían confiados al ver su dotación de parque; y allá abajo, en la explanada interior, cuatro mil quinientos efectivos distribuían pólvora y municiones, improvisaban barricadas, y un galerón que funcionaría como hospital.

–Mi teniente coronel, tenemos noticia de que el ataque por tierra ya inició, pues los mexicanos salieron de la hacienda de Umul, y vienen hacia acá.

–Capitán, vaya inmediatamente a su encuentro. Ah, recuerde que hemos hecho uso de toda nuestra astucia elaborando el plan de defensa, así que el factor sorpresa nos dará la ventaja en esta batalla tan decisiva.

Doce horas de espera hasta el crepúsculo, larguísimo tiempo imposible de matar más que puliendo y afinando la estrategia a seguir. Al fin la tropa mexicana descendió por una hondonada. Por encima del rítmico compás de la marcha con que las botas estrujaban las ansias, se escuchó:

¡Ch'ejun, ch'ejun, ch'ejun!

–¡Es el canto del pájaro carpintero!

–¡Sí! ¡Es la señal!

Al momento los fogonazos salieron de la maleza situada a los flancos de la columna invasora. Algunos cayeron heridos o en agonía, otros en su desesperación disparaban pecho en tierra sobre un enemigo invisible que ya había sido tragado por el silencio.

Los yucatecos hasta media legua de ahí, en una planada se fueron reuniendo al surgir de diferentes puntos. El capitán los reorganizó:

–¡No tuvimos ni una baja! Nuestro ataque fue relámpago y dejamos la hondonada llena de cadáveres y heridos. De aquí en adelante todo se resumirá en una frase: pica y vuela. ¡Les felicito por la victoria!... ¿Cómo te llamas?

–Cecilio Chi'.

—Oficial a que apuntabas, oficial que caía muerto, ni desperdiciaste pólvora, ¿dónde aprendiste a tirar así?

—Cazando en los montes de Tepich.

Durante el ataque marino a Campeche, las luces se borraban como banderillas clavadas en el lomo de la noche, y el eco de los disparos se revolcaba en el sargazo de la costa. La rapidez de los navíos defensores dejaba sin efecto el ataque de la flota mexicana. La gente, con sonrisa de verbena festejaba cada fogonazo de la artillería, y en coro levantaba el ánimo de la guarnición:

—¡Vivan los valientes! ¡Aquí, Santa Anna jamás hará lo que le venga en gana!

Con la retirada de los invasores, de las poblaciones serranas y del oriente llegaron arrieros con maíz y otros víveres acompañados de actas en que se manifestaba el apoyo al gobierno peninsular. La cárcel estaba llena de presuntos traidores. La luz de una hoguera cercana proyectó varias sombras que se alargaban eludiendo al centinela emboscado por el hastío. Penetraron en las celdas. Minutos después salieron y se perdieron en los callejones.

Muy temprano, dos indios conversaban junto a una palmera:

—¿Supiste que anoche tuvimos un vientecillo de muerte?

—No, ¿por qué?

—Porque apuñalaron a los que estaban encerrados por argüenderos.

—¿Crees que alguien los mandó matar?

—Se me hace que los matarifes se habían atizado su chi'chi'be.

—Quién sabe, quién sabe, pero a media voz se dice que de ese modo el señor Santiago Méndez se deshizo de algunos enemigos.

—¿Y quién es ése?

—Dicen que es el tatich de la política campechana, y que por cierto, anda en pugna con Barbachano.

—¿El nieto de don Elías?

—Exacto, y las diferencias que tienen es porque los dos quieren ser nombrados el mero mero de Yucatán.

La flota mexicana no obstante la derrota sufrida en Campeche prosiguió sus maniobras en el Golfo de México. Mientras tanto, las tropas mexicanas se desplazaron con dirección a Mérida sufriendo el constante acoso de una guerra irregular, lo cual, aunado al calor, los heridos, el paludismo, disentería y vómito, los diezmó considerablemente, decidiendo alcanzar el litoral norte de la península para salvarse.

Acantonados en Telchac, a orillas del mar, con angustia esperaban el reembarco:

—Compadre, este lugar es el mesmo diablo. De día sufrimos la cólera del sol que hace gargarear la ciénaga, de noche la brisa nos cala hasta el esqueleto.

—Yo estoy con las tripas lloronas. Ayer sólo comimos cogollo de henequén y bebimos agua del fangal. ¡No sé si pueda aguantar más!

—Yo era de los meros machos que no se quebran, pero esta campaña me ha quitado hasta el rebuzno.

La espera se prolongó hasta mayo en que las embarcaciones "Rosalvina", "Vicenta", y "Criolla", se llevaron al general Peña y Barragán con los jirones de un ejército que no logró disuadir a los separatistas para retornar a la Unión.

En la catedral de Mérida repicaron las campanas. La artillería con sus salvas proclamó la victoria. La música, los cohetones y la gente completaban el jolgorio.

El Congreso, imposibilitado para deshilvanar tanta insidia y pretensiones con que los aspirantes a la gobernatura yucateca se desgarraban, sólo pudo decretar el nombramiento del general de brigada a López de Llergo, y con este ascenso imponerlo como máximo jefe militar.

Mientras tanto, como sucede con la soldadesca después de la victoria, apaleados por la fatiga y con los bolsillos sin un real regresaron a sus lugares de origen. Así, Manuel Antonio Ay, dijo:

—Más jodidos que contentos, pero ya llegamos

—Tú ya llegaste a Chichimilá. Yo sigo ahora mismo para Tepich con mis muchachos. Todavía tengo en los ojos la figura de los barcos y del mar de Campeche, y en la nariz el olor a marisco, a pólvora y a sangre; hasta luego.

—Que Dios te acompañe Cecilio.

24

Querido diario, a mí, al más grande de los Barbachano ¿por qué Dios me puso en esta tierra arisca donde sólo florecen las piedras y las espinas, y el sol es implacable como dragón rabioso? Si hubiera visto la luz primera en España, la santa patria de mis antepasados, otro gallo me hubiese cantado. Aunque mis enemigos declarados y descubiertos lo pongan en tela de juicio, por mis venas corre sangre intrépida y noble de iberos, y sin presunción, sangre de Carlos V y Felipe II. La fama de Carlos V y su gloria son universalmente conocidas y ponderadas, por ello me recreo y regodeo al recordar su historia. Con mayor razón de Felipe II quien conoció la cultura clásica, hablaba latín, portugués, italiano y francés; soy renuevo de ese hombre de memoria privilegiada, extraña sagacidad, voluntad obstinada y vocación incansable para la administración pública; estadista de la palabra lacónica y discreta, ferviente católico predestinado por Dios nuestro Señor para consolidar la fe y perseguir con la Santa Inquisición la herejía en todo el mundo. Quién como él que conoció con intensidad el orgasmo de la mujer noble en el tálamo nupcial, pues Dios le dio en matrimonio a la princesa María de Portugal, a la reina de Inglaterra María Tudor, a la princesa de Francia Isabel de Valois y a Ana de Austria, consumando alianza de sangre y de poder político. Si yo hubiera nacido en España, en verdad habría crecido cultural y políticamente, sí, ahora sería un moderno conde-duque de Olivares dirigiendo con visión y proyección los asuntos vitales de España y sus posesiones en ultramar desde mi opulento despacho en el palacio del Escorial, muy cerca de Madrid al pie de la Sierra de Guadarrama. En mis breves recesos me deleitaría contemplando algún óleo del siglo de oro español como "El entierro del conde de Ordaz", de El Greco, o "El martirio de San Bartolomé", de Rivera, o el óleo retrato de Felipe IV inmortalizado por el pincel de Velázquez. En mi casa de campo leería a Lope de Vega, Calderón de la Barca, Francisco de Quevedo y la fantástica obra "El ingenioso Hidalgo don Quijote de la Mancha"... haría vida cortesana en bailes y banquetes codéandome con las mujeres más bellas de España, Francia, Italia e Inglaterra. Con mi fuero de estadista, en carroza oficial visitaría Granada al pie de la Sierra Nevada para ver la arquitectura de los arabescos y azulejos de Alhambra, llegaría a Sevilla, capital de Andalucía a la orilla del río Guadalquivir. Queridísimo diario, qué hermoso sería ver una verdadera celebración de la Semana Santa; arena, sol y sangre en las corridas de toros; su catedral gótica, la torre de La Giralda, El

Alcázar, La Torre del Oro, el Archivo General de Indias. También iría a Valladolid o Castilla la Vieja levantada en la confluencia de dos ríos para ser importante centro agrícola e industrial, ambos aspectos rematados por la fama de su antigua universidad; la gran Valladolid, ciudad que Francisco de Montejo hizo renacer en Yucatán sobre los templos demolidos de la antigua ciudad maya de Saki´, aaah, Valladolid, segunda ciudad en importancia de esta maldita tierra por la cantidad de habitantes y por su economía con abundante producción de maíz, azúcar, ron, miel y ganado vacuno, razón suficiente para que tenga la Plaza de armas con las misma medidas que la de Mérida, una iglesia casi como la santa catedral de la misma ciudad y una guarnición de militares con amplia experiencia... Pero ya ves, mi amado confidente, vuelvo a esta sudorosa realidad y mi destino se tiene que cumplir en Yucatán donde dejaré de ser un simple patrón henequero.

25

Cecilio tras una jornada de quince leguas llegó a Xocen. Su tordillo con un relincho se paró en dos patas, indicándole que aún le quedaba un excedente de energía. Cecilio se apeó y lo amarró en un poste. Al acercarse al cenote, se dirigió a un hombre que sacaba agua.

—¡Buenos días hermano!¿ Me facilitas tu cubeta?

—¿Por qué no? Este cenote tiene agua suficiente para darle de beber a todos los mayas, así como Xocen tiene la fe para alimentar el alma de todos los pobres; ¿vienes de muy lejos?

—De Tepich, que sólo está a tres leguas y media de Tihosuco.

— ¿Y qué te trae por aquí?

—Soy un caminante. Traje mi ofrenda de velas para la Santísima Cruz Maya de piedra. Quería beber en el cenote del pueblo inclinado, y si es voluntad divina, ver el códice de las hojas que se voltean solas y sangran con amor vivo.

—¿Tienes algún familiar aquí?

—Todos los mayas son mi familia. Veré a mis hermanos de Chichimilá, Tixcacal-Cupul, Ebtún, Tixualahtun,

Tek'om. K'aua, porque hoy es la ceremonia del X-Túut Waaj para criar al Dios de la lluvia.

—Así es. Hoy se bailará " La Cabeza de Cochino" con su ramillete y su botella de báalché.

—También deseo pedirle a la Santísima Cruz Tuun que nos permita sembrar bien, que llueva abundante para lograr una buena cosecha.

—Qué bueno que te acordaste de la Santísima Cruz, ella marca aquí en Xocen el ombligo del mundo... Sí, es el centro de la gloria de los Dioses mayas, lugar de la gracia y de la virtud de la vida, y raíz más profunda de nuestro pensamiento religioso.

—La Santa Cruz nos da el maíz, frijol, calabaza, y todo lo que cultivamos —Cecilio aspiró profundo inflando su amplitud pectoral que denotaba el esplendor de sus veinticinco años—; también nos brinda animales de la selva para comer, plantas para curarnos, así como la fuerza de voluntad. Sin embargo, me entristece que a pesar de todo eso no podamos ser felices —sus ojos como perfecta réplica de obsidiana almendrada observaron con detenimiento las alpargatas amarradas con sosquil a los pies de su interlocutor, así como su escasa y andrajosa vestimenta—, y por no ser libres. Los blancos nos hacen cada día más pobres, más temerosos. Estoy en la tierra que me dejaron mis abuelos y parece que camino sobre brasas, porque no encuentro en los ojos de los niños la seguridad de un amanecer mejor. ¿Hasta cuándo vamos a vivir sin rostro y sin esperanza?

—Dicen que no hay mal que dure cien años, ni menso que lo resista. No es necesario convivir mucho con una persona para conocer la hondura de su dolor, y por ello se me hace que tú tienes una gran misión, lo digo porque al pájaro se le conoce por su canto, y como los amores y dolores nunca se pueden encalar, te aconsejo que te arrodilles ante la Cruz de Piedra para que oriente tu pensamiento, dé fuerza a tu brazo para con el mismo cuidado con que seleccionas la semilla, así elijas a los hombres que te han de seguir; ah, cuídate de adulaciones, porque la vanidad te puede traicionar.

—Gracias, has de perdonar que me retire para cumplir con mi promesa.

—Anda con Dios.

Cecilio lo miró irse con sus trastos llenos de agua. Pensativo, con la vista en ningún lado en particular montó de nuevo y se perdió entre el breñal que, invadido por una tenue polvareda, hacía juego con el crepúsculo vespertino.

Por fin llegó a la entrada de una caverna. Encendió una antorcha. Había caminado un buen trecho, cuando una corriente de aire frío se le enroscó como víbora jalándolo hacia el interior, donde la obscuridad se derrumbó sobre él devorándole el aliento, el cuerpo, la conciencia. El tiempo se perdió en esa soledad. Con los ojos sedientos se reencontró bajo una alta bóveda que dejaba caer una cascada de luz: alrededor de un chacmol, varios hombres se encontraban sentados. Uno de ellos se puso de pie. Era Atanacio Flores, que quiso ensanchar la estrechez de su pecho para hacer menos notoria su baja estatura, y con los ojos fijos en Cecilio, exclamó:

—Ha llegado el gallo más fino y valiente de los mayas.

A lo que Jacinto Pat, agregó:

—Cecilio, hermano, siempre hay varios caminos para llegar a un sitio. Estamos contentos de verte, pues vamos a iniciar la reunión en la que tendremos mucho de qué hablar, pero el tiempo es corto ya que no se debe notar nuestra ausencia, porque los ojos y oídos de los blancos nos espían.

Cecilio a manera de saludo inclinó la cabeza hacia todos, y se aclaró la garganta:

—Por la mañana un hombre me decía no hay mal que dure cien años, ni enfermo que lo resista, pero llevamos encima más de trescientos años de esclavitud en nuestra propia tierra. Pregunto, ¿no nos sentimos hombres para recuperar nuestra libertad? ¿No tenemos la valentía de pagar con nuestra vida y nuestra sangre la felicidad de nuestros hijos?

Uno de los presentes intervino:

—Tienes razón, Cecilio, pero, según mi abuelo, hace muchos años en Calotmul los mayas mataron a dieciséis españoles y luego ofrendaron esos cuerpos a los Dioses. En respuesta los castellanos cayeron sobre el pueblo de Piste Max, donde los rebeldes se habían refugiado, lo tomaron a sangre y fuego y ejecutaron al Chilam Anbal, que encabezó el movimiento.

–También dicen que Pablo Beh, Chilam de Kiní y Baltazar Ceh, Batab de Tecoh, recorrieron los parajes y las rancherías del rumbo de Valladolid predicando la religión maya y la necesidad de revivir el culto a nuestros Dioses. Los dos fueron apresados, y las autoridades eclesiásticas ordenaron su desaparición.

–Muchas han sido las rebeliones en contra del yugo español en el Mayab, sin embargo todas han fracasado. El papá de mi abuelo nos narraba que Andrés Chi', J-men de Sotuta, inició un movimiento con prédicas para volver a venerar a los Dioses Mayas, acabar con los blancos y destruir las plantas y animales que los españoles trajeron a Yucatán. El J-men fue tomado prisionero y ajusticiado por las autoridades.

–Es bueno que recordemos todo eso, porque es testimonio de que los mayas nunca hemos renunciado a la esperanza de recobrar la libertad y nuestro territorio –jaló aire en una pausa, extendió la mirada en semicírculo, y continuó–: La rebelión que recordamos con más frecuencia es la de Jacinto Canek en Cisteil. El caudillo leyó los libros de los sacerdotes ts'uulo'ob y los libros de los Chilam Balames –calló un instante para ocultar el quebranto de la voz–... Levantó en armas un gran ejército y fortificó Cisteil. El ataque de la milicia española fue rechazado, no obstante, en una segunda expedición, los ts'uulo'ob tomaron el pueblo, demolieron las construcciones, prendieron fuego a todo, y dispersaron sal en grano para que jamás volviera a crecer la hierba. Canek fue hecho prisionero en la sabana de Sibac. En Mérida, lo derribaron sobre un templete, le rompieron los huesos a barretazos, le arrancaron partes del cuerpo con unas tenazas al rojo vivo, lo quemaron, y sus cenizas las echaron al viento para que no quedara ni el más pequeño recuerdo de su rebeldía. Sin embargo, a pesar de que han pasado casi cien años, su memoria vive entre nosotros.

Cecilio, el Batab de Tepich, habló por segunda vez:

–Retomaré tres afirmaciones que ustedes hicieron al hablar: ¡Nunca hemos renunciado a la esperanza de recuperar la libertad y nuestra tierra! Todas las rebeliones fracasaron. El recuerdo de Canek sigue vivo... Por lo primero, estamos reunidos en este lugar. Las insurrecciones fracasaron porque no se prepararon bien, no se logró el apoyo de otros pueblos y no se contaba con armas tan eficaces como las del enemigo. Para alcanzar la victoria se necesita preparación, y aprender de los blancos su manera de hacer política, la guerra, y estudiar sus rivalidades para aprovecharlas.

Los ánimos se desbordaron en voz alta con opiniones cruzadas. Cecilio se dejó llevar por las reflexiones un instante, pero, restablecido el silencio general, continuó:

—Sí, Canek sigue vigente, porque dijo: "Los ts'uulo'ob hicieron que estas tierras fueran extranjeras para el indio; hicieron que el indio comprara con su sangre el aire que respira. Por eso va el indio por los caminos que no tienen fin, seguro de que la meta, la única meta posible, la que libra de la esclavitud, humillación, injusticia, hambre, miedo e incertidumbre, la que permite encontrar la huella perdida, está donde está la muerte."

No se había apagado el eco de la última sílaba, cuando Jacinto Pat lo secundó:

—Tres trabajos permanentes tenemos que realizar: espiar cada movimiento de los ts'uulo'ob y de sus sirvientes. Protegernos y vigilarnos recíprocamente. Nadie debe flaquear; si alguien nos delata intencionalmente o por descuido, seremos despedazados de inmediato sin una gota de piedad, y nuestro sacrificio no rendirá fruto. Sigamos afinando los preparativos, mientras tanto debemos madurar las estrategias a seguir para exponerlas en la próxima reunión que será en Xihum, Culumpich o cualquier otro lugar seguro.

26

En un salón del palacio de Gobierno, Miguel Barbachano con ademanes estudiados dejó el asiento e inició el discurso:

—Yucatecos, la traición más inicua, la más horrible afrenta se ha consumado entre nosotros. Aquellos a quienes por evitar que se derramase la preciosa sangre yucateca, el Gobierno perdonó generosamente ayer, esos apátridas alevosos vuelven a enarbolar el indigno estandarte de la rebelión en Campeche —leyó un documento que contenía los puntos que justificaban la lucha, dando así paso a las consideraciones:

—He escuchado con atención y respeto al Señor Gobernador. Entendí que el plan de los campechanos expresa en otras palabras que no están de acuerdo con la reincorporación de Yucatán a México, que quieren obligar a nuestro gobierno para que los secunde al pretender como gobernador provisional de Campeche a un tal Domingo Barret.

Barbachano, reintervino:

—Así es caballeros, absolutamente todos los que estén en el movimiento y quienes lo apoyen serán considerados traidores a la Patria, sobre ellos caerá todo el peso de la ley en función de que esto ya es una guerra abierta entre Yucatán y Campeche.

—Los campechanos han movilizado más de mil quinientos hombres, ocuparon Maxcanú, y marchan hacia Mérida, es urgente organizar la defensa de nuestra ciudad.

—Para el efecto, yo, Miguel Barbachano, Gobernador, me honro con nombrar al Coronel Martín Francisco Peraza comandante en jefe de las fuerzas armadas yucatecas. Cúmplase, para de una vez por todas acabar con esos campechanos engreídos y traicioneros.

Dos días después, Mérida, capital del Estado, hormigueaba por los preparativos para la guerra. De los pueblos y de las haciendas de la periferia llegaban refuerzos. En las entradas de la ciudad se construyeron fortificaciones. Desde sitios estratégicos, las piezas de artillería mostraban sus fauces hambrientas.

Ansioso, el coronel Peraza tomó providencias:

—Partiré con mil quinientos hombres hacia Umán, ahí impediré el paso del enemigo.

Empero, la milicia campechana varió la estrategia de su avance apoderándose de Ticul. Días después irrumpió en Tekax y dispersó a las huestes yucatecas. Al escuchar las detonaciones y percatarse de la violencia, muchos vecinos abandonaron sus hogares y sus bienes, para buscar refugio en la selva o en lugares cercanos.

Como los jefes militares de las ciudades de mayor importancia tomaron partido, el desleal don Antonio Trujeque se alió a los campechanos y con naturales de la comarca salió de Tihosuco. Cayó sobre Peto. Después, en Chacsinkin le tendió una emboscada al ejército yucateco, obteniendo gran cantidad de armas y muchos prisioneros de caballería.

El once de enero de mil ochocientos cuarenta y siete las fuerzas de Trujeque y Vázquez acamparon en Tixcacalcupul, a cuatro leguas de la vieja Saquí. Desde allí Trujeque pidió al teniente coronel Venegas que entregara la ciudad de Valladolid. Venegas, ignorante de la fuerza real con que contaban los campechanos, sólo envió una sección de reconocimiento. Los informes de la patrulla hicieron que Venegas tratara de optimizar sus escasos recursos.

Mientras tanto, Trujeque externó su confianza:

—¡Somos diez veces más que ellos, entraremos por el barrio de Sisal! Allá, atrincherados, organizaremos el sitio de la ciudad hasta lograr su rendición.

El trece de enero irrumpieron por el barrio de Sisal, secundados por los habitantes de los suburbios, que con palos y machetes pretendían descargar su odio en las familias principales.

Trujeque ordenó:

—¡A tiros cerraremos el cerco a la ciudad hasta llegar a la guarnición de Venegas!

Trescientos defensores de Valladolid y más de tres mil hombres de Trujeque se acometían en oleadas. Las injurias se encabritaron con bocanadas de odio y aguardiente. Trujeque, blandiendo su espada se bamboleaba entre el pantanal humano que rugía envuelto por los disparos cada vez más cerca y más nutridos.

—¡Al asalto! ¡Al asalto!

—¡Nos rendimos! ¡Que cese el fuego! —respondía Venegas con una bandera blanca, pero su tropa continuó disparando.

Tras la orden del clarín campechano, la multitud de ambos bandos se apoderó de la plaza.

—¡La justicia está en nuestras manos!

—¡Sí, vamos a robar en las casas de los ricos! ¡Derriben los portones a machetazos!

—¡Con mi hacha es mejor!

—¡Con lumbre! ¡Así no hay tranca ni aldabón que resista!

—¡Que cada quien arrebate lo que pueda!

Bonifacio Novelo, mestizo negroide, y uno de los que aún conspiraban con Cecilio, al mando de mil indios llegó al barrio de Sisal. Dispuso que del calabozo le trajeran al teniente coronel Venegas. Lo mató. Dirigió su descuartizamiento. Mandó reunir a la mayor cantidad de gente para que presenciara el arrastre, a caballo, de cada una de las partes del militar.

El viento amarillo del Sur se regodeaba sobre la obra de K'áak'u Paakat, el que arroja mirada flameante. Sobre las baldosas, entre cascajo, cuerpos en posición grotesca con el boquete del plomo en el pecho o la espalda, con el hachazo en el abdomen o el cuello macheteado; el hongo encefálico asomando en los cráneos hendidos o aplastados, manojos de cabello con sangre cuajada, y brazos con el botín o el fusil todavía empuñado; aún así, en seis leguas a la redonda imperó el terror y el saqueo.

La calma tardó demasiado tiempo para volver a abrir las puertas de las iglesias, de las casas, de comercios donde el tendero al menor ruido anormal estaba listo para huír; también, poco a poco desaceleró el paso de la gente en la calle, en el mercado, en las arreas de mulas con mercaderías...

—Ya pasaron ocho días de la matanza, y de noche todavía se escuchan los quejidos de los difuntos.

—Están condenados a gemir por la eternidad y a cuidar el oro que escondieron, pero nosotros podemos encontrarlo entre los escombros donde se escuchan lamentos.

—Mejor no, si nos volvemos ricos podemos correr la misma suerte.

27

Para Cecilio, no obstante la guerra entre Campeche y Yucatán, la suerte de los mayas solamente estaba en manos de la rebelión. En la asamblea para redondear el proyecto insurgente, comentó:

—Estamos en Xihum, a veintiocho leguas de Chichimilá, y fueron necesarias muchas precauciones para llegar hasta aquí. Están los representantes de Chichimilá, Tepich, Tihosuco, Tixhualahtun, Dzit-nup, Tixcacaltuyú, Ebtún, y cada quién dirá con claridad lo que piensa.

Manuel Antonio Ay se puso de pie:

—Nuestra vida es triste, mientras que los curas y los blancos no tributan, los indios debemos pagar tres reales al mes de contribución personal, nos cobran doce reales por casamiento y tres por bautizo, y nos obligan a trabajar para la iglesia y en las fajinas comunales.

Atanacio Flores se puso en pie, su mirada esquiva hizo como que veía a los dirigentes:

—Soy conocido de casi todos ustedes. Desde antes de nacer fui presa de la alevosía y la crueldad, porque mi madre fue violada por un blanco que nunca me reconoció como hijo, por eso reniego del color de mi piel —con un movimiento vigoroso de la mano se acomodó el cabello ensortijado—, y los odio a muerte, así que aceptaré cualquier servicio que me asignen, por ser ustedes mi única sangre y mi única familia.

Cecilio al descifrar una especie de paternalismo que de pronto le surgió para depositarse en Atanacio, casi no atendió a la intervención de Florentino Chan, quien empezó:

—El tiburón es voraz, pero se harta; la Xcopo Kaan traga a su víctima y reposa para digerirla, mas la ambición de los ts'uulo'ob no tiene medida ni descanso al arrebatarnos la mejor tierra para la caña de azúcar. Ahora, que hable Jacinto Pat, el de más experiencia por sus cincuenta años, pero, sobre todo, por ser rico.

Jacinto con un tono de voz pausado acentuó perfectamente su cultura en el matiz que cada palabra exigía:

—... La mayoría de ustedes tienen menos de treinta años... Pero es otro asunto, en mi rancho de Culumpich podemos hacer la próxima reunión. Pongo a disposición de la lucha las trojes de maíz y el ganado que tengo; no obstante, pienso que muchas cosas se pueden ganar con la palabra y la paciencia, para empezar hagamos un escrito a las autoridades pidiendo que nos bajen la contribución personal a dos reales...

—Ya conocemos la política de los blancos —interrumpió Crescencio Poot mirando despectivamente a Jacinto, con lentitud volvió el rostro hacia cada uno de los presentes, y continuó–: Con levantamientos armados se turnan en el poder para unirse o separarse de México, mientras los mayas pagamos con nuestra sangre el precio del odio y ambiciones de meridenses contra campechanos, por eso cada vez estamos peor.

Miguel HuChin, recalcó:

–Es nuestra tierra, somos más que ellos y peleamos mejor, hay suficiente armamento y conseguiremos más. No se pagará ni medio real de contribución, porque los caciques son legítima autoridad y gobernarán como lo hicieron nuestros antepasados, ¡en la boca de mi escopeta y en el filo del machete está el grito de libertad!

–Estoy de acuerdo –Bonifacio Novelo empezó quedo, pero poco a poco fue alzando la voz–. ¿A cuántas hermanas? ¿A cuántas de nuestras hijas o esposas violaron? ¿Ya no recuerdan Valladolid? ¿Es que hemos olvidado la batalla de Campeche? ¡No les demos tiempo a recuperarse, vámonos de una maldita vez sobre ellos! Acabemos ya, porque el maya es más resistente, más conocedor de la naturaleza, sabemos sitiar fortificaciones y tomarlas, luchar en partidas pequeñas o en grandes ejércitos, tender emboscadas, preparar trincheras, capturar armas y parque.

–¡Y si el armamento escaseara, yo sé dónde y cómo conseguirlo! –finiquitó Santiago Caamal.

28

A las cuatro de la mañana abandonaron el último caserío. El sol ya había salido y el arriero en su potro cenizo al frente de una recua de veinte acémilas dejó la colina y continuó por un sendero abandonado. El chacoteo de los cascos salpicaba lodo al yerbazal y a los cuatro jinetes de retaguardia:

—Dicen que Tránsito Bej bautizó a sus mulas con nombre de mujer para recordar a sus nalgatorias.

—Será porque el mulero como el marino en cada pueblo tiene un amor.

—En este recorrido de más de cincuenta leguas de selva y sabanas tendrá que aguantarse las ganas, sobre todo por nuestra presencia, a menos de que seduzca a una changa o a la nieta del Sisimite...

—Prudencio, no te propases, que ahora también eres mulero y en el camino andamos...

Al día siguiente, de nuevo con el sol tierno, Bonifacio Novelo, perdido en el tambaleo de su montura, sobresaltado echó mano a la empuñadura del machete al oír el palabrerío que cimbró la quietud selvática.

–¡Muévete, Plácida, que por vieja eres la guía! –urgió Tránsito Bej, a quien, porque la partida de guerrilleros continuara sin ser descubierta, ya le hacía falta soltar un grito para enseñorearse nuevamente de su único patrimonio.

Bonifacio se restregó el mentón al emparejarse a él con un trotecito de su caballo.

–Calma, Tránsito, aplaca tus ganas de hacerles la cochinada a tus nenas, que el lugar de la cita está cerca...

–¡Bah! Lo que me trae de malas son los odios que traigo apilados uno sobre el otro, a ver ¿si los blancos nos dejaran vivir como se debe, andaríamos aquí cuidándonos de las serpientes, lagartos, sanguijuelas, garrapatas y cuanta burrada se le antoje a la selva echarnos encima?

–Ya, hombre, pareces vieja menopáusica, de momento lo que me importa es que cuando lleguemos todos se distribuyan a distancia prudente para evitar sorpresas mientras cierro el trato.

–Pierda cuidado, mi comandante, que mi colmillo ya tiene sarro por las mañas y artimañas de los morusos beliceños; no nos madrugarán.

Horas después, la fetidez del lodo entremezclándose al aroma a resina y floración salió al encuentro de la partida, era el Río Hondo de turbio oleaje uniendo a pantanos y lagunas aledañas.

La cita nada más rebasó unos minutos de lo convenido.

—¡Ahí vienen! —exclamó Ceferino Cahum, señalando al pequeño vapor que apareció en contra de la corriente.

La tripulación lanzó el ancla y arrió un bote, para que en él un rubicundo blanco y dos negros bogaran hacia quienes esperaban con los músculos tensos, los dedos enganchados al gatillo de sus armas y la mirada lista a detectar el menor movimiento en las aves, agua, ramas.

En la ribera, el inglés que ostentaba revólver y cuchillo montero al cinto analizó con detenimiento a Bonifacio. Con un ademán desechó un mal presentimiento y su sonrisa hueca dijo:

—Mientras descargan la mercancía, podemos acordar dónde entregaremos el cargamento que transportaré por el Caribe —apelmazó el tabaco en la pipa, encendió, y empezó a fumar—. No te preocupes, el precio será el mismo.

Bonifacio Novelo también hizo tiempo al mirar hacia el jade de la vegetación traslúcida en insondables matices, pues la creciente había cubierto el muelle achaparrando el manglar; con una pajilla entre los dientes le dio vueltas y vueltas a la sospecha, hasta que determinó:

—La próxima luna nueva entregarás el cargamento en la bahía de la Ascensión, será la misma cantidad de armas, y cubriremos el precio acordado.

Los negros charoleados por el sudor debido a los viajes de ida y vuelta en el bote, acarrearon cuarenta cajas.

–Como ésa fue la última –dijo Novelo con la vista en su adquisición–... aquí tienes –quitándose una faja de cuero de esas que llamaban culebra, vació el contenido sobre una lona.

El traficante, por el tintineo de gran variedad de monedas de oro y alhajas encendió primitivo fulgor visual, se arrodilló y las acarició en conteo tembloroso.

Novelo, despectivo, miró un lagarto de bostezo petrificado que llevaba a cuestas la palidez de un cielo ambarino. Después de la prolongada pausa miró la úlcera de mosca chiclera que en la oreja izquierda del inglés escurría sanguaza.

–Los hombres del comandante Cecilio Chi' somos cumplidores, pero nuestro puño desconoce la misericordia para el ventajista o traidor.

–Está completo –subrayó el inglés omiso a la amenaza, besando una moneda, enfatizó–. Tráeme muchos doblones como éste y te haré emperador del mundo.

La noche en manos del viento desató su cabellera y la embarcación hizo proa a la Bahía de Chactemal.

El comandante Novelo y su escolta, previniendo una mala jugada, a buen paso pusieron leguas y leguas de por medio hasta que a la media noche las bestias no dieron más.

La luna demasiado quieta se fue metiendo por entre el follaje para calentarse en la fogata moribunda; para hurgar el sueño de cada cuerpo dormido sobre las cajas repletas de machetes, carabinas, munición; para engordar los pensamientos de Darío Yamá montando guardia; para aliviar las enormes mataduras en el lomo de cada mula.

Al rato, entre un sigilo envidiable se hizo el cambio de guardia. Al nuevo centinela no le afectó el despliegue poético del momento.

"¡Estos malditos rodadores y moscos deben ser cruza de zancudo y campamocha!... Bueno, ayudan a que uno permanezca despierto."

A las tres de la madrugada, Bonifacio Novelo gritó:

—¡De pie todo mundo! ¡A cargar para iniciar el regreso!

Satisfechos por el descanso, pero más porque hasta ahí las cosas iban bastante bien, amarraron las cajas cubiertas con lona sobre cada bestia.

El retorno a Culumpich, estimado en no más de ocho días, se veía condimentado por el escandaloso dentelleo del pecarí que parecía estar de acuerdo con la mala hierba y espinos o chechenes, por el esporádico grito del saraguato, el gemido de un puma buscando hembra, por infinidad de murciélagos, colmoyotes, o por el lúgubre graznido del pájaro que anuncia la muerte.

—Ya tenemos dos jornadas de chapoteo a pura orilla de laguna ¿cuándo cambiaremos de rumbo? —preguntó

Ceferino, mientras el hato caminaba en la penumbra de la densa vegetación de caobos, brasilete, guayacán, jabín, y otras especies vegetales. Las lianas como largas serpientes dormidas colgaban de los troncos donde las orquídeas y diversas plantas parásitas se disputaban un miserable rayito de sol.

—Nos falta poco para entrar a los bajos —les animó Tránsito.

Después del claroscuro boscoso, por un huamil cruzaron rumbo a un zapotal. Ahí, en el más profundo silencio el penetrante olor a fruta fermentada hacía a las bestias piafar de gusto, cuando una mula coceó por algo que le golpeó el anca. Entonces se generalizó el ataque contra la caravana, y los jinetes con desesperación se cubrían de los proyectiles. De improviso la gritería en retirada de los agresores estremeció la mañana. Prudencio, con un líquido espeso escurriéndole por la garganta, les echó una mirada de odio que sólo alcanzó al último miembro del comando.

—¡Malditos monos, jijos de la changada! ¿Por qué no zapotean a su abuela?

A la hora, Tránsito, inmerso en la jarana que silbaba, con los ojos recorría la recua para comprobar el estado de la carga, ya que se internaban en un chaparral espinoso donde las bestias resbalaban constantemente en el suelo como enjabonado. Interrumpió el chiflido, pensando en voz alta, invocó:

—Ahora viene lo bueno, ojalá que el nivel del áak'alché no haya subido.

Así, las mulas con el agua refrescándoles la panza y siguiendo los pasos de la guía, iniciaron el cruce del pantano de un kilómetro de longitud.

—¡Filomena, te haces pendeja como si fueras primeriza! ¡Putonas, sigan a Plácida que pisa en lo seguro!

Habían pasado la mitad del tramo, cuando se escuchó una especie de estampida.

—¿Qué es eso? —inquirió el comandante Novelo.

—Es un corriental. Si nos agarra en el pantano nos tronará las ilusiones sin remedio —blandió el machete, a planazos urgió a las mulas rezagadas.

Secundándolo, Bonifacio Novelo con sus grandes manos abofeteó a una mula rojiza que se hundía en el fango, desesperado, con una dentellada le trozó la oreja para que pusiera algo de su parte, por fin, con un último tirón de brazos logró salvarla. Las últimas tres bestias estaban a un paso de subir a tierra firme, cuando, rabiosa, la montaña irrumpió revolcándose en su espuma lodoza. En ese instante un ruido seco descoyunturó la osamenta de la tierra y estalló una bocanada de aire caliente, que en movimiento giratorio cobró fuerza descomunal absorbiendo grandes cantidades de agua, arbustos y piedra. Un resbalón hizo caer a Filomena, de inmediato la fuerza de succión se la tragó con todo y aparejo. Bonifacio Novelo miró hacia sus hombres y a la recua.

—Aunque por esa tonta perdimos dos cajas de escopetas, nos salvamos de la cólera del xuuch; ni modo, de la jícara a la lengua a veces se cae el atole... Acamparemos a tres leguas de aquí.

En el campamento la noche se dedicó a juntar un dolor de espalda aquí, un suspiro allá, un ventoso más allá, hasta fortalecer la esperanza de los hombres para lograr su cometido.

Durante la última jornada las frecuentes preguntas ya eran signo de impaciencia:

—Mi comandante, ¿escucha ese gallo y el ladrido de los perros?

—Claró que sí, Tránsito, aunque débilmente porque la distancia desgasta al sonido.

—Tihosuco duerme a media legua de aquí, y...

—Sí, pero eludiendo a la guarnición de ahí iremos a Culumpich por el camino de herradura de la izquierda... Ánimo, hombre, Culumpich sólo está a dos horas —y al percibir una especie de complicidad de los animales por su andar más silencioso, reflexionó—: Sí, el destino es un círculo que se cierra hasta convertirse en punto, y es un punto que se expande mucho más hasta cubrirlo todo.

29

Aclarando, la recua se detuvo enfrente de la casa principal. Al iniciarse la descarga. Bonifacio Novelo junto a la estiba de cajas, gritó:

–¡Tránsito, que les den agua a las bestias, después, grano, y antes de apersogarlas que les echen creolina en el lomo!

Rato después, cincuenta hombres llegaron de Chichimilá, también acudieron de Xocén, Ebtún, Dzitnup y otros lugares. Por eso, junto al corral, se mató a un toro.

Cuando dos jóvenes desnudos del torso movían la carne en un caldero, empezaron los apremios:

–¡Cargo un hambre de zopilote!

–Yo también, y ese olor a chicharrón de res me hace agua la saliva.

De la casa principal, bajo la tutela de la esposa de Jacinto Pat varias muchachas salieron con sus leekes.

–Rosita, por favor, niña, las tortillas se ponen en el centro de la mesa.

–Sí, doña, lo que mande.

—Lo que mande, lo que mande, pero obedeces como si estuvieras enamorada —giró el rostro hacia otras mesas—. Allá falta una tinaja, ¿no ves que son más de cien hombres?

—Sí, patrona… "Son como una gran familia".

Durante la comida, Jacinto Pat, que regresaba de una diligencia en Peto, extendió las manos en ademán de saludo.

—Sean bienvenidos a mi rancho de Culumpich, que también es suyo, porque todos somos hermanos mayas. En ausencia de nuestro hermano Cecilio compartamos el alimento con la bendición de nuestros Dioses.

En ese instante, el grito de un centinela perdido en la distancia se sobrepuso al tropel y a los relinchos.

—¡Ahí viene Cecilio Chi' con su gente!

Después de los abrazos y palabras de bienvenida, en la mesa Cecilio y sus hombres se intercalaron entre sus conocidos.

—Cecilio, ¿qué novedades hay de los políticos yucatecos y campechanos?

Jacinto Pat, repuso:

—Amigo, eso lo dejaremos para después, por lo pronto comamos tranquilos porque esta noche habrá un evento singular.

Rosita se acercó a la mesa, y con una sonrisa nerviosa, pero discreta, preguntó a Cecilio:

—Señor, ¿le sirvo más?… Dicen que el chocolomo es la mejor pólvora para el combate.

—No, Rosita, muchas gracias —la rápida mirada de Cecilio paladeó la suavidad del cuello femenino que se veía libre de la larga cabellera lacia y negra, recogida en la nuca por un chongo.

—Entonces sí podré servirle un poco más de horchata —se inclinó hacia el vaso, y Cecilio pudo admirar el nacimiento firme, turgente, de las mamas adornadas por un lunar en medio como un lucero.

—Sí, muchas, pero muchas gracias.

Las antorchas amarradas en los árboles iluminaron la noria, pues en su terraza se congregaron los batabes conjurados. Jacinto Pat, el anfitrión, se puso en pie, extendió una sonrisa paternal hacia la concurrencia, e inició:

—Cuántas cosas aprendemos a lo largo de los años. Las canas no salen por casualidad, el tiempo nos da la madurez para no derrochar la arisca fortuna que con tanto sacrificio se va amasando a lo largo de una vida llena de azares, además, claro, la calidad para tratar a nuestros semejantes… Por eso ustedes fueron objeto de mis más finas atenciones en la comilona de bienvenida que les he ofrecido.

El asentimiento general le dio la pauta para irse a fondo:

Todo movimiento necesita una cabeza principal, considero que este es el momento de valorar lo' que cada quién ha hecho y ha puesto al servicio de la preparación y afianzamiento de nuestra causa. Claro que ustedes son muy jóvenes, y que para la elección tendría mucho que ver la edad, y sobre todo la fortuna del candidato, pero no nos dejemos llevar por el amiguismo ni por lazos familiares o compadrazgos, pensemos con claridad en el caudillo que reúna los méritos para dirigirnos hacia el triunfo de esta gran tarea que es liberar del yugo a nuestra queridísima raza... He dicho.

Un denso silencio se deslizó sobre la concurrencia. Tan sólo se escuchaba uno que otro grillo como protesta de la noche hacia el tufo del estiércol húmedo por el rocío, hasta que, luego de los comentarios a media voz, se oyó a Venancio Pec:

—Jacinto Pat en buena medida tiene razón, por eso, y otras características no mencionadas, decidimos que sea Cecilio Chi'.

Los batabes alzaron la mano para pronunciarse.

—¡Viva Cecilo!

— ¡Arriba nuestro jefe supremo!

—¡El ejército maya por fin tiene su general!

— ¡Sea por siempre jalach wíinik ahora y en la victoria!

— ¡Que nombre a su estado mayor!

Jacinto Pat guardó muy bien su desilusión y envidia, para decir:

–Se ha hecho la mejor elección, reafirmo mi fe en la causa poniendo al servicio de Cecilio mi experiencia y hasta el último aliento de mi ser.

Cecilio se levantó mirando emocionado a la expectación general.

–Hermanos, el quince de agosto tomaremos Tihosuco, donde obtendremos maíz, dinero y objetos de valor. Mientras tanto, esperemos a Yuum Bernardino.

Durante la espera los caciques acomodaron dos sillas a distancia prudente de la multitud para la primera audiencia de Cecilio.

Bonifacio Novelo se sentó a relatarle los pormenores del viaje a Belice. Después Jacinto Pat, muy discreto, explicó sobre la firme adhesión de los caciques que habitaban entre Peto y Tihosuco. Jacinto cedió el lugar a Raymundo Chi', su sobrino y jefe del servicio secreto, quien informó sobre el movimiento de tropas en Sotuta y en otros lugares. Así estuvo recibiendo a sus principales, hasta que una voz interrumpió las confidencias.

–Ahí viene el J-men Yuum Bernardino.

La concurrencia con devota humildad lo siguió hacia el sitio preparado de antemano. En la bóveda etérea, entre miríadas de luceros sobresalía Kuxa'an suum tamkas o cordón umbilical eterno de la Vía Láctea, que en su extremo lucía a Tsáab Kaan, cuyo fluido cósmico bajaba hacia el sudor de los hombres y emanaciones silvestres, que se confundían con el dulce aroma de la bebida ritual y la vaporosa fragancia de tierra horneada. Desde el altar, flanqueado por arcos de ja'bin, el humo del copal aleteaba con sed de nube, ya que, en reposo, siete jícaras de báalche' y trece panes de ofrenda esperaban la consagración. El J-men, circunspecto, hizo una genuflexión, para decir:

—Desde los cuatro rincones de este paraje hablo con el nativo colmenar de mi palabra: Tres saludos levantan mi plegaria aquí en Culumpich; tres reverencias vuelan a la ciudad de los brujos del agua; tres alabanzas descienden en la cuna de las golondrinas; tres súplicas gravitan sobre Ja'inaj, el cementerio del agua; tres saludos se vuelven eco en Xocen —alzó la mirada más limpia rumbo a la Vía Láctea—... Aquí traigo mi oración para los preciosos Dioses y para los castos Señores. Con la nostalgia del barro los convoco: Dios de la lluvia de los trece cielos; Dios de la lluvia del noveno cielo; Dios de la lluvia del tercer cielo; Señor del oriente piedra cristal; Rompepiedra rojo: centella que enciende el calor; Rompepiedra blanco: rayo que inflama la borrasca; Rompepiedra amarillo: relámpago que despierta la muerte; Rompepiedra negro: rayo que enciende al olvido. Vientos del Oriente, del benéfico levante; del Sur, aliento marino; del Norte, cargador de sobresalto; del Poniente, soplo de mansedumbre. Gigantes: Balam rojo, negro, blanco, amarillo —entre un visible agotamiento por la intensidad de su entrega, con el semblante vidriado por

un halo fosforescente se dirigió a la triada de la guerra–
Yum k'áak'u Paakat, Señor de la mirada calcinante,
Éek' Chuaj, Señor de la guerra, Aj Pu'uch, Señor de la
muerte, acudan prestos a este altar donde les ofrendo el
báalche', la santa bebida; en la palma de sus manos dejo
la suerte de sus hijos por medio de los panes de las trece
capas, y de esta sopa de aves, criaturas predilectas que en
su vuelo se acercan a ustedes por ser los únicos animales
con espíritu. Aquí, de pie, les pido que nunca aparten
sus manos omnipoderosas de nuestra frente y de nuestro
camino –entre la hondura del silencio giró el cuerpo, y
se encaminó hacia uno de los dos altares secundarios
que flanqueaban al principal. En el de la derecha había
nueve machetes sin despalmar y en el otro igual número
de carabinas vírgenes. Agarró una carabina y la llevó al
altar principal. Hizo una reverencia y entonces la sujetó
con ambas manos alzándola a la altura de la cara–.
Hermosos Dioses, esta arma que no conoce a la muerte
pide la bendición para hacer justicia al pueblo maya
–cambió la carabina por un machete–; el acero que no
ha sentido el filo suplica ser consagrado para cumplir
en las manos redentoras del destino, porque así como
ustedes nos dieron la vida, ahora imploramos que con la
victoria sobre los tsuulo'ob nos den la libertad. ¿Qué sería
de los Dioses sin un maya para adorarlos? La hiedra de la
tristeza estrangularía sus corazones, la niebla del olvido
les borraría su divino rostro y sobrevendría la muerte de

los Dioses mayas, ya que sólo nosotros los alimentamos con nuestra fe.

Antes de distribuir los alimentos consagrados, Cecilio y su estado mayor sombrero en mano sintieron el peso de su destino al ser santiguados por el J-men.

Cuando el hombre sagrado montaba su caballo, se oyó la expresión ríspida tan propia de Bonifacio Novelo:

—Las carabinas ya no son vírgenes, así que ustedes cinco ayuden a engrasarlas; tú, tú y tú, a desbastar los machetes nuevos.

Mientras tanto, Cecilio dio sus últimas instrucciones:

—Seguiremos organizándonos en el mayor secreto, para que cada pueblo bajo la dirección de su batab esté en las mejores condiciones para la fecha señalada. Aprovechemos el fresco de la noche para regresar a nuestros hogares sin ser descubiertos por los delatores.

Atanacio Flores, secretario particular recién nombrado por Cecilio, se acercó quitándose el sombrero:

—Mi general, su caballo está ensillado, su escopeta perfectamente limpia —confidencial, concluyó—, y según sus órdenes, Rosita ya está lista para hacerle compañía esta noche.

Crescencio Poot, remató la sesión:

—Ya lo saben, todos llevaremos una vida normal para alejar las sospechas; ah, mucho cuidado con lo que se dice, con lo que se escribe o con lo que se hace, porque el pez por la boca muere.

30

Cecilio a mediados de julio escribía una carta, con un mal presentimiento recordó a su abuelo, por ello ahondó una arruga en su entrecejo:

–"Hijo, el aguardiente es peor que un hechicero. Los primeros tragos te convertirán en mono y harás reír a todos; si sigues bebiendo te transformarás en tigre y rugirás buscando pelea; si continúas, te volverás perro, harás tus necesidades sin recato y te echarás a dormir en la calle. Recuérdalo, Cecilio, el licor no fue hecho para que beba al hombre."

Aún preocupado, remojó la pluma de guajolote en el tintero.

Señor Manuel Antonio Ay, batab de Chichimilá:

Amigo mío, hágame usted el favor de decirme cuántos pueblos hay avisados para el levantamiento, y con ello deberá decirme cuándo podremos entrar en acción. También quiero que me diga si es mejor mi intención de atacar Tihosuco, ya que ahí tenemos toda la población a favor de la causa. Bien, aguardo su respuesta donde le ruego que indique el día que vendrá para que afinemos otros detalles con los comandantes respectivos, pues acá me están siguiendo el bulto. Por la causa, no deje de contestarme…

Manuel Antonio Ay, al recibirla, la escondió en el sombrero, y obedeciendo a uno de sus últimos afanes se encaminó hacia la tienda taberna del Alcalde Antonio Rajón. Ahí se puso a beber con varios amigos, hasta la imprudencia y fanfarronería.

—¡Yo soy demasiado hombre! ¡Sí, ustedes saben muy bien que al lado de Cecilio Chi' estuve en Campeche matando waches! ¡También en Valladolid con Bonifacio Novelo! —y como si le acosara la duda de los bebedores golpeó varias veces el mostrador con su sombrero, cayendo la carta.

Rajón la recogió de inmediato. De prisa la leyó en la trastienda, y tras las indicaciones a un mozo para que atendiera el negocio, galopó hacia Valladolid.

Entregó el documento al comandante militar don Eulogio Rosado, quien ordenó la aprehensión de Manuel Antonio Ay.

El batab de Chichimilá fue conducido a Valladolid. Ahí fue encarcelado en el cuartel del Batallón Ligero Permanente.

Durante el juicio, contestó con aplomo:

—Me llamo Manuel Antonio Ay, natural y vecino de Chichimilá, casado, labrador, y creo que tengo veintiocho años de edad…

—Esta carta que se te pone a la vista ¿la conoces?

–Sí, es la misma que me descubrió el Alcalde Rajón.

–¡Tomaste las armas en la revolución del año próximo pasado! ¡También participaste en los sucesos de esta ciudad ocurridos el quince de enero último, en que los sitiados rindieron las armas!

–Sí señor, como sargento segundo combatí en Chemax; y cuando cayó Valladolid, del saqueo a la casa de doña Andrea Méndez me tocaron dos garrafones de aguardiente.

Don José Eulogio Rosado, leyó:

–Señores, confeso y convicto como se halla el reo Manuel Antonio Ay, de ser uno de los cabecillas de la insurrección de la clase indígena, esta Jefatura ha decidido que el veintiséis de julio de mil ochocientos cuarenta y siete sea pasado por las armas en la plazuela de la ermita de Santa Ana.

A las cinco de la tarde, después de que los disparos retumbaron hasta la caverna del cenote Saki', alguien preguntó:

–¿Qué hacemos con el cadáver?

–¡Que lo lleven a Chichimilá para que lo exhiban! ¡A ver si así estos salvajes aprenden a respetar a los que nacimos para mandar!

Cecilio, al enterarse, alarmado infirió:

"... Los acontecimientos se precipitan, urge adelantar la toma de Tihosuco porque en la lista del coronel

Rosado sigo yo, Jacinto Pat, Bonifacio Novelo y todos los que estuvimos en Xihum y Culumpich."

Aún con el dolor a cuestas por la muerte del que consideraba como un hermano mayor, mientras limpiaba su carabina obedeció a su añeja costumbre de reconstruir el pasado. Volvió a verse en plena jungla perseguido por el espejismo de la Piedra del venado, para tener fortuna como su tío abuelo, de quien se decía que recibió el don del Colmillo del ciervo, el Cuerno de la venada, y el Gusano del venado; y que, incluso, llegó a matar grandes pumas, tigrillos, tigres rojinegros, y hasta una vieja boa de más de tres brazas de largo.

Sin embargo, Cecilio, gran entendedor de la dirección del viento aprendió a diferenciar los sonidos en el día y en la obscuridad, porque cazaba faisán en vuelo, venado en plena carrera, lagarto a la vista o sumergido en el pantano; y reconocía las huellas y revolcaderos de los animales, así como las guaridas después de la llovizna, en la época de brama, o durante la sequía.

Obsesionado por el talismán, en la rama de un zapote descubrió un pavo al que los fulgores de sol hacían oro y nácar en el plumaje. El disparo estalló a la par de un salpicón de plumas. Cuando recogía la presa, ésta se desinfló como una vejiga. Cecilio no tuvo tiempo de explicarse semejante incongruencia, pues el animal volvió a hincharse sacudiéndose la muerte y entre aletazos siniestros desapareció rumbo al ocaso. Cecilio, presa del escalofrío con un salto se apartó del lugar, y emprendió la huida.

En su casa comenzó a hervir en fiebre y a delirar:

–...Vi al padre de los pavos, el pavo de viento; le disparé y no murió... ¡Ay... aaay... tin tin tin k'orop tso'!

Hasta los tres días llegó Bernardino. Lo santiguó, al punzarle la frente y brazos con un colmillo de víbora le chorreó sangre negra; para desagraviar al protector de los pavos la escopeta fue curada con un prolongado rezo que le restauraría su poder.

Cuando Cecilio fue a casa de su padrino para agradecerle sus atenciones, éste le ordenó sentarse en un banquillo.

–Ahijado, sí tendrás la gracia de los talismanes porque no eres cicatero, pero debes ser respetuoso con los Yuum tsilo'ob para que te den uno de sus hijos. Antes de comer la carne, oféndala, así agradecerás su dádiva, pues de ese animal recibirás agilidad, reciedumbre y el espíritu de la selva; a la vez obtendrás sabiduría del Calendario Ritual, ya que Sip es el protector de los venados y tercer mes del año Solar.

31

En Tepich, Cecilio bebía, mientras reflexionaba:

"… Fue en mayo, antes de que fusilaran a Manuel Antonio, lo decían la cigarra con su canto detenido y el roble con su floración. Entonces, terco, me dije: Este año será de abundante lluvia y las trojes rebosarán de maíz… Ahora, este aguacero que comenzó tamborileando mi pensamiento, desfigura y entinta las horas del día, pero nadie puede detener al agua porque sus hilos bajan del cerro, engordan y sacuden su melena que arrastra palos, lodo, piedras…"

—¡Cecilio! ¡Qué bueno que te encuentro! El comandante Trujeque ordena que vayas a Tihosuco por el pago de la tropa que estuvo a tus órdenes durante la toma de Valladolid.

—Dile al señor Trujeque que iré mañana.

"… Pretenden que baje solo a beber agua, con mi sangre quieren engordar a sus perros."

Cuando el mensajero se fue, Cecilio reunió a sus hombres para internarse en la selva.

El veintinueve de julio la luna como cuchillo se enfundó en una nube, pues Trujeque, en respuesta a que Cecilio no cayó en la celada, dispuso el ataque a la población.

—En Tepich no quedará ni la sombra de las familias que estos indios hipócritas y cobardes dejaron!

—¡Sí, revisen las casas y destrúyanlo todo, debe haber pólvora y armas escondidas!

Sin encontrar resistencia debido a la ausencia de rebeldes, el ataque de apenas media hora agarró a una india que para repeler la bayoneta de un soldado, como último recurso agarró a su pequeño a modo de compasivo escudo y lo puso ante sí, ambos fueron atravesados; una anciana tropezó en la huída, al instante un oficial hizo cabrillear su caballo sobre ella hasta triturarle el cerebro; una joven que quiso enarbolar una coa contra un jinete, le fue arrebatada y tras un diestro giro de la cabalgadura el militar se la enterró en las partes nobles para al instante rebanarla hasta el ombligo; un mozuelo de apenas once años quedó abrazado a un poste vomitando sangre por los culatazos en la espalda; y un anciano con herida sedal en un hombro trabajosamente recorría aquella desolación con un murmullo inaudible:

—...Ya se fueron. Quedó el hedor de la hiel, humillación, y un poco más de este odio que revienta las venas. Las lágrimas son agua que no puede ser retenida en ningún cántaro.

Entonces se volvió hacia un llanto silencioso:

—¿Te duele algo?

—…Un soldado me jaló al monte, ahí me tumbó para hacerme lo que la gente mayor dice que no se debe hacer.

—¿Cómo te llamas?

—Virginia Yaj…

—¿Cuántos años tienes?

—Diez… Ahora ya no me queda más que irme con Karina para que me alquile con los hombres…

Mientras tanto, Cecilio, ignorando las tropelías de que Tepich había sido objeto, continuaba con sus evaluaciones:

"Ahora ya sólo queda la blanca negrura del hacendado y la negra blancura del indio, sí, en la conciencia del blanco el indio está presente como objeto de explotación, y en el indio está el blanco como encarnación del odio… No podemos contar con muchos mayas que viven en Mérida y en Campeche. Ellos ya están castrados por el sobresello de la religión, el idioma, las costumbres, la avaricia y la falsedad de los blancos; ya nada más les queda la corteza maya con que quieren ser lo que no son para borrar su linaje, orgullo y voluntad.

Al amanecer fue informado del ataque a Tepich, donde se respetó a los blancos y sus pertenencias, por ello empezó a jugar con las palabras:

"… La piedra carcome los ojos de la noche, piedra, noche sin ojos, la piedra renaciendo a la muerte, mueren los ojos, los ojos yacen en la piedra de la muerte…"

La noche del treinta de julio la orden de Cecilio astilló el canto del búho:

—¡Maten a todos los blancos! ¡Que no quede ninguno en Tepich!

Fue secundado por sus oficiales subalternos:

—¡A las casas! ¡Quítenles las armas, todo lo de valor y cuánto maíz se pueda!

—¡Que el fuego lo devore todo!

En minutos arrasaron el centro de Tepich, donde una joven quiso evitarlos alzándose la falda para enseñar las piernas, una pica ensartada en la cabeza acabó con su intento; un cuarentón rollizo entregó un revólver a manera de sumisión, le vaciaron la carga en el pecho; Una tendera abrió su negocio voluntariamente para el saqueo de mercancía, quedó con el hombro y parte del tórax separados por el machetazo; un anciano reconocido por latigar indios sólo por mirarlo, fue sacado a rastras por la barba, también de la barba se le amarró la soga con que fue arrastrado a cabeza de silla hasta acabar despellejado en los suburbios de Tepich.

—Por aquí huyó alguien, es conocido por donde se arrastra el miedo cuando huele como meada de jabalí.

—¡Vámonos, que nos ataquen en la selva si son tan hombres!

—¡De ahora en adelante el movimiento y la sorpresa serán nuestras mejores armas!

Pero el siete de agosto las órdenes de Trujeque fueron precisas para el capitán Ongay, quien de nuevo marchó sobre Tepich.

—Mi capitán Ongay, el cielo está medio sospechoso.

—Debe ser porque llegaremos a Tepich traspasando la media noche.

—Señor, según los informes ya no queda ningún blanco en ese lugar.

—Perfecto, así arrasaremos parejo.

A galope tendido entraron por la calle principal.

—¡Desenraicen la mala yerba matando hasta a los gatos si es posible!

—¡Sí, denle macizo a todo lo que se mueva!

—¡Mi capitán, en ese jacalón encerramos a las mujeres, críos, y a los viejos!

—¡Ásenlos vivos, así llegarán muy bien aclimatados al infierno! ¡Ustedes, a rellenar los pozos con tierra, palos o aunque sea con difuntos, el caso es matar de sed a los que hayan escapado!

Mientras el exterminio se expandía, una silueta como alma en pena a tropezones imploraba:

"... ¡Ayúdame Santo Cristo de las Ampollas!... Salgo del humo y piso la brasa, pero me aguanto para llegar al cabo de la población, no le hace que esté tatemado y negro como el ch'ikbul, quiero vivir... ¡Sí, juro que nunca diré nada!

Pero fue descubierto:

—¿Quién es ese espantajo de tizne?

—Estaba huyendo cuando lo apresamos.

Un sargento inquirió:

—¿Dónde está Cecilio Chi'? ¿Cuántos hombres tiene?

Al no obtener respuesta, se preparó.

—¡A cintarazos te sacaré las palabras!

—Mi sargento Rigoberto, ya no lo golpee, ese imbécil nunca dirá lo que sabe o lo que no sabe que debe saber.

—¡Tú no te metas, Clementino, que a changos más curtidos los he hecho hablar hasta por el culo!

—No lo dudo, mi superior, pero a éste no lo conocí ayer, y si le digo que no hablará es porque ni Dios lo ha hecho hablar, ¿qué no ve que es Macario Chi', el mudo de nacimiento?

—Pues antes de fusilarlo que le corten la lengua, a fin de cuentas para nada le ha servido.

Luego de la ejecución, se oyó el festejo:

—¡Tepich ya no existe!

—¡Lo borramos del mapa!

La soledad bajó de los árboles, asombrada caminó de puntitas preguntando una y otra vez a las piedras hechas cal por el fuego, a los esqueletos carbonizados, a los escombros.

32

Con la luna tras ellos, a Cecilio se le veía cansado de tanto pensar cuando llegaron al paraje de Jacinto Pat:

—Aquí, en Culumpich, nos pondremos de acuerdo...

—¡Sí! ¡Urge extender la rebelión!

—Pero, tú, Jacinto, ¿cómo estás? No te ves muy tranquilo.

—Así es, Cecilio, supe que Ongay hizo una carnicería en tu pueblo, lo incendió y quemó vivos a los más indefensos.

—No imaginas el tamaño de mi desgracia... ¡Tepich! ¡Tepich! Cómo me sudan las manos cuando aceito mi escopeta, ¡Fuera de Yucatán esos lagartos purulentos!

—Comprendo tu dolor, pero tranquilízate, a ver ¿qué sucede si le pones más leños a la hoguera? ¿Verdad que crece la llama? Pues ese automartirio es lo que debemos evitar, para que, a la larga, podamos hacer que el gobierno nos trate con justicia.

—¿Qué justicia? ¿Qué gobierno? ¿Acaso los soldados no son el gobierno? ¡Con una jícara de agua quieres apagar la lumbre que nos calcina!

—Bueno, pero con un poco de buena voluntad...

–¡No hay voluntad posible entre el ts'uul y el indio! Para ellos somos bestias de carga, así que no pidas milagros queriendo ver a un mulo admirando al colibrí. ¡Y como su miedo es la víbora que inyecta cobardía, verán las llamaradas de mi gente hasta en la sopa!

Jacinto miró al suelo lleno de estiércol, alzó los ojos para recontar el hato de reses, los bebederos, la noria, el corral de piedra con una enorme parota en medio; después, muy despacio miró su casa de mampostería, hasta que por fin se fijó en la gente de Cecilio que lo observaba esperando su reacción.

"De todas maneras perderé todo, ya sea en manos de éstos o en las del gobierno."

Carraspeó, dudó otro instante, y dijo:

–… Siendo así, ya estamos sobre la mula y no vamos a dejar que nos tire al primer reparo. Aprovechemos que el coronel José Dolores Cetina quiere darle un golpe de estado al gobierno de Yucatán, esa discordia que divide a los yucatecos nos abrirá el camino para dislocarlos.

–¡Beberán nuestra amargura!

–¡Que fermente el gorgojo en su mesa!

–¡Deben sudar el eco de nuestros pasos!

–¡Que miren su cráneo en el espejo!

–¡Ay que preñarlos con su propia ponzoña!

Jacinto acalló los ímpetus:

–No confundamos el miedo con la prudencia; he escuchado a Cecilio, Venancio, a todos, y les doy la razón porque una misma jícara apaga nuestra sed, pues la guerra es compromiso de todos los mayas y en ella estaré hasta el fin; y si el destino no nos permite levantar la cosecha, otros seguirán con más claridad y fuerza lo comenzado.

—¡Vienen los soldados de Ongay!

—¡A las armas!

— ¡Ustedes, vayan a distraerlos!

—¡Síganme, buscaremos dónde atrincherarnos!

Galoparon varias leguas hasta Chumboob. Ahí, fortificados, presentaron batalla mermando al ejército de Ongay. Sin embargo, la táctica militar de éste se impuso con las descargas cerradas de la fusilería: aquí un rebelde a quien no se le notaba la herida de entrada de la bala, pero tenía los dientes asomando por las cervicales; allá otro con los genitales desaparecidos, y vuelto boca arriba, meando como si estuviera completo; y más allá un carretero con el rostro deshecho y sangrante como si durmiera al pescante de su vehículo; y las explosiones de la artillería ligera lanzaban al aire pingajos revueltos, trozos de vestimenta sucia, mal oliente, necesitada de un cuerpo para seguir siendo útil.

—¡Atrás, muévanse, los cubriremos!

—¡Aprisa, Venancio, monten y no paren hasta San Vicente!

—¡Ustedes, tras los troncos y piedras!

—¡Ay qué detenerlos a como de lugar!

—¡Malditos! ¡A ver si ahora se carcajean con mis disparos!

En San Vicente, Jacinto Pat, previo acuerdo con Cecilio, determinó:

—Aquí nos separamos. Me corresponde atacar Ichmu'ul, Peto, Tzucacab, Tek'ax, Oxkutzcab, Pustunich, y si me es posible, Ticul... Bien, Cecilio, ya tendrás noticias mías, hasta pronto.

—Buena suerte, Jacinto. Nosotros iremos sobre Yaxcabá, Sotuta, Valladolid, Izamal, y aunque nos den duro, todo oriente y el norte.

Las huestes de Cecilio, ya repuestas del mal paso frente a Ongay, en sólo un día de combate se adueñaron de San Felipe. Cecilio ordenó vaciar las bodegas de los ricos, liberó a los presos a quienes pertrechó con armamento capturado, y les advirtió:

—Hermanos, han sufrido la amargura de la prisión, ahora deben saber que la libertad es pan que hay que ganar todos los días, no olviden que cada cicatriz que cargamos en el cuero es recuerdo de una equivocación... Sin embargo, nada peor que la cobardía, el cobarde es torpe para escuchar y rápido para huir fingiendo valentía, así que donde sea capturado un desertor o traicionero será fusilado de inmediato.

Minutos después, ya de salida rumbo a X-Canul, llamó a Bonifacio Novelo.

–Pónme a tus mejores hombres en vanguardia, es la posición de mayor responsabilidad…

–Como ordenes, Cecilio, pero no descuides la retaguardia, es la seguridad de nuestra espalda.

Cecilio terminó de colocar jinetes en los flancos, sin reposo recorrió la columna de un lado a otro entre el lodazal del camino.

–¡Carretero! ¿Qué pasa con esos animales?… Ustedes lleven a los heridos a la última carreta para que el yerbatero los atienda… Eh, tú, el maíz de esos costales se viene tirando… Esos marranos, átenlos bien…

Fue interrumpido por un grito que hizo referencia a los marranos sobre el maíz:

–¡Si, coño, que se aseguren de que la comida no ensucie nuestra comida!

Cuando lograron llegar a X-Canul, Cecilio determinó un buen reposo para su gente.

Pardeando la tarde, ya descansados y bien comidos unos haraganeaban recorriendo el campamento para ver cómo estaban los conocidos, auxiliar a los heridos, enterrar a los que habían muerto en el trayecto, o simplemente echarle una cancioncita a alguna de las jóvenes que pululaban por ahí.

Por ello fue que Bonifacio Novelo dispuso:

–¡Ahora sí, todos a bailar al compás del bulileek!

El instrumento musical, consistente en jícaras de espalda al agua de un recipiente, empezó a sonar bajo el baqueteo de los músicos, y las muchachas de pies desnudos revolotearon al ritmo de la jarana, y eran el fuego mayor que distendía el asueto sobre infinidad de fogatas rodeadas por insurgentes.

–¡Un poco de anís aclara la voz y envalentona al miedo!

–... Para eso, mejor gargareo ron hasta quemarme las anginas.

–¡Que nuestras Santas Ánimas nos den la bendición, demasiada falta nos hace!

–¡Así nadie dirá que en X-Canul no encueramos a la tristeza!

–Siempre que entremos a alguna vivienda o población respetaremos los bienes y las mujeres de nuestros hermanos mayas, así nunca nos faltará apoyo.

Mientras tanto, Cecilio, en una casona improvisada como comandancia, proseguía armando la estrategia.

–Comandante, traigo noticias frescas.

–Pasa...

Cuando el mensajero saludaba a los lugartenientes de Cecilio, éste, pensó:

"... El trabajo que coordina Raimundo, mi sobrino, es muy valioso por mantenernos al tanto de los movimientos del enemigo. Nuestros orejas a lo mejor son más valientes que nosotros por andar desarmados, y su fidelidad es a toda prueba aunque sean ancianos, venteras, mandaderos... Sí ellos y la información con que nos ayudan es plata con que se puede ganar un combate, de lo contrario yo mismo llevaría al sacrificio a todo mi ejército.

—Comandante Raimundo —inició el chiquillo de once años—, traigo informes que me dio un arriero llamado Tránsito Bej… ¿Sabe? Me parece sospechoso.

Cecilio, al escuchar el nombre de su queridísimo Tránsito, compañero de tanta zancadillas de la vida, se adelantó:

—No te preocupes, cabo Florencio, es de los nuestros, anda, cuéntanos lo que te dijo.

—Como ordene, mi general... Todo empezó con un ¡Xooo, xooo!, para detener al mulerío.

—"Santas y buenas tardes" —dijo un ts'uul que caminaba hacia Peto —, "¿es usted arriero?"

—"Con el perdón de mis mulas, ni modo que sea la X-Táabay, ¿Acaso no ve bien?"

—"No se ofenda cristiano, ¿cuál es el camino para Ichmu'ul?… Es que me urge llegar a Peto"

—"No me ofendo, lo que pasa es que da coraje que no le reconozcan a uno su trabajo. Mire, Ichmu'ul está a tres leguas de aquí, allá le darán razón para seguir el viaje hacia Peto. Hombre, no sea mala gente, cuando llegue a Ichmu'ul enciéndale una vela al Santo Cristo por el alma de Tránsito Bej, que soy yo mismito, ya ve que en esto de la arriería asoma el peligro por donde menos se espera y lo mejor es estar bien con Dios; no está para saberlo, pero conozco muchos caminos y mucha gente, y no por presumir, pero se me hace que el único camino que no he visto es el del cielo."

—"¿Oiga, y de casualidad no ha visto por aquí a las tropas del tal Cecilio Chi'?"

—"Ni Dios lo quiera, esos desgraciados si caen sobre mi arrea me robarán el maíz, se llevarán mis mulas, y tendré qué huir para no pagar la carga; ojalá hubiera soldados yucatecos por todos lados para tener seguridad"

—"No se preocupe, de camino me enteré de que ya enviaron una compañía para proteger este rumbo. Bien, muchas gracias, que Dios le dé salud."

—"¡No se olvide de mi vela! ¡Así estaré más seguro!"

Cecilio sonrió satisfecho. Raimundo inquirió con la mirada, y el cabo niño agregó:

—Nuxib, el pordiosero de Valladolid, anduvo rondando el cuartel. Cada que intentaba acercármele con una seña me replegaba, hasta que lo vi como poste clavado junto a un militar que quería con la compañera Karina. Al día siguiente me hizo memorizar la plática con pelos y señales:

—"Oye morena ¿es verdad que le pones pan al leek?"

—"Máare, don Peniche, no lo sé porque en el leek todos meten mano para sacar las tortillas, pero lo del pan depende de usted."

—"Entonces en la noche te veo donde la vieja Desideria."

—"¿Pero qué van a decir sus jefes cuando sepan que me veo con un sargento yucateco?"

—"Eso no importa, ¿cómo dijiste que te llamabas?"

—"Karina Yamá, nacida en Yaxcabá y crecida en Dzidzantun. ¿Seguro que irá a verme? A lo mejor salen para Sotuta o algún otro lugar."

—"No hay órdenes de abandonar la plaza, y en caso de que las hubiera, yo vería la forma de avisarte."

—"¿Y qué hacías en tu pueblo?"

—"Desde que un soldado me estrenó, hago lo mismo que todas las que andamos con ustedes."

33

Contrario a otros tiempos, el gobernador Barbachano se hizo de una oportunidad para estar solo. El abuelo Elías se lo repitió muchas veces: "Cuando tengas un verdadero problema, aunque estés rodeado de colaboradores y lambiscones siempre debes enterrarte en la soledad, sólo así encontrarás una salida que te reditúe admiración y respeto, pero sobre todo agradecimiento y dinero, el agradecimiento tan válido como el oro hará que todo el mundo baile como perro en torno a ti" —apoyó el codo en el brazo del sillón, abrió la palma de la mano y dejó caer la frente en ella, que al acariciar repetidamente las arrugas de la frente secundaba al interminable tic nervioso de un tendón en el lado derecho del cuello—. "Resulta indispensable tener información de las fuerzas de esos desgraciados, fundamentalmente sobre sus cabecillas —agarró un legajo de hojas, escogió una, y prosiguió—. Estoy terminando el estudio psicológico de los que más han destacado, Cecilio Chi' y Jacinto Pat. Ese maldito Cecilio es un tigre encarnizado por su juventud y fortaleza, por su agilidad y temperamento, su conocimiento sobre el medio geográfico y su astucia para la emboscada, su crueldad, firmeza y obstinación en la lucha, aunada a su pasión por las mujeres jóvenes y bellas… El Jacinto Pat es otra cosa, a lo mejor pudiera encontrar alguna manera de engancharlo –se reacomodó en asiento y a viva voz dijo–: ¡Coronel Eulogio Rosado! ¿Qué horas son éstas de llegar?

–Con mi más explícito respeto, señor gobernador, hace media hora que estoy aquí parado frente a usted.

–Bien, válgale que estoy demasiado concentrado en este lío que nos trae de cabeza.

–¿Qué ordena que hagamos para eliminarlo con celeridad?

–¿A quién?

–… Bueno, al que estaba pensando.

–¿Sabe, Coronel? Después del fusilamiento del indio Ay de Chichimilá se le esfumaron de las manos Cecilio Chi', Jacinto Pat, Bonifacio Novelo y otros peces pequeños. En las circunstancias actuales sólo veo dos soluciones: ultimar a Cecilio Chi' en combate o terminarlo mediante la traición; el fin justifica los medios, decía Maquiavelo.

–Señor, aunque le sobran mañas y es escurridizo, es obvio que puede morir en combate, pero tiene una escolta de hombres bravísimos, certeros para disparar y sangrientos con el machete.

–Usted es militar de carrera y tiene amplia experiencia en el trato con los indios, todo es cosa de esperar que su demonio o nahual le dé la espalda para acabarlo; mientras tanto le encargo que haga un plan pormenorizado para valernos de la otra opción, me incluye el nombre del brazo ejecutor con su historia personal y el precio por el trabajo.

–Como usted diga.

–Como usted diga, como usted disponga, pero no hacen nada por aniquilar esa plaga que nos consume por dentro y por fuera; puede retirarse.

34

Jacinto Pat, después de haber tomado Sacalaca, junto a la iglesia su ejército aprovechaba la sombra de la tarde, inquietos iban de aquí para allá mientras los heridos eran curados, se arreglaban o cambiaba las herraduras a los caballos, se limpiaban las escopetas, se reabastecían de alimento o agua.

—Mi comandante Luciano Be, hemos tomado Tihosuco, Sabán, Chikindzonot, ¿ahora qué vamos a hacer?

—Tenemos suficientes hombres para cerrar los caminos a Tihosuco, Sabán, Ekpedz y Tonxok. En seguida iremos sobre Ichmu'ul hasta sitiarlo, las trincheras portátiles protegerán el avance.

El sitio de seis días a Ichmu'ul se logró por la escasa resistencia de los defensores por su número bastante inferior a los atacantes, quienes, a ratos, entre descarga y descarga de un fuego más bien desganado se la pasaban descansando.

Jacinto recibió un correo de Cecilio y de inmediato acató las órdenes. El crepúsculo matutino del día siguiente fue iluminado por infinidad de descargas que desde el camino de Chikindzonot inició el ataque.

—¡Muevan esas barricadas para cubrir a las tropas de asalto!

—¡Quieren pasarse de listos aguantando el hambre, pero ahí les vamos!

—¿A dónde llevan esos cocos pelados? —gritó un comandante a varios de sus hombres que ensartados en unos maderos mostraban a los defensores unas calaveras de los soldados que habían matado cuando el sitio empezó. En el acto el griterío se generalizó:

—¡Aquí está el leek de tu abuela! ¡Este es el leek que guarda a tu abuela para que la comas como tortilla!

—¡Ahora sus calaveras sonríen porque ya no nos tienen miedo! ¡Ave María, ya me hicieron otro ombligo!

"… ¡Chingados, al jefe le sacaron el ojo por la nuca!."

—¡Aaal asalto! ¡Y no se apuren, muchachos, que hasta San Bernardino recibió un tiro en la mano!

La tropa defensora abandonó sus guarniciones y se fue replegando dejando atrás demasiados muertos y heridos. El hormiguero insurgente se diseminó por las calles como avispero hambriento de revancha. Las casas principales los recibieron a puerta remachada, no obstante fueron presa de la horda, así como las bodegas, tiendas, caballerizas, patios y hasta jardines.

—¡Corre! ¡Corre! ¡Ay que llegar primero a las casas de los ricos!

—¡Sí, o cosecharemos puro chile!

—¡Hay que revisar todo!

—¡Preste para acá, señorita!… ¡Perdón, usted es india como yo, véngase para acá, no me le vayan a dar un fogonazo!

—¡Esa montura y las espuelas son mías! ¡Yo las vi primero!

—Pues sí, pero como ni caballo tienes, venga para acá.

—En Peto conseguiré uno ¡Suelta la montura!

—Eh, ustedes, déjenle algo a los demás porque con tanta carga ni van a poder combatir… Ora, vayan a preparar las antorchas para incendiar las casas.

Al día siguiente Jacinto Pat decidió invadir Peto, pero antes debía pasar por Dzonotchel, una pequeña población les quedaba de paso, y hacia ahí envió una avanzada. Rodeó hasta el camino a Tzucacab, donde una partida de soldados mantenía la ruta cerrada. Los rebeldes, indecisos, dijeron al agazaparse:

—Seguro que recibirán víveres y parque.

—Si los reciben, se los quitamos, los matamos, y murió el cochino.

Una segunda sección rebelde fue hacia X-Kanteil, donde hubo una escaramuza que no pasó a más, ya que la guarnición ahí destacada entre disparo y disparo se la pasaba a grito y grito:

—¡Resistan! ¡Ánimo, no nos sacarán de las trincheras!

Los rebeldes antes de liquidarlos, también boqueaban:

—¡Mírenlos, el miedo les entró por los ojos y lo echan fuera por los cascos como mulas!

Ya en Peto, no obstante que el sitio se prolongó diez días, por las noches pequeños grupos de mujeres, ancianos y niños abandonaban la ciudad para ser recibidos por los insurgentes, que de inmediato les daban alimento y agua; también de día o de noche aparecía por ahí algún arbusto moviéndose cauteloso, era un hombre blanco que al momento era regresado entre injurias y balazos.

Sin embargo fue necesario habilitar un comando. Jacinto dispuso que cuatro hombres se vistieran de arrieros y les dieran doce mulas cargadas de grano, entre el que iban pequeñísimos envoltorios de pólvora, suficiente mecha, y una buena cantidad de fulminantes. Sin descuidar ningún detalle, ordenó que los llevaran a dos leguas de ahí para que corrieran tras sus animales del crepúsculo hasta media noche.

Abriéndose la madrugada, la recua llegó a la primera guarnición militar, donde, desconfiados, los soldados clavaron las bayonetas en los costales, comprobaron las llagas en los pies de los arrieros, el sudor de los caballos y espuma en los hocicos, y tras recibir demasiadas seguridades referentes a la neutralidad de los arrieros, tras un impuesto de varias botellas de aguardiente los dejaron entrar a la ciudad.

A las explosiones de los pozos y almacenes que despuntaron junto con el sol, siguió un avance incontenible en el que los de vanguardia se abrían paso lanzando bombas de mano hechas con pólvora, resíduos metálicos o piedras y fuertemente comprimidas con sosquil embreado. Así, entre infinidad de muertos y heridos de ambos bandos, mil quinientos soldados, no obstante la abundancia de munición y víveres, abandonaron hasta sus piezas de artillería para agilizar la huida hacia Tekax. Entonces, los habitantes de Peto decidieron romper el sitio con un éxodo que abandonaba la ciudad; y era un atraganto inmisericorde por el miedo y desorden, que hasta el amanecer del día siguiente apenas permitió a la gente avanzar un kilómetro.

Las tropas de Jacinto camino a Tekax arrasaron T'u'ul, Ka'axa-ytuk', San Antonio, y Ticum. Por ello, Jacinto reunió a su estado mayor.

—Ya se mira el campanario de la iglesia de Tekax, es necesario planear la toma de la ciudad, entre tanto extremen la vigilancia, y que por turnos la tropa descanse, se revisen las armas, y se atienda a los heridos y enfermos. Se volvió hacia su gente al configurársele una sonrisa porque escuchó:

—¿Dónde está Filomeno Yeej?

—Aquí estoy mi cabo.

—¿Qué haces?

—Le estoy asentando el filo a mi machete que abollaron los huesos de los ts'uulo'ob durante su huída de Peto.

35

Antes de la media noche, en la guarnición militar el cabo de turno con breve movimiento de cabeza indicó al centinela que le franqueara el paso a un mendigo. Éste, sin dignarse a mirarlos, arrastrando el pie derecho traspuso el puesto de guardia y se dirigió hacia la cuadra de la tercera compañía. Ahí, el Capitán Leobardo Martínez acabó con las instrucciones que daba a un sargento, miró un instante al recién llegado, y no obstante el desprecio que sentía por él con un gesto señaló hacia la puerta del despacho. Cerró con un portazo, a lo que el mendigo correspondió quitándose el sombrero de fieltro decolorado. El oficial arrugó la nariz al verle la joroba que imaginó fuente de donde emanaba el tufo a puerco montés que saturó el ambiente, instantes después detuvo su repulsión en ese rostro donde el cinismo no lograba diluirse en la mugre terrosa que parecía darle vida a la pelambre del mentón.

—¡Atanacio Flores, apestas a regla de vieja sifilítica! Así que para ese costrero que tienes por orejas, pues no estoy para para perder el tiempo en explicaciones.

—Señor capitán, mi adepción al gobierno que por hoy usted representa ha quedado más que de manifiesto.

—No soporto aclaraciones ni salamerías de ningún vende patrias como tú. Nosotros aunque actuemos mal al ejecutar las órdenes que recibimos, tenemos un código de honor que de alguna manera nos hace repetables aunque sea ante nosotros mismos.

—Por eso no fui militar.

—Cuidado, envoltorio de mierda, podría olvidar mi rango y simular una equivocación al confundirte con un espía de los alzados, así que pon atención: La superioridad tiene instrucciones del gobierno para liquidar a Cecilio Chi' a como dé lugar. Como el Mando sabe que él te tiene demasiada confianza, por eso se te mandó llamar…

—También deben haber tomado en cuenta que tengo mis valores, y como de acuerdo al sapo es la pedrada.

—¡Vaya, te prendes de la ubre antes de saber berrear! Mira, chaquetero, si tenemos la medida de tu astucia y temeridad, también contamos con la misma calaña de acuerdo a tu ambición y oportunismo.

—No me venga con su clase de moral lancasteriana que la conozco desde chamaco, imagínese nada más, fui condiscípulo del señor gobernador, ¿cree que fue a lo tarugo? Eso es por un lado, por el otro, para usted es muy fácil ver y gritarle al toro desde las gradas, pero para torearlo, sembrarle el estoque y desnucarlo se necesitan tanates tan grandes como la joda que a diario me llevo tratando de quedar bien con Cecilio y con ustedes, así que no le muevan o se quedan con las ganas.

—Tú eres quien no debe moverle demasiado a tu veleteo, porque algún día yo mismo podría cortarte la lengua y dejarte cojo o manco de a deveras. Por lo pronto, ahí tienes el anticipo —le aventó sobre la mesa un taleguillo de cuero repleto de monedas—, cuando hayas cumplido tu misión a lo mejor el gobierno se acuerde de tus mugrosos servicios y te dé mucho más, pudiera ser que hasta una hacienda en Mérida. Por lo que toca a mí puedes largarte al demonio, espero que no vuelvas a cruzarte en mi camino, y menos en campaña porque no respondo.

Atanacio, al abandonar el despacho quiso mirar más allá de las palabras del militar. Con el sonido rasposo de sus pasos cruzó por la guardia.

"¡Aunque siempre haya estado alejado de la mano de Dios y de la fortuna, a nadie le debo nada! No he conocido el cariño, amigos, familia, patria, nada, y sería un soberano pendejo si no aprovecho esta oportunidad que el destino me pone en bolsitas con oro. Con dinero sí que seré alguien, podré comprar un nombre con su respectivo árbol genealógico, una aristócrata de Valladolid, Campeche o Mérida, ¿y por qué no? Hasta una española, no indias como Rosa que ya me tiene hasta aquí con sus calenturas... Ajá, ya no seré k'aas ts'uul, sino Don Fulano de tal.

36

Mientras tanto, a muchos kilómetros de distancia, en el campamento de Cecilio los ánimos estaban en su punto máximo.

−… Antier cayó Yaxcabá, ahora iremos sobre Sotuta, la tierra de Nachi Cocom, que es lugar donde gira el agua.

−Estas piedras son para la última trinchera. Los caminos de Tabi, Tibolón, Kantunil, Kantamayec, Tixcacaltuyú y Zavala ya están cerrados; ahora hay que reforzar la vanguardia para evitar sorpresas.

Cecilio por la emoción, no obstante la fatiga y que estaban cerca de su objetivo, sobre la marcha se perdió en otro juego de palabras:

"Platiazul fuego de mediodía, platiazul mediodía de fuego, platiazul la lluvia, la lluvia de fuego: el fuego platiazul desgaja la lluvia."

Pero fue interrumpido por el trajín con que su tropa acomodaba las trincheras portátiles frente al enemigo de Sotuta, la munición iba de mano en mano, los habilitados como enfermeros corrían llevando de aquí para allá sus sabucanes repletos de vendajes, yodo, alcohol, etc, y los oficiales con ágil mirada buscaban los mejores terraplenes para colocar a su gente, o bien, disponían la apertura de hoyancos como parapetos individuales.

Los militares de la ciudad, confiados, habían dejado que los insurgentes se acercaran hasta tenerlos a tiro.

—¡Los hombres de Sóstenes Domínguez no conocen el miedo! ¡Vamos a sacar a esos indios apestosos de su agujero!

La orden de ataque no se recibió en ningún bando, surgió como desganada con un simple disparo que de inmediato generalizó la balacera, de la que en instantes se acrecentó enorme nube de pólvora quemada en las líneas de unos y otros, al grado de imposibilitarles distinguir al cuerpo al que dispararían.

—¡Vamos! ¡Duro contra los indios! ¡Muera Cecilio Chi'!

—¡No se puede! ¡Ya nos dieron en la madreee! ¡Atrás, atrás!

—¡Ya perdimos más de cuarenta soldados!

—¡Esos malditos parece que nacieron con raíces en la trinchera! ¡Alto el fuego! ¡Agita la bandera blanca, que quiero hablar con ellos!

Los escasos diez minutos de combate hicieron que Cecilio dedujera que la tregua sólo era un ardid, sin embargo ordenó el envío de dos parlamentarios.

Los militares, asomando a medias de sus fortines, se sorprendieron por la inmediatez de la respuesta.

—De inmediato avísenle al jefe Sóstenes.

Los emisarios de Cecilio con indiferencia se plantaron ante los soldados. Para hacer tiempo, un oficial analizó detenidamente la catadura de cada rebelde, y preguntó:

—¿Qué es lo que quieren para levantar el sitio?

—Que nos devuelvan todas las armas que nos han recogido. Que nos entreguen a Antonio Bacelis. Que nos den a la Virgen de Tabi que fue sacada de su oratorio.

—Bueno, bueno, espérense ahí muy bien paraditos hasta que nos traigan la respuesta.

A los pocos minutos llegaron dos clérigos como embajadores de Sóstenes Domínguez. Por su altivez parecían caminar sobre alfombras, ya que el sol arrancaba fulgores a sus estolas. Los enviados por Cecilio se miraron interrogantes:

—Son los santos padres, quítate el sombrero, hermano.

Al momento se oyeron lejanos los gritos de sus compañeros

—¡Ah, si serán brutos! ¡No se descubran delante de esos culeros! ¡Ora, regresen a la trinchera o les clavo un plomo en el rabo!

Los clérigos se persignaron.

—¡Perdónalos Señor, no saben lo que dicen! —oró uno con las manos juntas y la mirada en las nubes, pero también pensó—... "Yo me pongo a salvo con mi fe en Cristo, ahora mismo me devuelvo a Sotuta."

Su compañero decidió cumplir su cometido.

—¿Qué quieren hijos míos?

—Ya lo saben: nuestras armas, al mentiroso Bacelis, y a la Virgen de Tabi.

—Bien, en aras de la paz llevaré sus peticiones a las autoridades competentes.

Con la retirada del clérigo Cecilio se convenció de la farsa, así que retomó la estrategia inicial:

—¡Quemen más leña verde!

—¡Sí, el humo nos ocultará para acercarnos!

—Ustedes diez, a ese tronco; ustedes, a ese otro; ahora, a correr contra sus defensas.

—A puro tope de tronco es rete fácil.

El asalto en minutos se convirtió en lucha cuerpo a cuerpo.

—¡Así! ¡Así! ¡A machetazos móchenles hasta el recuerdo!

Los soldados yucatecos corrieron la voz:

—¡Sálvese quién pueda! ¡A Hocabá, muévanse para llegar a Hocabá! ¡Son órdenes del mayor Covián!

Sordo a la orden, un tipo indiado como sus enemigos, definió:

"...Yo no sirvo para soldado, mucho menos para sargento, y como no quiero volver a enfrentarme a esos demonios sin cuernos, me largo para mi pueblo."

Finalizado el ataque, en una fortaleza colonial conocida como El castillo, Cecilio reunió a sus comandantes.

—¿Los heridos son bien atendidos?

—Sí, mi general, y ya se está enterrando a los muertos.

—Bien, entre otras cosas les mandé llamar para que escuchen y opinen sobre este borrador de la carta que, una vez afinada según la aportación de ustedes, enviaremos al Gobernador y al Obispo:

...¿Por qué no se acordaron o se pusieron alerta cuando nos empezó a matar el señor gobernador? ¿Por qué no se ostentaron o se levantaron en nuestro favor, cuando tanto nos mataban los blancos? ¿Por qué no lo hicieron cuando un tal padre Herrera, hizo cuanto quizo a los pobres indios? Este padre puso la silla de su caballo a un pobre indio, y montado sobre él, empezó a azotarle, lastimándole la barriga con sus acicates. ¿Por qué no nos tuvieron lástima cuando esto sucedió? ¿Y ahora se acuerdan, ahora saben que hay un verdadero Dios? Cuando nos estaban matando, ¿no sabían que hay un Dios verdadero?...

Porque los estamos matando ahora, vosotros primero nos mostrasteis el camino. Si se están quemando las casas y las haciendas de los blancos, es porque habéis quemado antes el pueblo de Tepich, y todos los ranchos en que estaban los pobres indios, y todo su ganado lo comieron los blancos. ¡Cuántas trojes de maíz de los pobres indios rompieron, para comer los blancos, y cosecharon las milpas los mismos blancos, cuando pasaban por ellas, buscándonos para matarnos con pólvora!

—El documento dice la verdad y estamos de acuerdo.

Cecilio al ver la aceptación de todos, finiquitó:

—Bien, una vez que el documento está listo llevará la firma de los capitanes: Francisco Caamal, Anselmo Hau, Gregorio Chim, Juan Tomás Poot, Apolinario Zel, José Victorín y la mía. Después, un propio lo llevará a Mérida.

Rosa, en un rincón del jacal donde provisionalmete vivía debido a lo imprevisible de la guerra, al bañarse imaginó las pompas de jabón como pequeños cristales que descomponían en colores la luz de la vela. Suspiró acariciándose las corvas, los muslos:

"… Cuando nací me parieron, mi abuela leyó su sastún y dijo: Nació el día nueve del wináal kéej, precisamente en luna llena y su carga es la de la luna-faisán. Vino al mundo para lucirse, su apetito por la comodidad, la ropa fina y las joyas, no tendrán reposo; será muy apasionada y fácil de entregarse… Condenada piedra de la claridad en que la abuela lo leía a uno, para nada se equivocó –las manos le subieron del cuello a la nuca–. Soy coqueta ¿y qué? ¿Qué culpa tengo de que cuando hago el amor me derrita como miel? Por eso esta ingrata soledad se carcajea de mi cuerpo tan lleno de vida, y más del hambre que padezco ahora que no hay quien despierte y dome la yegua que me relincha en las entrañas –el tacto lúbrico descendió a los pechos erectos por el estrujamiento–… Cómo añoro una golpiza que ahora mismo me derrumbe en la hamaca, quiero mordidas, más, más y mucho más apretones que me hagan palpitar una, dos, tres veces de día, de noche, en la lluvia, en el frío, al florear la selva o en la sequía tumbándole las hojas a cada árbol, hasta que me caiga de vieja –los dedos se le juntaron en un apretón de muslos–... Cecilio me descubrió para incendiarme, pero esta maldita guerra me pudre en vida, y para medio vivir debo atizar el fogón sola. Desde luego que Atanacio de cuando en cuando me trae uno que otro regalito, me ayuda a lavar el nixtamal, o me repite algún cuento de los más desabridos que conoce, pero me urge aplacar este martirio. Bueno, es chaparro y... óyelo bien, mensa, blanco y de unos ojos que dan miedo. Ave María ¿y si a la hora de la hora le salgo con otra cosa? No, basta con que me quiten un granito de maíz y me desgrano todita –con una secuencia de gemidos se dejó llevar por las noches hasta entonces contenidas–. No, no es que sea infiel o traicionera, porque a mi Cecilio le debo muchas cosas, ¡Pero cuántas quisieran acostarse con mi general! En fin, son las ganas las que hacen a la mujer, y al hombre lo hacen las ganas con que la enfría.

La estrategia de lograr un acercamiento con Jacinto Pat llevó a Barbachano a Tekax en febrero de mil ochocientos cuarenta y ocho. En su despacho provisional hojeó un expediente, hizo una pausa para mirar a Gregorio Cantón, su secretario, y habló:

—Ese Jacinto Pat es otro ejemplar de esta raza salvaje, tiene más de cincuenta años, posee cierta cultura por ser ávido lector de la historia de Yucatán, y es muy buen comerciante ya que su rancho de Culumpich produce mucho ganado vacuno y maíz…

—Señor, quizá hasta se pudiera…

—No sé por qué, pero se me hace que se siente rebasado por el ímpetu de sus tropas, sobre todo por sus lugartenientes que son más jóvenes, por eso considero que con él es factible negociar una tregua, aún más, la paz definitiva. Sí, debe sentirse copado y arrastrado por la vóragine de la rebelión, y con un poco de suerte podría tener aspiraciones políticas, a lo mejor de ser un gran jefe maya, sí, señor, podríamos llegar a una transacción ventajosa, todo es cuestión de diplomacia.

—En Jacinto Pat se percibe en buena medida un carácter conciliador y voluntad de concluir el conflicto.

—Gregorio, en tu calidad de mi colaborador número uno debe imperar la absoluta y única necesidad de guardar celosamente toda correspondencia de este caso, más que eso, estudiarla para opinar acertadamente como lo has hecho hasta ahora por tu conocimiento de causa. Ahora que disfrutamos la hospitalidad tekaxeña te dictaré otra carta para el tal Jacinto, espero que la pases en limpio para enviarla a Tzucacab antes de que Felipe Rosado y el sacerdote Canuto Vela viajen allá para entrevistar a Jacinto. Escribe:

Tekax, Yucatán, a 1 de marzo de 1848.

Muy estimado Comandante Don Jacinto Pat:

Como no he recibido respuesta a las tres cartas que le he mandado, con la presente me permito repetirle que no omitiré absolutamente nada que esté a mi alcance para persuadirle de mi buena fe, ya que sin ningún ápice de malicia me acerco a usted, a sus compañeros y correligionarios. Doy por entendido que si no ha contestado es por sus múltiples ocupaciones militares que, discúlpeme, desmerecen tanto con respecto a su elevado rango social y cultural, pero, en fin, el tiempo es oro y comprendo que no lo haya tenido por esos quehaceres que tan injustamente absorben toda su atención.

Por el momento me permito comunicarle que enviaré una comisión integrada por el sacerdote misionero Don José Canuto Vela y por el señor Don Felipe Rosado. Ellos, si usted tiene a bien permitirlo, levantarán un acta para firmar la paz que usted y sus compañeros han solicitado de manera verbal, pues así es como se me ha informado. Después, le ruego que me escriba una carta y la envíe con esta comisión, para que yo vaya a reunirme con usted en el lugar que ustedes, de común acuerdo, elijan, con la intención de que la firma tanto de usted como la mía certifiquen conforme a la ley todo cuanto soliciten de mi gobierno.

No omito expresarle mi punto de vista, que espera sus más finas consideraciones: ¿Cómo ha de sentirse mi corazón si no recibe este beneficioso acuerdo? ¿Qué reposo he de tener sin un abrazo de paz tal como lo manda Dios nuestro Señor, después de tantas vejaciones a la doncella o embarazada, a los niños, jóvenes y ancianos?

Don Jacinto, no desmayemos hasta alcanzar este bien, por ello, tan pronto como yo reciba su contestación a esta carta, enviaré la mencionada comisión. Debo agregar que si su eminencia el señor cura Don José Canuto Vela ya fue en una ocasión a Tzucacab sin escolta ni soldados, usted se la proporcionará para que se le cuide y respete, tal como lo hizo el Capitán Don Ignacio Tuz, y bajo esta recomendación el señor cura fue hasta donde él estaba.

Es todo cuanto espero de usted. Reciba mis parabienes y los del citado señor cura que con otras personalidades se encuentra aquí dando fe de la presente. Que Dios nuestro Señor lo guarde, tal es el deseo de su afectísimo.

Gobernador
Miguel Barbachano Tarrazo

39

Mi muy estimado Don Jacinto Pat:

Ya me di cuenta de que usted y sus compañeros no han aceptado las órdenes que les he dado. Como en las anteriores, en esta carta le reitero que acepto todo tipo de condiciones que ustedes deseen manifestar para que termine esta guerra tan dolorosa que no nos ha permitido vivir en paz. Ambas partes procuraremos que no haya ningún motivo para meter cizaña y menos para pelear entre ustedes y sus descendientes. Por lo que a nosotros toca, propiciaremos todo lo habido y por haber para no ocasionarle ningún disgusto a la raza maya. Para que no sean en vano las cosas buenas logradas por usted y sus capitanes, adjunto a la presente lo siguiente:

Yo, Miguel Barbachano Tarrazos, por la gracia de Dios Gobernador de todos los pueblos de Yucatán, decreto:

Artículo primero: Ordeno que todas las tropas destacadas en Tekax desalojen la plaza, quedándose ahí solamente los sacerdotes enviados por el excelentísimo señor obispo, juntamente con el jefe político de Tekax, Don Felipe Rosado.

Artículo segundo: A partir de ahora dejarán de pagar contribución los sacerdotes, los blancos, los hidalgos, y la gente común.

Artículo tercero: Toda la población está obligada a pagar tres reales por bautismo, diez reales por casamiento, cincuenta centavos por entierro.

Artículo cuarto: El gobernador es y será la única personalidad con poder omnipotente para impartir justicia, ya que solamente ante esta entidad se hará todo tipo de peticiones.

Inciso único: El señor Don Gregorio Cantón, mi secretario, con esta fecha queda como único abogado para velar por los intereses de los mayas, para que puedan comunicarse entre sí, escribir, reunirse con el fin de defenderse de algún supuesto enemigo, y para lograr la reparación de daños que éste pudiera causarles. Todo asunto relacionado con las funciones del señor abogado deberá llevar mi firma de visto bueno.

Artículo quinto: Ordeno que las escopetas que les fueron tomadas a los indios de inmediato les sean devueltas a éstos. Si hubiese algún reclamo al respecto y no hubiera el arma, debe pagárseles a buen precio, ya que les es permitido conservarlas para que sus dueños busquen su sustento.

40

El silencio de la tarde crecía al vago ritmo del crepúsculo. Cecilio con el machete al cinto y la carabina empuñada dijo a su secretario:

—Atanacio, voy a una reunión, regresaré en la madrugada —pensativo, se rascó la barba sin afeitar—. Mi esposa se siente un poco mal, te ordeno que estés pendiente de ella desde tu guardia bajo este árbol o desde donde consideres más adecuado para evitar que alguna gente, animal o espíritu se acerque con malas intenciones.

—Atanacio fingió indiferencia:

—¿Quiénes estarán en la reunión, mi general?

—Eres de toda mi confianza, Atanacio, por eso no te diré quiénes estaremos, lo que trataremos, y dónde nos reuniremos: como comandante supremo debo ser fiel a la palabra empeñada.

—Usted perdone, mi general.

—Después necesitaré de tu ayuda para redactar algunos documentos de suma importancia. Ah, no olvides que con tu pellejo me respondes por la seguridad de mi señora.

—Primero me matan, mi general.

Cecilio desapareció montado en su potro cenizo:

"Atanacio es inteligente, valiente, fiel, con él sí que puedo contar para cualquier misión por difícil que sea."

Poco antes de la media noche Atanacio pensaba en la exuberancia de Rosa, cuando oyó el leve ruido de la puerta al entreabrirse.

—Ven, Tachito, por favor que se me está prendiendo la lumbrera.

Atanacio desde hacía semanas creía ver algo en la mirada de Cecilio, por eso sintió algo indefinible en la boca del estómago, miró en derredor como tratando de desnudar la densa obscuridad, y acabó encaminándose a la casa.

Se conocían de memoria. La amplia experiencia de Atanacio y las ansias de Rosa con toda naturalidad de orgasmo en orgasmo los llevó hasta la madrugada.

Dentro, Rosa dormía en la hamaca con una sonrisa ingenua y maligna, alumbrada tenuemente por el fogón. Atanacio bajo el rocío hacía guardia con mirada como de murciélago tratando de otear la más ínfima sombra del casi amanecer. Nervioso, giró el rostro hacia el apagado galope de una cabalgadura. Media hora después, Cecilio desmontó.

—Desensilla el caballo, dale agua y maíz, al rato que caliente el sol le das un buen baño. Dormiré hasta el medio día, en caso de cualquier novedad, por simple que sea, me despiertas de inmediato.

–Como usted mande, mi general.

A las siete de la mañana y con Cecilio a buen recaudo, ante la felicidad desbordante de Rosa, Atanacio saboreó una jícara de atole caliente con mordiscos de panela.

Tres días después, Rosa se acariciaba el lóbulo de la oreja al contemplar los aretes de filigrana en oro que Cecilio le había enviado con Atanacio desde Valladolid. Gozosa, empezó a desnudar a Atanacio:

"… Para Cecilio no hay nada imposible, pero éste sí que es un verdadero macho."

41

Las fuerzas de Cecilio, después de haber vencido la resistencia yucateca en Chulutan, Temax, Tikuch, y Pixoy, acantonadas en Dzitnup hacían los preparativos para tomar Valladolid.

—¡Carajo, el tiempo se atascó, tanta espera me entume!

—Mientras nos toca la guardia, que venga Plácido Tuus con sus adivinanzas.

Plácido era un hombrecillo de aspecto cómico que al llegar les hizo una reverencia al estilo cortesano, medio sonrió al ver las carcajadas que había arrancado, mas con todo y su baja estatura adoptó un aspecto malévolo para asestarles un coscorrón por cabeza poniéndolos en condiciones de escucharlo:

—A ver, a ver, ahí les va: corre, nada, vuela, gira, se encoge y estira; es sólo cabeza y cola.

—¡El volador!

—No, no es el cohete.

—¡El papagayo!

—Tampoco es la cometa. ¡Mensos, es la víbora!... Adivina, adivina, adivinador: Un agujero para entrar y dos para salir. Entro por un agujero y salgo por dos.

—¡La escopeta!

—Burro.

—¡La gruta!

—¡Hombre, hasta parecen chiquillos! ¿Qué no ven que es el pantalón?

Y en la comandancia, Cecilio decía a Atanacio Flores:

—El gobernador tiene la cabeza llena de telarañas y grillos. Ya no piensa con claridad, pues ordenó que todos los hombres de dieciséis a los sesenta años se enrolen en el ejército, los están armando hasta con herramientas de labranza.

Atanacio separó la vista de unos documentos, para reforzar:

—Tranquilo, mi amado comandante. Eso es verdad, pero tenemos informes de que los soldados yucatecos son quince mil, y que hay diez mil mayas que les lamen las manos a los ts'uulo'ob por una sonrisa y un pan duro.

—Cierto, ¿para qué preocuparse si nosotros llegamos a cuarenta mil hombres?

—Cuidado, señor, que muchos caciques de Campeche manifestaron su obediencia incondicional a las autoridades yucatecas, y dijeron que cuando se les ordene acabarán con nuestro ejército de oriente.

—Por lo pronto, ahora y aquí disponemos de quince mil hombres para ocupar Valladolid.

—También llegaron informes de que en el puerto de Sisal descargaron dos mil fusiles, sables y pólvora, procedentes de Cuba.

—Qué bueno —le guiñó el ojo—, se los arrebataremos y así estrenaremos armas.

Por fin se ordenó el avance.

—¡Bravo, mi general Cecilio! ¡Vamos a darle un susto a don Agustín León y a sus soldados!

—Convertiremos Valladolid en una isla sin camino de entrada ni de salida.

Sin embargo no todo era ganancia, pues un estafeta llegó a matacaballo y se apeó de un salto.

—¡Comandante, Cecilio! ¡En Ebtun nos atacaron y perdimos la caballada, el ganado y las mulas de carga.

Atanacio le arrebató la palabra a Cecilio:

—No importa. Aunque crean que nos derrotaron sólo le han borrado una mancha al jaguar, pues las poblaciones más grandes seguirán cayendo en nuestras manos, hasta que Campeche y Mérida sean nuestros... Anda, ve a que te den algo de comer.

El mensajero, rumbo a la carreta de intendencia pasó junto a un puesto de socorro, donde escuchó:

—Tranquilino, ¿por qué tiemblas?

—Es la fiesta que traigo dentro, Espiridión, pues aunque mis heridas no hayan sanado del todo, esta carabina que le arrebaté a un soldado en Chancenote es nueva, y me muero por matar a la muerte que soñé anoche.

—¿Soñaste con la muerte?

—Sí, la vi junto a mi hamaca royendo sus dientes al hundirme su mirada desde el fondo de sus cuencas.

—¿Estaba en dirección a tu cabeza?

—En mis pies.

—Ni te apures, si la hubieras visto junto a tu cabeza sería otro cantar.

—Gracias —puso el gesto bravo—, por eso los tunk'ules, cornetas y tamboras son como banderillas que me escarban la valentía, en cambio los ts'uulo'ob cuando escuchan el bramido del caracol tiemblan como si las hormigas les mordizquearan el pito.

Pero el jefe de enfermeros les reconvino:

—¿No escucharon la corneta? ¡A formar!… Espiridión Kime', ¿quieres quedarte a chuparles las heridas a éstos?

—¡Ya vooy! ¡Ya vooy!

Y en tanto se ponían en manos de su comandante, se les soltaron las conjeturas:

"… Si la calaca estaba en los pies de Tranquilino, quiere decir… ¡Ya me llevó Kisin! ¡Seguro que hoy regreso muerto porque mi hamaca estaba amarrada con la misma soga, Ave María, la muerte me quedó en la cabeza!"

—¡A Valladolid, donde ya tenemos gente atrincherada!

—En el cenote Saquí hay un puñado de valientes.

—Otros avanzan por el Sur.

Mientras la fuerza de Cecilio, procedente de diferentes partes, se agrupaba frente a Valladolid, el Coronel Pastor

Gamboa con cañones y quinientos hombres logró abrir un reducido corredor en las trincheras insurrectas. Los cañonazos, explosiones, el sumbido de las balas perdidas y los ayes de dolor y miedo también se fueron tras la población de Valladolid que huyó entre el chirriar de más de cien carretas llenas de carga; y el llanto de los niños, y el dolor de los heridos que eran un solo ruido. Entre tanto, en el páramo citadino el viento arrancaba sollozos a los árboles, y los perros jadeantes buscaban a sus dueños en los derrumbes.

Horas después, Cecilio con un ataque envolvente entró victorioso a Valladolid. Los insurgentes después de saquear iban y venían sin rumbo, y el sopor les doblaba las piernas por un aliento gomoso lamiéndoles el cuerpo, debido a que las llamas consumían el barrio de Sisal.

De pronto, se escuchó una especie de alarido:

–¡Ese malparido campamocha le prendió fuego al carro de municiones!

La explosión derribó a veinte hombres, otro quedó materialmente adherido a un muro con la cara distorsionada por la sorpresa; y los quejidos y gritos siguieron al humo y olor a pólvora que invadía el ambiente.

–¡Me despedazaron las piernas! ¡Ayúdenme!

–¡Pobre Angustia, hasta el crío se le murió en el vientre!

Tres días después, en Espita todo era lamento entre los refugiados provenientes de Valladolid.

—¡Somos vallisoletanos! Por pura misericordia divina nos salvamos de los indios. Bendito sea Dios que se acabó nuestro vía crucis.

Y entre los refugiados se soltaron los comentarios por las noticias que iban de un lado a otro:

—¿Oyó usted tía? Ahora los soldados del batallón "Libertad" también abandonan Espita. ¡Cobardes, nos dejan en manos de los bárbaros mientras escapan hacia Campeche!

—Que Dios me perdone, ojalá que los indios los violen.

Mientras tanto, en Valladolid el servicio de inteligencia daba cuentas a Cecilio en boca de su sobrino Raimundo:

—Comandante, todos los alrededores se están despoblando porque la gente huye hacia Mérida o Campeche; y le informo que ya Tizimin y Calotmul son nuestros, así como Chemax y Río Lagartos.

—Bien —respondió Cecilio—, nos moveremos hacia Izamal. Cuando nos vean ahí, las puertas de Mérida se derrumbarán solas como palizada vieja… ¿Qué noticias hay de Campeche?

—José María Barrera con otros dos comandantes, al mando de tres secciones con más de mil hombres cada una prendieron fuego a la caña y asaltaron Iturbide. El coronel yucateco Cirilo Baqueiro no pudo sacar a los nuestros de la trinchera en Chéen Báalam; y al sentir la derrota salió con su gente rumbo a Dzibalch'e'en, pero al llegar no encontraron ni un alma: todos se habían ido para Campeche. De ahí se fueron a X-Cupil y luego a Holpech'e'en que también estaban desiertos.

Cecilio descompuso otro enredijo, de los que hacía más por costumbre que por entendimiento:

"Caña, fuego, pólvora: la caña es pólvora del fuego, la caña para la sed del remolino, gira el alambique de fuego con la pólvora para la sed de la muerte."

La última noticia del mes decía que en Tzuctuk, mientras el comandante yucateco se entretenía jugando baraja con sus oficiales, y la tropa paseaba bravuconeando en las calles, los insurgentes los machetearon y se adueñaron del armamento; y sólo algunos oficiales montados a puro pelo lograron huir. Pero en Hopelchén, Pantaleón Barrera sorprendió a la insurgencia matando a ciento cincuenta mayas, se llevó ciento setenta fusiles, cinco cajas de parque, y un barril de pólvora.

Un espía llegó a la carrera:

—¡Señor, traigo noticias calientes de Tzucacab!

Cecilio, sin levantar la vista de un mapa, repuso:

—Habla con lentitud, porque tengo prisa, ¿verdad Atanacio?

—Sí, señor, que hable despacio, porque nos urge.

—El padre Canuto Vela, en nombre de Miguel Barbachano, como boa ensalivó a Jacinto Pat hasta que se lo tragó. Sí, señor, lo convenció para que firmara un papel que llamaron Los Tratados de Tzucacab.

—¿Qué es lo que dice ese papel?

—Que ahora no habrá contribución personal. Que por bautizo y casamiento se pagará menos. Afirma que podemos tumbar monte en cualquier lugar sin pagar arrendamiento. Que don Miguel Barbachano será Gobernador toda su vida. Que Jacinto Pat será Gobernador de todos los mayas. Que cualquiera puede destilar aguardiente.

—Bien, puedes retirarte —con las facciones trastocadas por la ira, se volvió—… Raimundo.

—Dígame, señor.

—¡Hay que desbaratarle el juego al traidor Jacinto Pat!

A la semana, Raimundo se presentó ante Cecilio:

—Mi comandante, según sus órdenes llegué a Peto con más de mil quinientos hombres. Ahí le pedí a Jacinto Pat que me entregará todo lo que le habían dado los ts'uulo'ob, y viera usted cómo temblaba cuando me dio un bastón con puño de plata, el papel firmado, y una tela que decía "Gran cacique de Yucatán". Ante su tropa despedacé todo, le dije que el comandante Cecilio Chi' y la mayoría de los jefes mayas no estamos de acuerdo con lo que negoció, pues la lucha tiene que seguir. Finalmente le advertí que quienes se rindan o hagan trato con los yucatecos son maricones y serán nuestros enemigos hasta la muerte.

42

Miguel Barbachano, satisfecho vio llegar a las personalidades a quienes había invitado a la reunión con carácter de urgente. Sin mayor preámbulo se acomodó en el sillón, les echó una mirada para detectar algún signo de inconformidad por lo elevado de la hora, y con voz enronquecida inició:

—Señores, hoy dieciocho de abril de mil ochocientos cuarenta y ocho me place recibirlos en este despacho del Poder Ejecutivo, para enfatizarles sobre la difícil situación sin precedente que vive la Península de Yucatán en esta lucha entre la civilización y la barbarie; nuestra querida tierra se ve agobiada por el avance de la tea incendiaria y el machete asesino de las turbas macehuales que han llevado la muerte y la ruina a dos tercios del territorio yucateco; como es de suponerse, los recursos del tesoro público están casi agotados, motivo por el que los he reunido para que den su visto bueno a la imperiosa necesidad de solicitar apoyo al exterior.

—Entendemos y valoramos la gravedad del momento, por lo tanto, señor gobernador, nos permitimos puntualizar que todo nuestro talento, capacidad diplomática de negociación y voluntad cabal están al servicio de usted y de la noble causa que abandera, por ello no escatimaremos recursos, energía ni tiempo para cumplir con la comisión que tenga a bien encomendarnos.

—Efectivamente, señores don Pedro Rejil Estrada y don Joaquín García Rejón, listas sus credenciales y su valija diplomática se embarcarán con rumbo a Cuba, para en La Habana realizar sondeos sobre la posibilidad de anexar Yucatán a la Corona de España. De encontrar un ambiente propicio, consigan que vengan el mayor número posible de fuerzas armadas a tomar posesión del País; y en caso de no encontrar la respuesta favorable, con las debidas garantías de pago por parte de mi gobierno soliciten préstamos y con ello contraten un buen contingente que venga a combatir por nuestra causa.

—Con todo respeto, señor gobernador, ¿y en el supuesto caso de que no consiguiéramos ninguna de las dos posibilidades?

—Excelente observación, don Joaquín. Entonces debe dirigirse a México sin pérdida de tiempo, para presentar otro pliego petitorio solicitando recursos a favor de Yucatán. Mucho cuidado, señores, todos sus alegatos serán expresando nuestra decidida voluntad de volver al seno de la Unión de la cual estamos temporalmente separados. Si al llegar a Veracruz las fuerzas de ocupación norteamericanas les bloquean el paso, ante el comodoro americano o autoridad correspondiente hagan valer su condición diplomática y el objeto preciso de su viaje.

—Sus órdenes serán fielmente cumplidas, señor.

—¿Nada más, señor Rejil?

—Señor Gobernador Don Miguel Barbachano Tarrazo.

—Muy bien, así lo espero de ustedes, pues así lo requiere la patria yucateca; y no olviden que en el proceder diplomático siempre debe procurarse por el logro de los fines particulares que convienen al estado al que ustedes representan y mucho más tratándose de nuestra amada tierra a la que ni siquiera debemos imaginar sucumbiendo entre las garras de la ignorancia.

43

Jacinto Pat, luego de que Raimundo le despedazó los tratados de Tzucacab y su nombramiento de gobernador de los mayas, con la mirada perdida se hundió en un silencio de varias horas.

"... Deveras que soy bruto, los blancos me quieren porque tengo un ejército, pero sin éste no soy nada. Por ello debo continuar la lucha en la verdadera causa de los mayas, hasta llegar a Mérida. Así podré rescatar la confianza y el respeto de Cecilio y los otros comandantes."

Cuando se repuso, con un aire resuelto miró detenidamente a su gente.

—¡Rodearemos Ticul para dejarlo sin comunicación. Primero tomaremos Pustunich, Sacalum y todos los lugares cercanos. ¡Nadie podrá decir que Jacinto Pat le tiene miedo a la lucha!

Diez horas después, se infiltraron por los solares y atacaron como avispas por distinto rumbo.

—¡Desde este árbol se les venadea rete bien!

—¡Claro, no han descubierto que estamos escondidos hasta en los huanos!

"... Acostado en el suelo hago rodar la piedra con los pies para protegerme de la metralla, después me enrosco, giro como culebra, y disparo... ¡Eso es, soldadito pel a na', mira cómo te floreé el espinazo!

Sin hacer un solo disparo, una compañía empezó a deslizarse pecho a tierra mientras era protegida por la fusilería de los mamposteados tras las albarradas. Algunas secciones llegaron con su griterío y disparos por un flanco, a grandes zancadas brincaban a quienes reptaban para que no fueran descubiertos. Los del suelo se izaron, y ambas fuerzas se abrieron con una maniobra envolvente. Los soldados que lograron escapar fueron liquidados por los de los cercos. La invasión fue exitosa, y por las calles sólo se dio una que otra escaramuza.

—¡Es el tercero que mando con Aj Pu'uch!

—¡Échenle lumbre a la puerta de la iglesia! ¡Salen o se hacen cochinita pibil!

—¡Mi comandante Jacinto, Sacalum es nuestro! Sólo quedaron carretas destrozadas, difuntos, humo y ceniza.

Jacinto sonrió satisfecho.

—¡Ahora sobre Ticul! ¡Ahí, los que no mueran, quedarán locos de susto!

Ya por obscurecer, Jacinto entornó la vista:

—¿Qué hacen esas putas fuera de la trinchera?

—Están vestidos como viejas para que los soldados les den paso.

–Entonces estén listos, para que cuando las o los empiecen a manosear avancemos de un solo golpe.

Dentro de la ciudad todo era silencio tenso, espera, por eso en la entrada de la ciudad se alcanzaban a oír perfectamente las voces y risotadas.

Una vez que los disfrazados mataron a los del retén militar quedó franqueado el acceso a la ciudad. Dentro, como hormigero se desparramaron por los alrededores para ir cerrando el cerco hacia el centro, y entre balazo y balazo los del comando puteril se echaban flores:

–Ay, tú, chichona, fíjate que el más viejo de todos me pellizcó la nalga derecha.

–Presumida, pues para que no le andes, el mío me dijo que dónde diablos andaba, porque desaparecí por mucho tiempo.

–Mejor se callan, porque a mí me echaron para dentro con un besito bien rechinado.

Como se habían quedado rezagados por el chismorreo, junto a un portón se abrazaron cantando y bailando; y Jacinto Pat sólo se rascó la cabeza:

"¡Mis valientes! ¡Quién sabe que demonios habrán fumado, mira nada más cómo repican las balas y ellos como si nada!"

Pero fue interrumpido:

–¡Señor! En la huida muchos soldados caen de borrachos y son pisoteados por las bestias o por el gentío, dicen que el Coronel Cetina les llenó el buche de aguardiente para desapendejarlos.

A esa misma hora, Cecilio recibió un parte:

–Comandante, Bonifacio Novelo, Miguel HuChin y otros caudillos ya entraron a Izamal.

–Ya estaba enterado. Por los cuatro puntos cardinales hemos vencido en más de doscientas cincuenta poblaciones, entre las que se cuenta a Bacalar. Nuevamente, después de quince katunes recuperamos la tierra de nuestros antepasados... ¡Ahora marcharemos sobre Mérida, luego a Campeche!... Por hoy, como ya casi no tenemos rivales de importancia, le daremos de comer al espíritu, pues he recibido a gentes de Tek'om, Tixcacalcupul, y también de Xocen –se volvió hacia la puerta de su despacho provisional–. Que pasen todos juntos.

–Señor General Cecilio Chi', le saludo por su alta dignidad, y en nombre del comandante Crescencio Poot le invito para que nos acompañe al novenario de Santiago Apóstol en Tixcacalcupul. Habrá arcos, palmas, bronceo y Baile de Cabeza de Cochino.

–Con el respeto de mi comandante Bonifacio Novelo le saludo y le invito para que nos visite en Xocen.

–Díganle a sus comandantes que iré a sus pueblos a compartir el santo pan y la santa bebida.

44

A la semana, en Tecoh, a sólo seis leguas de Mérida se oían los comentarios:

—Estoy aceitando a "la negrita" para que dispare como Dios manda.

—¿Por qué entran los jefes en la iglesia?

—Porque ahí está el grande, nuestro General en jefe Cecilio Chi', y habrá reunión.

En el recinto la voz de Cecilio se ahuecó retumbando entre santos, nichos, arcos, y columnas:

—Mis fieles comandantes, ustedes son los dedos de mis manos, mis ojos, mis oídos; son mi carabina de mil gargantas, y machete de centella libertaria. Estamos cerca de Mérida, "La faz del nacimiento del cielo", como dicen nuestros mayores, pero ahí está el mal gobierno y la riqueza de nuestros enemigos. Necesitamos decidir si le ponemos sitio hasta derrumbarla, o regresamos a nuestros hogares para preparar una nueva estrategia, descansar, curarnos las heridas y darle más claridad a nuestro pensamiento. Tomemos en cuenta que si bien hemos sido fuertes para la guerra, también deberemos aprender a gobernar, y eso no se logra en un día... Escuchemos a que cada uno exponga su punto de vista.

–¡Acabemos de una vez por todas! ¡Caigamos sobre Mérida!

–¡Sí! ¡Reconstruyamos la legendaria Ich ka'an Sijo', para que sea la capital del Mayab gobernada por los mayas!

–¡El coraje y la energía no debe nublar nuestro pensamiento! ¡La tropa quiere reconfortarse con el calor de sus mujeres y acariciar a sus pequeños!.

–Por mi parte, sólo puedo decir, que el croar de los sapos ya anuncia la lluvia... Las trojes con sus grandes bocas esperan el grano divino que no hemos podido sembrar. Además, Los Dioses piden la ofrenda del elote tierno y del atole nuevo.

–Si entramos a Mérida ¿quién puede detener la borrachera de violencia y saqueo? ¿Quién mantendrá la disciplina? ¡Corremos el riesgo de entretejer nuestra propia trampa como el oso mielero engolosinado con el panal, porque locos de tanto comer, embriagarnos, matar y robar, podríamos ser sorprendidos.

–Tiene razón, nuestros espías de Sisal, Río Lagartos y Dzilam, han descubierto que los yucatecos pronto serán avituallados por Campeche, México, y Cuba. ¿A nosotros, de dónde nos van a llegar cañones, rifles, parque y alimento?

–Tomen en cuenta que no estamos en la selva, donde somos invencibles. Belice está demasiado lejos como para comprar armas y pólvora; y también el maíz escasea.

–¡Yo estoy convencido de que Mérida es tierra profanada por los españoles y sus hijos, y por lo tanto, no puede ser la capital de los mayas. Mejor busquemos un lugar nuevo, virgen, que Dios nos señalará para santuario de la Santa Cruz, y asicnto del pueblo elegido.

–¡Regresemos al oriente y al sur, donde quedaron las bendiciones del Señor del Monte, de los Señores de la Lluvia, de los Señores del Viento!.

Así, con la decisión mayoritaria de no atacar Mérida, Cecilio, a la cabeza de su ejército, pero con Atanacio Flores a un flanco, como siempre, bajo la llovizna, y con la cabeza inclinada como si estuviera muy compenetrado en el cuello de su cabalgadura, se dejó llevar por el arrullo nocturno:

"... Dicen que para la casa no hay perro flojo, pues hemos caminado dos días y dos noches sin dormir. En el guiño de las estrellas siento la mirada de mis hijos porque la tierra huele a Rosita recién bañada, a vaivén de hamaca, a sabor de piel... Y con la alegría de los loros que me ayuden a cosechar el maíz, en el madero hueco, en el vientre del cenote, o debajo de una laja esconderé mi carabina para que refresque su coraje, y también junto a ella dormitará mi odio. Sólo serán unos días ya que nadie puede revolver la palabra del sastún. ¡Nadie puede cortarle las alas al tiempo! El tiempo es una enorme serpiente de cristal con nosotros en el lomo; y en el oeste es la noche perdida del pasado, en el oriente la luz insondable del futuro, porque nadie ha visto cuántos crótalos carga, nadie ha mirado sus ojos" —y acabó a voz viva—: Verdihondo en los pasos de la noche, en la noche de las huellas; verdihondo tropieza su insomio en el bostezo de mi querella.

45

El contingente de Cecilio bajo el mando de sus respectivos jefes se desmembró en pequeñas partidas que, conforme avanzaban, tomaron diferentes rumbos. En una de éstas, acantonada, el grito del centinela hizo que las fogatas fueran apagadas al ver que de la espesura nocturna surgió un jinete que arrastraba un bulto a pura cabeza de silla..

—Mi comandante, encontré a éste merodeando por allá abajo.

—Bien, bien, ¿cómo te llamas?

—Valentín Canché.

—Perfecto, ¿y qué te pareció la batalla de Pomuch?

—¡Muy buena para nosotros, muy mala para ellos! Pero cuando nos sacaron de la trinchera, la vi muy buena para ellos y muy mala para nosotros...

—¡Soberano pendejo, por algo te llamas Refugio Chimal, no Valentín Canché! Pomuch sabrá Dios si existe, pero en la batalla de Ticum, donde sí estuviste hasta que se te arrugó la mierda para desertar, te cambiabas de escondite a cada rato mientras las balas buscaban nuestra sangre. Para empezar, recibirás doscientos azotes.

A muchas leguas de ahí, dos rezagados del ejército de Cecilio Chi', platicaban:

—Bueno, ya, define de una maldita vez si desertamos o vamos apretando el paso para unirnos al campamento de don Jacinto Pat que está en Tabi, con Bonifacio Novelo en Majas, o con Venancio Pec en Noj Ya'axche'.

—No, chato, tú me sigues hasta Chan Ch'e'en, donde se encuentra Cecilio Chi', el más grande de todos los comandantes mayas.

—Pero mientras caminamos tendrás que entretenerme contando con pelos y señales cómo fue la toma de Mopilá.

—Estábamos entre el ramaje de una parota cuando pasó la vanguardia de los soldados, esperamos pacientemente la entrada del grueso de la tropa muy oronda con sus cornetas y tambores, les borramos el orgullo con una plomiza que nunca olvidarán... Algunos de los nuestros aseguraban que seguro, éramos "los Ángeles", porque nadie nos veía disparando desde los árboles más altos...

Entre plática y plática vieron el matapalo, mortaja viva de un ramón, que les anunció la proximidad de Chan Ch'e'n, o pozo pequeño. Una golondrina descendió entre el crepúsculo, el tenue resplandor de la higuera todavía le daba algo de obscuridad a un altillo de piedras que anunciaba los primeros solares de la periferia. Muy contentos se adentraron en el poblado. Desde el parquecito admiraron la arquitectura de la iglesia, y sin darse cuenta suspiraron a la vez mientras se regodeaban en aquel ambiente de tranquilidad tan distante a los combates en que habían participado.

En el interior del recinto religioso se encontraba Atanacio Flores ante la Santa Cruz.

—...desde allí ha de venir a juzgar a los vivos y a los muertos. Creo en el Espíritu Santo, la Santa Iglesia Católica, la comunión de los Santos, el perdón de los pecados, la resurrección de la carne y la vida perdurable...

Minutos después, en el atrio caminó unos pasos para sentarse en una viga de jabín. De su sabucán sacó tabaco, y se escupió la mano para liar un cigarro. El humo se alejaba, sus ojos mentían al ver largamente hacia un remolino como víbora que desapareció en el pedregal, ya que su pensamiento andaba en otra cosa.

"¿Qué estará haciendo Rosa?"

La idea lo remitió a aquella vez cuando robó a Cecilio una carta que había escrito para Rosa:

Eres viento, yo soy fuego,
eres tierra, yo soy lluvia,
soy jaguar, eres luna,
soy colibrí, eres flor.
Al sur de tu ombligo
vuelco trinos de colores
sobre tu vientre de ocarina.

Los excombatientes se sorprendieron al mirarlo.

—¡Pero si es Atanacio! Vaya, deveras que nunca se acaba de conocer bien a la gente, mira que pasarse tantas horas en la iglesia dizque hablando con Dios...

—Pero bien que aprovecha su puesto de secretario para desplumar a la paloma del comandante Cecilio.

—¡Cuidado, aunque sea cierto, la bemba te puede llevar al paredón!

No obstante, Atanacio seguía recordando las odiosas misivas de Cecilio:

Verdiluz piel de la madrugada, la madrugada en tu piel, verdiluz soñoliento que despierta en tu piel, mi piel incendia tu sueño verdiluz.

Como si fuera una invocación, Rosa, a unas calles de ahí exhausta, pero feliz, escuchaba:

—Mi crótalo de fuego en el fermento de la jícara, decanta en prisma tu corola.

— ¡Ay Cecilio! ¡Cecilio mío, nunca dejaré de amarte! Lástima que para mí tengas tan poco tiempo.

Atanacio, aún bajo la mirada del par de curiosos, decidió:

"Voy al cuartel para revisar el armamento antes de que Cecilio llegue."

Entró al jacalón habilitado como arsenal.

"Bajaré su machete para requintearle el filo... Sí, es el de Cecilio, ¿cuántas cabezas habrá rebanado?

A través de una rendija de los bajareques que hacían de pared, lo vió.

"... Ahí viene... Sí, aquí detrás de la puerta...

Un destello del sol en el filo lo hizo concluir con una exclamación:

—¡Tenga su respeto, mi General!

El machetazo arrancó de tajo la cabeza, Atanacio con la cara salpicada de sangre creyó ver que de la garganta brotaban siete serpientes rojiluz, pues un grito se estrelló en el caserío:

—¡Mataron al Comandante! ¡Mataron a Cecilio Chi'!

—¡Dicen que fue el vaginudo Atanacio Flores!

—¡Vamos por él!

Cuando quisieron llegar a la puerta para forzarla fueron contenidos por el grito de alguien:

—¡No se deja! ¡Aprovechando las escopetas cargadas ya mató a siete!

—¡Está poseído por el diablo!

Otro, se abría paso a empujones:

—Me envió mi señor Venancio Pec, porque oímos los disparos desde Noj Ya'axche'; ahora mismo arreglo a este cabrón... ¡A ver, fusileros, descarga cerrada sobre el traidor!

Atanacio cayó desfigurado. Cuando la puerta fue arrancada los rostros pálidos por las injurias escupían rabia, y los machetes tintineaban al picotear el cadáver sanguinolento.

—¡Zopilote que coma la carne de este malnacido, será zopilote muerto!

El lengüeteo de las antorchas parecía desollar las vértebras de la tierra que tronaba por la canícula, pues la peregrinación luctuosa entre lágrimas y gritos avanzaba por el camino blanco; y a tientas, entre bejucos y garfios las plegarias subían al infinito. Así llegaron a Tepich; y como Cecilio dijera:

Los pájaros son boca de la muerte,
los pájaros son muerte sin boca,
los pájaros son viento,
la boca del viento son los pájaros.

En la iglesia de Tepich concluía un rosario y se iniciaba otro. Se pedía por el perdón de los pecados, por la entrada a la gloria, y por el descanso eterno, porque todos querían ver y tocar el cuerpo del caudillo.

En el atrio pletórico también se oían las alabanzas; y más allá, casi en la calle, dos combatientes lamentaban:

—Él tenía la luz en los ojos, en su sonrisa, en la suave dureza de sus órdenes.

—El aguardiente no me aplaca, al contrario, encabrita mi dolor. ¡Nadie como Cecilio Chi'!

—Ahora estará en el resplandor del sol maduro, en el aroma del elote, en el agua, en la semilla del sueño...

—¡Seremos la trinchera, palizada, o muralla que nadie derrumbe!

—Tranquilo, hermano, un cuerpo es sólo un cuerpo, pero el alma es otra cosa. Hay hombres que al morir se hacen más vivos, y ahora todos los mayas somos Cecilio Chi'.

Un día después Rosa fue encontrada pendiendo de un árbol. Uno de los que dieron con ella dijo que X-Tab, la diosa de los ahorcados la esperaba, porque los gusanos ya descarnaban el cuerpo de la traición.

46

El día de los Santos Difuntos, José María Barrera entró a la iglesia. Arrodillado ante la Santa Cruz de Tepich, cayó en un estado de felicidad ultraterrena, semejante al que Cecilio había experimentado en Máani'.

"Yo soy la Cruz Árbol, la Cruz Piedra, la verdadera Cruz Maya de Palenque y de Xocen. Soy verde como la Ceiba Madre, como el maizal, el quetzal y el jade. Quiero que sepas que el cuerpo de mi amado hijo Cecilio se ha transformado en tierra, resina y vaho que cabalga en las jorobas del mar, en el viento que se desgaja, en la huella del agua, en la sombra del movimiento, en la piedra de la claridad... Soy la Cruz Árbol, Aliento de Mayanidad, memoria recuperada y curtida en la piel del dolor y la esperanza. Estoy en todas partes y sin embargo en marcha hacia las cuatro direcciones, para reunirme donde la Ceiba Madre orada el Inframundo... En su momento le hablé a Cecilio, y hoy cae mi palabra sobre ti, sí, eres el elegido para cortar el primer árbol y beber la primera jícara de agua en el sitio donde harán mi santuario "La Casa del Jaguar", "La Casa Vedada".

José María Barrera, sudoroso y entre estertores poco a poco salió del éxtasis. Con la boca todavía espumeante se puso de pie, se persignó, y atravesó el vano de la puerta; y adentro quedó la luminosa soledad divina, ya que afuera se abría la deslumbrante obscuridad de un futuro aún no concluido, un después que seguiría siendo la Guerra de Castas.

De nuevo al lado de su amigo entrañable, recibió el comentario:

— José María, tu fe moverá las hojas de los árboles.

—Sí, hermano Manuel Nahuat, somos los elegidos de Dios para construir Báalam Naaj y Noj Kaaj Santa Cruz, desde donde continuaremos la lucha.

Cecilio Chi'. Nen óol k'ajlay /
Cecilio Chi'. Novela histórica
se imprimió por encargo de la
Comisión Nacional de Libros de Texto Gratuitos
en los talleres de Edamsa Impresiones, S.A. de C.V.
con domicilio en Av. Hidalgo 111,
Col. Fracc. San Nicolás Tolentino, C.P. 09850,
Iztapalapa, México, D.F.,
en el mes de noviembre de 2006.
El tiraje fue de 89734 ejemplares.